Paul Stefan
Georges Bizet

SEVERUS Verlag

ISBN: 978-3-95801-420-6
Druck: SEVERUS Verlag, 2016

Der SEVERUS Verlag ist ein Imprint der Diplomica Verlag GmbH.
Bibliografische Information der Deutschen Nationalbibliothek:
Die Deutsche Nationalbibliothek verzeichnet diese Publikation in der Deutschen National-
bibliografie; detaillierte bibliografische Daten sind im Internet über http://dnb.d-nb.de
abrufbar.

© SEVERUS Verlag, 2016
http://www.severus-verlag.de
Printed in Germany
Alle Rechte vorbehalten.
Der SEVERUS Verlag übernimmt keine juristische Verantwortung oder irgendeine Haftung
für evtl. fehlerhafte Angaben und deren Folgen.

Paul Stefan

Georges Bizet

INHALTSVERZEICHNIS   Seite

Einleitung	9
Familie — die ersten Jahre	14
Paris und Frankreich zur Zeit von Bizets Kindheit	17
Französische Romantik	23
Romantische Musik	28
Chronik der musikalischen Ereignisse 1838—1857	39
Das Paris Napoleons III.	42
Bizet am Konservatorium	52
Bizet schreibt eine Preis-Operette	53
Die Jugend-Symphonie	55
Prix de Rome	56
Der Aufenthalt in Rom	60
„Don Procopio" und „Vasco da Gama"	69
Paris und die „Tannhäuser"-Premiere	72
Wieder in Paris	75
„Die Perlenfischer"	80
Bizet hat zwei Brief-Schüler	88
Musik-Kritiker	92
Die Nachbarin	94
Politische Sturmzeichen und kultureller Glanz der Sechzigerjahre	96
Eine verloren geglaubte Oper „Ivan le Terrible"	100
„La jolie fille de Perth"	104
Zwei Operetten und mehrere Wettbewerbe	113
Klavierstücke und „Mélodies"	117
Die Symphonie „Roma"	120
„Noé"	125
Der Krieg von 1870	127

	Seite
„Djamileh"	131

Musset 132 — Die Oper 134

„L'Arlésienne" 142
Daudet 142 — Die Provence 144 — Das Schauspiel und seine Musik 147 — Die Suiten 155 — Bizet und die provenzalische Volksmusik 156 — Mireille von Gounod 158

Musik für Orchester 161
„Jeux d'enfants" 161 — Ouvertüre „Patrie" 162

„Carmen" 163
Prosper Mérimée 163 — Die Novelle „Carmen" 168 — Die Oper „Carmen" in ihrer Urfassung 180 — Die Rezitative 189 — Die Verfasser des Textbuches: Meilhac und Halévy 190 — Die Musik der Oper 193 — Erste Betrachtung über spanische Musik 198 — Fortsetzung der Oper 199 — Bizet und der „Hispanismo" 207 — Der vierte Akt 216 — Die Premiere — Ist „Carmen" durchgefallen? 220 — „Carmen" außerhalb Frankreichs 226 — „Carmen" wieder in Paris 228 — Weiterbildungen und Umbildungen 231 — Aber in Spanien ... 234 — „Carmen" im Film 235 — Das deutsche Mißverständnis: Friedrich Nietzsche 236 — Zur Darstellung 241

Bizets Tod und Begräbnis 243
Der Nachlaß 247
„Don Rodrigo" 250
Die Nachwelt 252
Verzeichnis von Bizets Werken 261
Bibliographie 263

Ungezählte Menschen in allen Ländern haben eine Oper „Carmen" wie eine Gewohnheit angenommen. Viele haben auch im Radio Musikstücke gehört, die ihnen unter dem Titel „L'Arlésienne" geboten wurden — die großen Konzerte sind meist zu vornehm, sie zu bringen; nur Toscanini verschmäht es nicht. Manche haben auch die Romanze aus einer sonst unbekannten Oper „Les Pêcheurs de Perles" gehört; es ist eine Platte — Caruso sang das Stück, andere sangen es ihm nach. Von wem war doch die Musik?

Hätte der Komponist der „Pêcheurs des Perles" kein anderes Werk hinterlassen, wir wüßten vielleicht gerade seinen Namen. Von den zwei Orchester-Suiten der „Arlésienne" ist die zweite nicht einmal von Bizet zusammengestellt. Aber auch die erste reiht nur Musikstücke aneinander, die für ein Schauspiel bestimmt sind und sich erst mit diesem tief, ja unvergeßlich in unser, Gedächtnis einprägen würden. Was ist das für ein Stück? Wir werden es dem Leser schildern. Wir werden ihm auch sagen, daß die Oper, die er als „Carmen" kennt, wo immer er sie außerhalb Frankreichs gehört hat, nicht das ursprüngliche Werk von Bizet ist, sondern diesem nur ähnlich sieht, so wie die Opern „Die verkaufte Braut" und „Boris Godunoff", nur von ungefähr den Werken gleichen, die von Smetana und Mussorgsky dem kleinen Kreis ihrer nächsten Umgebung überlassen worden sind. Dabei gibt es heute noch ein Land, in dem „Carmen" von einheimischen Truppen kaum gespielt wird. Das ist Spanien. Ja, man hat dort — und auch davon werden wir sprechen — neuestens eine spanische Oper „Carmen" komponiert, so wie einen spanischen „Don Juan"! Und die meisten von uns haben sich doch eingebildet, daß „Carmen" eine, ja die spanische Oper ist... Aber wie im Bereich der Oper alles paradox und Illusion zu sein scheint, so ist wohl auch das Spanien der Oper „Carmen" nicht das „wirkliche" Spanien, sondern ein Traum davon. Und der Komponist? Und Georges Bizet?

Unser Buch wird sich nicht damit begnügen aufzuzählen, wann er geboren, wann er gestorben ist, was er dazwischen getan hat und was seine Freunde für gescheite und sympathische Leute waren und was für Esel und Bösewichter die anderen, die ihn nicht gleich verstanden. Es möchte vielmehr zeigen, wie Bizet in die Welt der französischen Oper hineingeboren wurde, in der Rossini, Meyerbeer und ihre Vorläufer, ja noch Gluck, die Theater beherrschten, und nicht nur die Theater Frankreichs. Mit ihnen die Meister der opéra comique. Einer ihrer größten, Auber, starb, fast neunzig Jahre alt, nur vier Jahre vor Bizet, — und Auber komponierte bis zuletzt, wenn auch als sein eigener Epigone; „Carmen" selbst wurde als opéra comique gespielt: wir werden sehen, daß das nicht das selbe ist wie komische Oper, aber doch ein leichteres Genre...

Unser Buch wird auch zeigen, daß es neben Meyerbeer und etwa noch Halévy, dem Lehrer Bizets, damals nur noch einen französischen Komponisten gab, der eine fast magische, wenn auch höchst unwillkommene Macht der französischen Musik war: Berlioz. Im Schatten dieser drei stand alles, was an jüngeren Komponisten aufging, also die Gounod, Thomas, Massenet, Saint-Saëns. Im dichtesten Schatten César Franck. Im grellsten Licht freilich ein Emigrant, wie Franck: der Urpariser Jacques Offenbach aus Köln. (Und auch Meyerbeer war kein geborener Franzose — er liegt sogar in Berlin begraben, sofern man ihn dort nicht aus dem Friedhof ausgebürgert hat.)

Die sonderbare Wahrheit ist, daß Bizet für das Publikum, neben den drei Großen, ja selbst neben Gounod und Thomas, bei Lebzeiten verschwand. Sein Erfolg war keine Oper, sondern, nach 1870, eine Ouvertüre „Patrie". War „Carmen", nur drei Monate vor seinem Tod aufgeführt, ein Mißerfolg? So merkwürdig das scheinen mag: heute, keine sieben Jahrzehnte seit damals, ist das kaum mehr eindeutig festzustellen. Mit biographischen Angaben über Bizet wären wir überhaupt schlecht daran, wenn nicht der getreue Charles Pigot sie gesammelt hätte; auf sein Buch ist man zu einem guten Teil immer noch angewiesen. Was aber „Carmen" anbelangt: dieselben Augen- und Ohrenzeugen der Premiere, die nach seinem Tod beteuerten, Bizet sei an dem Durchfall von „Carmen" gestorben, erklärten anläßlich der tausendsten Pariser Aufführung — das war erst 1904, fast dreißig Jahre später —, „Carmen" sei gar nicht durchgefallen.

Etwas mehr als ein Jahrzehnt nach der Premiere von „Carmen" und dem Tod des Komponisten schrieb ein deutscher Professor, er habe das Meisterwerk der Oper entdeckt, die wahre und endgültige Musik des Südens, bestimmt, den von ihm gehaßten und geliebten Wagner zu verdunkeln, ja ad absurdum zu führen: „Carmen" von einem gewissen Bizet, der leider schon tot sei. Wenn dieser verführerische Psychologe Friedrich Nietzsche gewußt hätte, daß Bizet zeitlebens als Nachahmer Wagners verfolgt wurde! Wagner verbitterte dem armen Bizet das Leben — und es geschieht uns nur recht, daß wir heute auch darüber nachzudenken haben, wieso gerade Bizet und „Carmen" Wagner stürzen sollten.

Es gab damals einen anderen Herrscher in der Oper, der für Bizet vielleicht eine größere Gefahr bedeutete. Man vergißt allzu leicht, daß Verdi in eigener Person und mit nicht wenigen Werken Paris belagerte und besiegte. Bizet sprach über Wagner mit klugem und großem Respekt. Aber er verbrannte, wie die Biographen behaupten, die angefangene Partitur einer seiner Opern, weil sie ihm zu viel Verdi zu enthalten schien. Schade um die schöne Geschichte: das Werk hat sich nämlich gefunden. Den Pariser Zeitgenossen ist diese Nähe Verdis wohl nur darum entgangen, weil sie Verdi selber abhängig erklärten: vor allem von Meyerbeer, der ihnen eine Erscheinung von heute gar nicht mehr vorstellbarer Größe war.

Zeitgenossen irren sich gern. Die französische Musik, übrigens nicht nur die französische, löste sich von Meyerbeer, von Verdi, von Wagner (was ihr am schwersten fiel). Keine dreißig Jahre nach Bizet bezeichnete die Premiere von „Pelléas", der sichtbare Aufgang eines Debussy, ein historisches Datum. Immer noch in der Vorkriegszeit ironisierte der Pariser Kritiker Gauthier-Villars, der „Willy" so mancher Satiren, den armen Bizet, der der Welt ein falsches Bild vom französischen Esprit gebe: „Carmen" sei geradezu ein „article de Paris" der Musik. In einer Biographie seines Opfers hat er von Bizet nicht viel übrig gelassen.

Und doch hat Bizet die sieben Jahrzehnte, seit er diese Welt verlassen hat, glorreich überdauert. Nur um seine Biographie hat man sich, wenn auch recht kluge Bücher über ihn erschienen sind, nicht mit allzuviel Glück bemüht. Zwar sind seit dem Beginn dieses Jahrhunderts eine Jugendoper und eine Jugendsymphonie gefunden und aufgeführt worden, und Nachforschungen in der Bibliothek des Pariser Konservatoriums haben zwei weitere Opernwerke identifiziert. Aber über anderes und insbesondere über manche Tatsachen und Zeiten seines Lebens sind wir nicht mit der nötigen Klarheit unterrichtet. Die Zentenarfeier von Bizets Geburt, 1938, hat den Schleier ein wenig gelüftet.

Dieses Buch, schon damals geplant und in Gedanken begonnen, kann immerhin von den zwei „verlorenen" Opern „Ivan le Terrible" und „Le Cid" berichten und auch sonst allerlei mitteilen, was noch keine Biographie erklärt.

Indem er es nun schreibt, hört der Verfasser, wie in Kindheitstagen, seinen Vater, der eine Zeitlang in Paris gelebt hat, von der großen Zeit der französischen Oper erzählen, und er erinnert sich seiner eigenen französischen Jahre — am letzten Tag in Paris hielt er ein Erinnerungsbuch von Offenbachs Enkel in Händen, von dem ihm M. Brindejont-Offenbach im voraus viel erzählt hatte. Offenbach und Bizet — sie hatten mancherlei miteinander zu tun; hatten sogar gerade bei „Carmen" die gleichen Librettisten.

Sein eigenes Buch möchte aber mehr sein als Erinnerung und Biographie. Es möchte den Leser in Bizets

Welt und Nachwelt führen. Wir werden es mit Louis-Philippe zu tun haben, mit dem Dichter Lamartine, Minister der Revolution von 1848, mit Napoleon III., mit Meyerbeer, Wagner, Musset, Daudet, Mérimée, mit der Kaiserin Eugénie, mit dem spanischen Sänger, der in New York zum erstenmal „Don Giovanni" aufführte, mit Zola, Manet, Offenbach, Bismarck, Debussy, Ravel, Milhaud, Caruso, der Calvé und der Mogador aus dem Pariser Café-concert. Wir vergessen auch nicht, daß Bizet während seiner 36 Lebensjahre viererlei Frankreich erleben mußte: liberales Königreich, Republik, absolutes Kaisertum, abermals Republik. Und daß dieses Frankreich ein Hauptstück der Weltgeschichte zu spielen hatte, eine Tragikomödie und keine Operette. Niemand ringsum konnte da Zuschauer bleiben.

Aber der Verfasser hofft, daß auch solche Leser, die nur ein wenig mehr über ihre Lieblingsoper erfahren möchten, hier nicht zu kurz kommen.

FAMILIE / DIE ERSTEN JAHRE

Das Kind, das dereinst von den Theaterzetteln aller Opernhäuser der Erde Georges Bizet genannt werden sollte und das am 25. Oktober 1838 in Paris geboren war, erhielt von den Eltern die Namen Aléxandre-César-Léopold. Was ihnen einfiel, ihm gleich die Namen von zwei Eroberern zu geben, ist nicht bekannt. Es ist überhaupt wenig bekannt über Familie und Abstammung. Der zivile Geburtsakt ist mit dem Amtsgebäude, in dem er aufbewahrt wurde, in den Tagen der Commune von 1871 verbrannt. Der Vater Adolphe soll zuerst Handwerker gewesen sein, wurde aber dann Gesangslehrer — ein zum Glück nicht gerade häufiger Berufswechsel. Die Mutter Antoinette hatte eine Schwester, die mit François Chéri Delsarte, Professor des Conservatoire, anscheinend einem Vetter von ihr, verheiratet war. Von diesem Delsarte erzählt ein Biograph, er habe Klavier, ein anderer, er habe Cello unterrichtet, und die später berühmte Opernsängerin Miolan, Frau des Theaterdirektors Carvalho, wird gar Gesangsschülerin des Professors Delsarte genannt. Die äußeren Beziehungen des kleinen Alexandre-César zur Musik sind hiermit umschrieben. Es wäre noch zu sagen, daß auch die Familie das Kind sehr bald, nach einem sehr geschätzten Paten, Georges nannte. Er blieb das einzige Kind einer, wie es scheint, sehr glücklichen Ehe.

So erzählen das noch die neuesten Biographien. Aber da meldete sich anläßlich der Zentenarfeier von 1938 bei der Société Française de Musicologie ein Verwandter, der sich Maxime Rédal del Sarte (nicht Delsarte) nannte, und teilte über Bizets Abstammung mit, was im Sonderheft Bizet der Revue de Musicologie vom November 1938 enthalten ist: Danach lebte die Familie der Mutter del Sarte im Département du Nord. Dorthin kam im 16. Jahrhundert mit der Invasionsarmee Karls V. ein spanischer Arzt, und er ist unter den Ahnen Bizets zu suchen, so daß also der Komponist auch einen Tropfen spanischen Blutes in seinen Adern gehabt hätte. In derselben Publikation wird der Taufschein Bizets im Wortlaut veröffentlicht. Die Taufe fand erst anderthalb Jahre nach der Geburt, am 16. März 1840 in der Pfarre Notre Dame de la Lorette statt, und das Kind hieß da bereits Georges — von den drei andern Vornamen keine Spur. Dafür hieß aber auch keiner von den Paten Georges. Als Namen der Mutter werden Aimée Léopoldine Joséphine angegeben, und ihr Mädchenname wird hier Delzarte geschrieben. Wenn sich also von den drei Namen Alexandre-César-Léopolde der letzte aus dem Léopoldine der Mutter erklären läßt — woher stammt die Legende — oder ist es mehr? — von den beiden anderen? Und wieso kommt es, daß die Biographie Bizets überhaupt ein Stück Legende geworden oder geblieben ist?

Die Mutter brachte dem Vierjährigen die Buchstaben und zugleich die Noten bei. Aufmerksam hörte Georges vom Nebenzimmer aus den Gesangsstunden des Vaters zu und sang diesem einmal eine der schwierigsten Übungen auswendig nach. Da beschloß der Vater, sein so begabtes Kind an das berühmte Pariser Konservatorium zu bringen. Er hatte einen Freund Alizard, und dieser kannte wieder einen Herrn Meifred, der im Comité des Etudes du Conservatoire saß. Meifred schlug Akkorde an, und der kleine Georges wußte sie, vom Klavier abgewandt, richtig zu nennen und sogar anzugeben, wie sich die dissonanten aufzulösen hatten. So berichtet Victor Wilder, ein Mann, der Texte von Wagner ins Französische übersetzt hat. Er überliefert uns auch, Meifred habe dem noch nicht zehnjährigen Bizet damals prophezeit, er werde „Mitglied des Instituts" werden, also einer von den jeweils vierzig „Unsterblichen" Frankreichs. Eine kühne Weissagung, selbst für einen, der die ganze Harmonielehre im kleinen Finger gehabt hätte. Bizet ist auch nicht als Akademiker unsterblich geworden, allerdings wohl nur, weil er so früh starb. Eines Tages bekam also der Vater Bizet ein Amtsschreiben, demzufolge sich sein Sohn am 12. Oktober 1848, vormittags halb zwölf Uhr im Conservatoire zur Aufnahme einzufinden habe. Man wolle Geburts- und Impfzeugnisse nicht vergessen. Der Direktor: Auber. Das war zugleich ein Alters-Dispens, denn Georges hatte das zehnte Lebensjahr noch nicht vollendet. Es ist anzunehmen, daß der Schüler an diesem Tag durch ein ruhiges Paris seines Weges gehen konnte. Drei Monate vorher gab es hier Barrikaden und Blut. Georges ist für mehrere Jahre am Konservatorium geborgen.

Noch dreizehn Jahre lang bleibt ihm die Mutter erhalten, als Vertraute, an die er die zärtlichsten und aufschlußreichsten Briefe richten sollte. Dem Vater war es bestimmt, den Sohn lange zu überleben, — er starb erst 1886. Die Bibliothek des Pariser Konservatoriums bewahrt verschiedene Manuskripte von ihm, aus denen hervorgeht, daß er für seine Schüler Gesangs- und Klavierübungen komponierte, auch Walzer, Romanzen und anderes; er scheint ein ernsterer Musiker gewesen zu sein, als man lange annahm.

Die Zeit, in der wir leben, nötigt uns auch von dem „Juden" Bizet zu sprechen.

Es gab im Bereich der französischen Musik einige sehr bedeutende Männer jüdischer Abstammung. Aber bis zu Richard Wagner schenkte dem selten jemand besondere Aufmerksamkeit — es sei denn Heine, wenn er in seinen Berichten aus Paris von derlei spricht. Niemand wäre es eingefallen, die Musik eines Meyerbeer, der ein Pariser Halbgott war, etwa auf jüdische Elemente zu untersuchen. Es war französische Musik, und wenn es um ihn für diese Zeit reichlich viel publicité gab, so sprach Verdi dabei von Meyerbeers „deutscher" Geschäftigkeit. Vincent d'Indy, der ohne weiteres Auber, Adam, Hérold und Félicien David als Juden erklärt, nennt Meyerbeer nur „den einzigen Musiker des Königreichs Preußen".

Bizet heiratete Geneviève Halévy, eine Tochter seines damals (1869) schon verstorbenen Lehrers Fromental Halévy. Sie war Jüdin. Und nun hat sich unter Musikern das Gerücht verbreitet, Bizet sei selbst jüdischer Abstammung gewesen. Es soll einen Brief von ihm geben, in dem er sich dessen rühmt. Noch 1938 wurde das in der „Tribune de Genève" behauptet. Einer seiner Verwandten protestierte dagegen im selben Jahr (in der Revue de Musicologie). Die Familie Delsarte, die der Mutter, lasse sich weithin zurückverfolgen, und niemand habe je behauptet, geschweige denn nachweisen können, daß sie jüdisch gewesen sei. Ein Ahne seines Vaters, Pierre Bizet, sei in der Revolutionszeit als Royalist eingekerkert worden. Und den Brief des Komponisten habe kein Mensch je gesehen.

Andere aber meinen: ein Taufschein, der erst anderthalb Jahre nach der Geburt des Kindes ausgestellt ist, das Fehlen eines Geburtsdokumentes, ein spanischer Arzt, spanische Familiennamen ... all das sei höchst verdächtig. Und überdies könne eine Musik, wie sie Bizet komponiert hat, nur jüdisch sein... Van Vechten in seiner Geschichte der spanischen Musik nimmt die jüdische Abstammung Bizets ohne weiteres als bewiesen an.

Aber es hat auch Menschen gegeben — und sie glaubten zu den besonders Klugen zu gehören —, die von der Musik eines Richard Wagner behaupteten, wer sie komponiert habe, müsse Jude sein. Gibt es denn eine einheitlich jüdische Musik, wenn wir an so verschiedene Erscheinungen wie Mendelssohn, Meyerbeer, Offenbach, Mahler, Schönberg denken?

PARIS UND FRANKREICH
ZUR ZEIT VON BIZETS KINDHEIT

Die Stadt, in der Georges Bizet geboren wurde, hatte gegen 800.000 Einwohner. Sie war die Hauptstadt eines zwei Jahrzehnte zuvor besiegten Landes und war doch noch die wichtigste Stadt der Welt von damals, ein Pantheon der Lebenden, wie sie Heine nannte, — vor allem ein Bollwerk ihrer geistigen Freiheit. Zugleich war sie freilich die Metropole jenes bürgerlichen und bäuerlichen Frankreich, dessen Ideal der Besitz war, dessen Cauchemar die Angst, ihn zu verlieren. Vielleicht war es weniger der Besitz, als der Wunsch, durch Besitz unabhängig zu werden, sich um die Welt nicht mehr kümmern zu müssen, mit vierzig Jahren „in Pension zu gehen" und an einem der Flüsse stundenlang mit der Angel in der Hand träumen zu können. Der Gegensatz dieser beiden Frankreich, eines intellektuell-radikalen und eines bürgerlich-ordnungsbedürftigen, ein Gegensatz, den niemand dauernd zu mildern verstand, hat Europa dahin gebracht, wo es heute ist.

Man hat gut sagen, daß Napoleon ein Eroberer, Imperialist und Diktator war. Die Aura der französischen Revolution, aus der er kam, hat ihn bis zuletzt umgeben. In der Grande Armée marschierten immer noch die Sansculotten von Valmy, und als sein Reich zerfiel, gab es keine „befreiten" Völker: die Reaktion hatte gesiegt. Die Enttäuschung in Frankreich war ungeheuer. Freiheit, Gleichheit und Brüderlichkeit hätte nach dem Willen der Revolution in der ganzen Welt herrschen sollen. Die Restauration, das Königreich aber hatte nur ein Ziel: Ausrottung aller Erinnerungen an 1789, an Napoleon, und strengste Einhaltung des Paktes mit der Heiligen Allianz der Sieger. Nach vierzehn Jahren, unter Ludwig XVIII. und Karl X., kam die erste Revolution des 19. Jahrhunderts, die von 1830: der betagte Lafayette, die Tricolore im Arm, umarmt den Bürgerkönig Louis-Philippe. Das Volk jubelt; — dieses liberale Königtum der Orléans bedeutet nicht nur Freiheit im Innern, sondern auch Auflehnung gegen die Sieger von 1815, gegen die Unterdrückung so mancher Völker; — Belgien, Griechenland, die italienischen Provinzen, die Polen erheben sich.

Aber das juste milieu des „Königs mit dem Regenschirm" wird zum Regime des erwachenden Reichtums. Die Bankiers regieren, die Maschinen breiten sich aus; an Gründungen, vor allem an Eisenbahnen sind große Summen zu verdienen, aber die Bereicherung geht auf Kosten einer ungehemmten Ausbeutung der Arbeitssklaven. Zwei Mächte bekämpfen den Bürgerkönig, der seine Initiative und Autorität zusehends verliert: der soziale, republikanische Radikalismus und die katholische Legitimisten-Partei, die sich unter den vertriebenen Bourbonen wohler fühlen würde. Eine dritte Macht überwältigte beide: Der Bonapartismus oder vielmehr der

Prinz Louis Napoleon. Für ihn kämpft die Legende, die jetzt den ersten Napoleon umrankt. Veteranen der Großen Armee, Dichter wie Victor Hugo und Béranger, der deutsche Emigrant Heine, Musiker wie Berlioz, Maler wie Raffet huldigen dem Kaiser, ja, die deutschen Musiker Schumann und Richard Wagner komponieren Heines Gedicht von den beiden Grenadieren und lassen es in die Marseillaise der Revolution ausklingen. Zwei Putschversuche des Prinzen schlagen fehl; der zweite bringt ihm ein paar Jahre Festungshaft; aber er entkommt und wird 1848, in dem Jahr einer zweiten europäischen Revolution, als der kleine Bizet schon das Conservatoire besucht, Präsident der Zweiten Republik. Louis Napoleon hat als Verschwörer in der Schweiz und in Italien, als Wortführer der unterdrückten Klassen begonnen ... es folgen ein Staatsstreich, eine Volksabstimmung, und er wird Napoleon der Dritte sein, absoluter Herrscher mit tyrannischen Allüren, den jedoch die Umstände schon ein Jahrzehnt später zur Vorsicht mahnen. Ein weiteres Jahrzehnt ist ihm nicht mehr gegönnt. Jedenfalls hat er die Ausrede für sich gehabt, daß, nach den Worten von Lamennais, die Republikaner selbst die Republik unmöglich gemacht hatten.

So weit die allgemeine Tendenz der französischen Ereignisse, wie wir sie heute sehen. Was aber haben davon Zeitgenossen wie die Bizets erfahren? Wußten sie, daß ihr König Louis-Philippe aus der Volkssouveränität hervorgegangen war, von Odilon Barrot mit den Worten begrüßt: dieser König ist die beste Republik ... Hatten sie das Wahlrecht? Denn das Volk wählte zwar, allgemeine Freiheit war proklamiert, die Zensur abgeschafft — wählen konnte aber nur, wer mindestens 200 francs Einkommen hatte. Jeder Franzose durfte in die National-Garde eintreten, aber nur, wenn er in der Lage war, die Uniform zu kaufen — das schloß die Arbeiter aus. Und so begann das liberale Regime mit sozialen Aufständen; denn es schützte ja nur die Besitzenden, und gegen die Hunger-Revolte der Lyoner Seidenweber fuhren 60 Geschütze, zogen 60.000 Mann Infanterie auf. Prinz Louis Napoleon dagegen versprach in seinen Broschüren Abschaffung des Elends und behauptete, schon der erste Napoleon habe soziale Reformen einführen wollen. Zahlreiche Anhänger des Herzogs von Saint-Simon predigten eine Art christlichen Kommunismus mit vollkommener Freiheit auch für die Frauen. Victor Hugo, Liszt, Heine, die Georges Sand sympathisierten mit dieser mächtigen Bewegung. Der König, sicherlich von gutem Willen beseelt, nahm seine Zuflucht zu immer neuen Phrasen: „Herr, gib uns heute unsere tägliche Platitüde", betete er nach einem Witz von Thiers. Die Bonapartisten schienen durch den Tod des Herzogs von Reichstadt in Wien (1832) der Führung beraubt, sie wurde aber ungesäumt von Louis Napoleon übernommen. Die unglaubliche Sorglosigkeit, die sich im selben Jahr zeigte, als eine Cholera-Epidemie ausbrach, vermehrte die Unzufriedenheit. Aber der König mit dem Regenschirm setzte sich durch, behauptete sich gegen alle Aufstände, und Louis Napoleon endete vorläufig in der Seine-Festung Ham. Dafür war 1840 die Heimbringung der Leiche Napoleons aus Sankt Helena ein nicht zu überbietendes Instrument der Agitation, und der König, der sie veranlaßt hatte, bezeichnete sich selbst als den ersten Bonapartisten. Georges Bizet war damals zwei Jahre alt.

Die öffentliche Meinung verlangte immer deutlicher Abkehr von dem Frieden mit der Heiligen Allianz, sie wollte ein größeres und freieres Frankreich. In der Tat wurde Algier gewonnen, aber Thiers, der gern auch das linke Rheinufer besetzt hätte, mußte 1840 von seinem Ministerposten zurücktreten.

Die Opposition, im Parlament mächtig, ergreift jede Gelegenheit zu einer Demonstration. Der Polizeikommissär, der verbietet, in der Oper die Marseillaise zu singen, weil sie nicht auf dem Programm stehe, bekommt zu hören: „Sie stehen auch nicht auf dem Programm!" Die Konflikte mehren sich. Zwei der besten Männer, Guizot und Thiers, arbeiten nur noch gegeneinander. An seiner Ideenlosigkeit geht das Regime zugrunde — Friedensliebe allein ist keine Politik. Gegen das allgemeine Wahlrecht ist erst recht nicht aufzukommen. Es werden jetzt Bankette gegeben, bei denen man frei sprechen kann. Weil ein solches Bankett verboten wird, bricht die Revolution von 1848 aus — und sie reißt auch Gleichgültige, ja, Widerstrebende mit sich. Der König und die Seinen fliehen nach England. Die zweite Republik ist da. Als 22 Jahre später Napoleon III. auf demselben Weg flieht und eine Dritte Republik ausgerufen wird, die bis zu Pétain leben wird, schreibt Ludovic Halévy, Mitautor des Carmen-Textes, in sein Tagebuch: „Schade um die Orléans! Was waren das doch für anständige Leute! Warum hat man sie eigentlich vertrieben?"

Es war Paris mit dieser seiner zweiten Revolution ganz merkwürdig ergangen. Die drei Februartage der Auflehnung, Les Trois Glorieuses, verlangten Opfer — aber es waren nicht sehr viele, und es wurde nicht geplündert. Man muß die Bücher der Zeit lesen, die eines Alexandre Dumas père, eines Lamartine, einer Daniel Stern (Pseudonym jener Comtesse Flavigny, die als verheiratete aristokratische Dame mit Liszt in die Schweiz geflohen war, die Mutter von Cosima, Richard Wagners zweiter Frau, und von Blandine, der Gattin des jungen Oppositions-Führers und späteren Ministers von Napoleon III. Emile Ollivier). Weder die Stern noch Lamartine waren Radikale. Aber beide verteidigten die Revolution. Lamartine wurde bald ein Hauptakteur der Ereignisse. Ihm, dem Dichter und Historiker, wurde das Präsidium der provisorischen Regierung übertragen. Aber es war eine soziale Republik: man beschloß die Gründung von ateliers nationaux, in denen die Arbeitslosen Beschäftigung finden sollten. Darüber erschraken viele von den Besitzenden, und die Werkstätten wurden bald gesperrt. Jetzt erst, Ende Juni, brachen die großen Aufstände aus, und sie wurden von General Cavaignac blutig niedergeschlagen. Aber statt seiner wählte die gesetzgebende Versammlung Louis Napoleon zum Präsidenten mit einer Amtsdauer von vier Jahren — ihm stand ein Parlament des nunmehr allgemeinen Wahlrechts gegenüber. Es blieb nicht beim Präsidenten — das sah jedermann voraus. Die neue Kammer war, geschreckt durch die Revolution, konservativ mit klerikalen Neigungen. Den Katholiken zuliebe entsandte man den General Oudinot mit Truppen nach Rom, um den Papst in seiner weltlichen Macht gegen einen Aufstand der nationalen Italiener zu unterstützen — und das französische Militär blieb dort, blieb bis 1870 —, weshalb denn auch Bizet bei seinem römischen Aufenthalt Offiziere der heimischen Armee antraf. Die Kammer setzte auch eine Einschränkung des Wahlrechts durch und wollte eine Verlängerung der Amtsdauer des Präsidenten nicht bewilligen. Als daher Louis Napoleon am 2. Dezember 1851 zum Staatsstreich ausholte, hatte er die Arbeiter nicht gegen sich — sie wollten diesmal nicht auf die Barrikaden, um gegen eine offenkundig reaktionäre Kammer einen Mann, der soziale Gerechtigkeit als Parole ausgab, zu stützen.

Der Staatsstreich: man sieht den Präsidenten und seinen außerehelichen Halbbruder, den Comte, später Duc de Morny, abends zuvor harmlos im Theater, in Gesellschaft. Nachts überfallen seine Leute die Staatsdruckerei und lassen Proklamationen drucken — andere sperren gegnerische Abgeordnete ein, so auch Thiers und selbst General Cavaignac, während Victor Hugo nach Belgien entkommt. Die Proklamationen lösen die Kammer auf und verkünden das allgemeine Wahlrecht; der Präsident erhält außerordentliche Vollmachten für zehn Jahre. Er ernennt einen Senat gegenüber dem gewählten Corps Législatif. Eine Volksabstimmung bestätigt das alles — das erste der seither berühmten Plebiszite, von denen der Machthaber jeweils alles verlangen kann. Genau ein Jahr nach dem Staatsstreich, am 2. Dezember 1852, wird das Kaiserreich Napoleons III. proklamiert. Der Kaiser bereist die Provinz und wird überall ehrlich gefeiert. Man vertraut ihm, auch als er das große Wort spricht: „L'Empire, c'est la paix." Zwei Jahre später bricht der Krimkrieg aus, es wird der italienische, zuletzt der deutsche Krieg folgen, in dem dann das Kaiserreich untergeht.

Man hat dieses zweite Kaiserreich als Karnevals- und Operettenstaat geschildert; Offenbach soll ihm die Signatur gegeben haben. Aber man denke demgegenüber an das anklägerische Pathos eines Victor Hugo: L'histoire d'un crime, Napoléon le Petit, Les Châtiments — nur war auch der große Dichter nicht immer der radikale Gegner eines Mannes gewesen, dem man den Diktator von weitem ansehen konnte. Napoleons Schuld aber war, was die Dramaturgie tragische Schuld nennt: Schicksal, Verhängnis. Wie in der antiken Tragödie taumelte er, taumelte Frankreich und mit ihm Europa einem Abgrund zu, dessen Schrecken sich freilich erst in unserem Jahrhundert zeigten. Vergessen wir indes nicht, und das ist gerade für unsere Biographie Bizets von Wichtigkeit: das Zweite Kaiserreich war bei aller Tyrannei, Verfolgung, Ungerechtigkeit, Heuchelei und dem Leichtsinn seiner Staatsführung eine Zeit des größten Glanzes, vor allem in den Künsten — es hat im Europa des 19. Jahrhunderts kaum etwas Ähnliches gegeben.

FRANZÖSISCHE ROMANTIK

Die Künstlerfamilie Bizet wurde in eine Epoche hineingeboren, die wir als romantisch zu bezeichnen gewohnt sind. Die französische Romantik gibt der Kunst, dem Wesen dieses Landes eine Besonderheit mehr. Frankreich ist mit gutem Grund stolz auf die Jahrzehnte, die vom dritten bis zum siebenten des viel gescholtenen neunzehnten Jahrhunderts reichen.

Es wird besonders bei der Schilderung der Musik dieser Zeit darauf hinzuweisen sein, welche Unklarheit über Begriff und Wesen der Romantik wohl nicht ohne Absicht aufrecht erhalten wird. Die Romantik des beginnenden 19. Jahrhunderts war nichts Neues. Jedes Zeitalter, auch die Antike, hat eine Romantik, und P. H. Lang hat in seiner Darstellung „Music in Western Civilization" sehr deutlich gezeigt, daß als romantisch eine Vielheit von Stilen und Tendenzen bezeichnet wird, die einander oft sogar widersprechen. Romantik ist keine Richtung, kein Stil: die Romantik, die um 1800 beginnt, ist eine Epoche, eine Zeitbestimmung. Eine Generation erhebt sich, wie es in der Kunst immer geht, gegen die vorhergehende. Es ist auch nicht so, daß sich eine „romantische" Kunst einer „klassischen" gegenüberstellen würde, obwohl das manche Romantiker glaubten, während, umgekehrt, zu Beginn unseres Jahrhunderts sogenannte Klassizisten die endgültige Überwindung der Romantik verkündeten. Ist die Kunst Goethes „klassisch"? Er hat es geglaubt. Aber in Frankreich wurde „Faust" als romantische Dichtung von den Romantikern begrüßt — und sie haben wohl recht gehabt. Ähnlich erging es dem „Klassiker" Beethoven — von Shakespeare zu schweigen, den in Frankreich erst die romantische Generation nach 1820 verstehen konnte. Romantik war zu allen Zeiten: Hingabe an das Gefühl, an etwas Seltsames („romantische" Landschaft!), Fernes, Vergangenes, Geheimnisvolles; eine Verwischung von Grenzen. Das Gefühl tritt in sein Recht, wenn eine Generation gegen zu viel Vernünftigkeit, Klarheit, Formvollendung oder Wirklichkeitsnachahmung protestiert — und das geschieht immer wieder. In Frankreich begann spätestens mit Rousseau ein solcher Protest gegen die Herrschaft der Vernunft und der klassischen Regeln. In Deutschland nahm diesen Protest der „Sturm und Drang" wieder auf, aus dem schließlich Goethe und Schiller hervorgingen. Und als ihre Kunst der „klassischen" Vollendung, einer Herrschaft der Regeln anheimzufallen schien, schob sich eine neue romantische Welle heran, die „eigentliche". Und so nennt man in Deutschland Romantik die Zeit der Schlegel, Tieck, Jean Paul, Hölderlin, Novalis, Kleist, E. T. A. Hoffmann (so viel Namen, so viel Stile!) — von denen Hoffmann in Frankreich den stärksten Einfluß gewann. Die deutschen Romantiker versenkten sich in die deutsche Vergangenheit, aus der die Brüder Grimm, die Arnim und Brentano wahre Schätze an Sagen und Volksliedern zu Tage förderten. Aber auch damit hatten die „Klassiker" Herder und Goethe angefangen.

In Frankreich kam — und so auch in England, Italien,

Spanien, Rußland — ein weiteres Element dazu: das Phantastische und Verzerrte, der Spleen, der Lebensüberdruß. Denn die romantische Generation Frankreichs war, wie Musset bekannt hat, gezeugt, wenn die Väter zwischen zwei Feldzügen Napoleons heimkamen. Sie verbrachte ihre Kindheit, den Frauen überlassen — die Väter waren wieder im Krieg —, zitternd um das Leben der Abwesenden. Dann kam der Sturz des Kaiserreichs, die erzwungene Untätigkeit einer Jugend, der man von den Abenteuern und Heldentaten unter dem Kaiser erzählt hatte. Sie selbst lebte unter Druck, Langeweile und Phrasen. Daher der Weltschmerz, die Selbstzerfaserung, der Ekel vor dem Leben. Aus England kam die Ablenkung in die Vergangenheit (historische Romane von Scott), aber auch der geniale Spleen eines Byron. Von Italien her begannen Alfieri und Leopardi einzuwirken, und Spanien wurde das Wunderland der französischen Romantik. Nicht viel später drangen auch die Russen und Polen, bald in Person, bald mit ihren Werken ein: Puschkin, Lermontoff, Turgenieff, Mickiewicz. Die Russen wurden von Prosper Merimée eingeführt, der auch einer der Entdecker Spaniens war.

Es gibt noch ein romantisches Land, das einst so manche Kulturen des zentralen Europas vereinigte: Österreich. Die deutschen Romantiker (man denke an Eichendorff) wußten das sehr wohl. Hier erwachte bald nach dem Anfang des Jahrhunderts die romantische Landschaft: Salzburg wurde für die Malerei entdeckt; Schubert fand in dieser Landschaft das Lied, das als deutsches Lied Frankreich bezauberte, und Adalbert Stifter malte in Worten und mit dem Pinsel ein romantisches Volk und seine Landschaft. Aber Österreich war, wie Spanien, eines der Länder des Barock gewesen, und Barock war nichts anderes als eine frühere Romantik. Der Romantiker sprengt die Formen, und die barocke Kunst hatte das Gleiche getan. Auf dem barocken Theater Österreichs, von dem für die große Welt die „Zauberflöte" übrig geblieben ist, „verwandelte sich alles in alles" — und von dem Theater der französischen Romantik sagt Victor Hugos Vorwort zu „Marie Tudor": „Tout regardé à la fois sous toutes les faces."

Die französische Romantik wird vorbereitet von Chateaubriand, der seine enthusiastischen Leser bis in die amerikanische Wildnis führte. Ferne, Abenteuer ist es, was die Zeit verlangt, und sie schwelgt in der universalen Religion des Katholizismus, dem dieser Dichter huldigt. In seinen Spuren werden Lamennais wandeln, und auch Lamartine, wenn sie auch nicht kirchlich gebunden bleiben. Alles das reift vom Beginn des Jahrhunderts bis in sein erstes Drittel. Eine andere „Vorläuferin", Madame de Staël, die Feindin Napoleons, entdeckt das romantische Italien und jenes sentimental-mittelalterliche Deutschland, in dem dann die französische Romantik zu Hause bleibt, bis sie 1870 aus diesem Traum aufgeweckt wird.

Aber dann kommt Shakespeare nach Frankreich, den Voltaire für unmöglich erklärt hatte. Man übersetzt ihn neu; Stendhal stellt ihn als Romantiker dem Klassiker Racine gegenüber. Sogar das Taschentuch der Desdemona darf jetzt auf die Bühne gebracht werden, was die Generation vorher nicht erlaubt hatte. Shakespeare, das ist jetzt Märchen, Fabelwesen, Mischung von Tragik und Humor, Exzentrizität, also die rechte französische Romantik. Ein romantischer Maler, Delacroix, stellt Leidenschaft, Farbe, Schlachten in Afrika, exotische Typen dar, im Gegensatz zur akademischen Steifheit napoleonischer Historienbilder. Er wird die Zeichnungen zu Goethes „Faust" ersinnen, den man 1828 ins Französische übersetzt (so weit er damals bekannt ist) — und Berlioz stürzt sich auf diese schöne Übertragung von Gérard de Nerval und komponiert noch im gleichen Jahr acht Bilder daraus. Schon ist auch das romantische Drama proklamiert: Mérimée veröffentlicht 1825 die Stücke einer spanischen Schauspielerin Clara Gazul (sie ist eine Erfindung Mérimées). Victor Hugo, mit Alfred de Vigny Fahnenträger der Generation, erläßt im Vorwort zu seinem Drama „Cromwell" 1827 das Manifest dieses romantischen Theaters: Verachtung der drei Einheiten der französischen Klassiker; das Stück kann mehrere Schauplätze haben, muß nicht an einem einzigen Tag spielen und darf auf die Einheit der Handlung verzichten, indem es das Leben schildert wie es ist, Tragik und Witz durcheinander, mit absonderlichen, bis dahin unmöglichen Menschen auf der Bühne — nicht einmal der Alexandriner bleibt erhalten, nur Genie ist erforderlich und erhält jedes Recht, auch um den Preis der „Verrücktheit". Die große Schlacht um das romantische Theater wird 1830 geschlagen, drei Monate vor der politischen Revolution: Victor Hugo läßt „Hernani" aufführen, die Tragödie des spanischen Banditen (heute nur noch als Oper bekannt); man hat das Theater mit Gewalt besetzt, man reizt die Feinde durch rote Westen (Gautier) und Haarmähnen, die Maler-Ateliers haben ihre Völker entsandt, man überschlägt sich vor Begeisterung, man attackiert die Perücken, man rauft, man beweist die Romantik mit Püffen und Ohrfeigen. In rascher Folge erscheinen die weiteren Dramen von Hugo, seine großartigen Gedichte, sein phantastischer Roman von Notre Dame. Schon beginnt Balzac seine gewaltige Romanfolge der Comédie Humaine, die die Epoche des Bürgerkönigtums schildert, wie später Zola das Zweite Kaiserreich schildern wird, beide in romantischer Verzerrung und als inspirierte Künstler. 1831 bringt nicht nur „Notre Dame de Paris", sondern auch ein Bekenntnisbuch der romantischen Generation, „Le Rouge et le Noir" von Stendhal, dem Psychologen und Liebhaber der Musik. Musset tritt auf, mit erschütternden Gedichten, den anmutigsten Spielen für das Theater und dem zweiten Bekenntnisbuch der Zeit, den „Confessions d'un enfant du siècle". Georges Sand lebt und dichtet eine Welt der neuen romantischen, entfesselten Frau. Eugène Sue verficht das Recht der Armen, und er wie der ältere Alexandre Dumas schreiben für die neue Macht der Presse die endlosen „spannenden" Romane. 1836 ist das große Jahr dieser Presse: „La Presse", die Zeitung von Emile de Girardin, wird ein billiges Blatt, erobert die Massen; aber die Massen bestimmen nun auch den Inhalt, sie müssen unterhalten werden, und so entsteht das „Feuilleton"

— man schreibt ein Nichts über ein Nichts, wie das Berlioz ausgedrückt hat, der sein Leben lang nicht als Komponist, sondern als Feuilletonist Geld verdient. So ist auch die Zeitung, wie wir sie heute kennen, ein Produkt der Romantik. Bizet wird sich einmal, ein einziges Mal, als Musik-Feuilletonist versuchen und ein Bekenntnis zu seiner Kunst ablegen.

Die Romantik, die auf die großen französischen Historiker dieser Jahrzehnte, die Thiers, Guizot, Mignet, Michelet, Thierry, später Taine, auf Philosophen, wie Cousin und Comte, auf Kritiker, wie Sainte-Beuve, stolz bleiben wollte, gab sich nicht geschlagen, als 1843 das letzte Drama von Hugo, „Les Burgraves", abgelehnt wurde, wogegen eine „Lucrèce" von Ponsard, in der alten akademischen Art ersonnen, Gnade fand. Doch die Romantik war nicht tot. Sie hatte noch die farbenglühenden Novellen von Mérimée zu geben, exotisch-romantisch wie nur je — man denke allein an „Colomba", „Carmen" (1845) —, und während Bizet im Conservatoire geborgen war, erschienen im gleichen Jahr 1857 zwei so verschieden geartete Werke, wie die „Fleurs du Mal" von Baudelaire und „Madame Bovary" von Flaubert. Die Gedichte von Baudelaire treiben den Spleen, den Rausch der Romantik bis zur letzten Konsequenz. „Madame Bovary" ist das Ende des romantischen Traums, dem sich eine kleine Provinzlerin hingibt. Fünf Jahre zuvor hat der jüngere Dumas den Roman der Demi-Monde geschrieben: „La Dame aux Camélies": auch hier das Erwachen aus einem romantischen Traum zu einer Bürgerlichkeit, die man aber als wenig erfreulich empfindet. Die romantische Epoche ist mit diesem Erwachen zu Ende. Die romantische Welt nicht. Schon gar nicht in der Musik.

ROMANTISCHE MUSIK

Hier stimmt die Folge der Generationen nicht ganz mit der Literatur überein. Während bei den Schriftstellern die Epoche der Romantik ungefähr mit dem halben Jahrhundert zu Ende ist, reicht sie in der Musik mindestens bis zum Tod Richard Wagners. Bizet ist Romantiker schon in der Wahl seiner Stoffe. Auch findet er immer wieder ein romantisches Traumland für seine Oper, noch zuletzt das besondere Traumland der französischen Romantik — Spanien.

Was fand aber die Familie Bizet, was der Konservatoriumsschüler selbst in seinem Paris vor?

Die französische Musik des 19. Jahrhunderts, oder wenigstens seiner romantischen Epoche, drängt zur Oper hin; der einzige große Symphoniker der Zeit, Berlioz, komponiert mit der romantischen Sehnsucht nach dem Theater, und eines seiner Meisterwerke, „La Damnation de Faust", wird heute auch auf der Opernbühne gegeben. Gegen das Ende des Jahrhunderts wurde es mit der französischen Musik wieder anders, so wie es einst anders gewesen war: wir dürfen die großen Gestalten einer früheren Kunst in Frankreich nicht vergessen, vor allem nicht die französische Lautenmusik, die geradeswegs zu Bach führt, und die Clavecinisten. Französische Musik, das ist Universalmusik: Italiener seit Lully, Deutsche, wie Gluck, Österreicher, wie Mozart, Tschechen, wie Reicha, haben sie immer wieder befruchtet. Was Wien für die Musiker war, die Stadt, die alles noch so „Fremde" anzog und umwandelte, war in einem anderen Sinn auch Paris. Im romantischen Jahrhundert erst recht. Beethoven, Weber, Schubert, Schumann kamen zwar nicht wie Wagner in Person. Aber ihre Wirkung war groß. Die Anwesenden, Chopin, Paganini, Liszt, empfingen von der Pariser Luft kaum weniger, als sie der wunderbaren französischen Musik gaben. Sie halfen ihre Blüte vorbereiten, die um die Wende zu unserem Jahrhundert hin die Welt staunen machte.

Wenn die Pariser Oper auch dem großen Rameau noch gerecht wird, so ist doch der Begründer ihrer noch lebendigen Tradition Gluck, der übrigens bewußt eine „Weltmusik" anstrebte und mit dem „Unsinn der Nationalmusiken" aufräumen wollte — war er doch selbst deutscher und italienischer Musiker gewesen. Gluck verließ Frankreich wieder; die Sacchini, Salieri, Cherubini gingen dort seine Wege weiter, und ihre Werke waren auf der Bühne noch in den ersten Jahrzehnten des 19. Jahrhunderts lebendig. Cherubini, den Napoleon nicht mochte, und der Beethoven schätzte, wurde Direktor des Conservatoire und beherrschte es mit großer Strenge bis zu seinem Tod 1842. Die Komponisten der französischen Revolution sind außer ihm Méhul, Gossec, Lesueur, Dalayrac; der Musiker Napoleons aber ist der diktatorische Spontini. 1784 wird „Richard Coeur de Lion" von Grétry gegeben, von manchen als erste „Rettungsoper" bezeichnet. Aber die eigentliche Rettungs- oder Schreckensoper, Rettung vor dem Schrecken der rasenden Revolution, ist wohl die „Caverne" von Lesueur (1793), der später der Lehrer eines Berlioz wurde. Diese „Caverne", die den Zusammenhang mit den carceri, den Kerkern der Barockoper wiederherstellt, ein weiteres Glied in der Kette, die Romantik und Barock verbindet, ist eigentlich eine opéra comique. Das heißt: sie verwendet gesprochenen Dialog — während die tragédie lyrique, in der „Großen Oper" gespielt, die Handlung durch Rezitative vorwärts treibt und dafür das Ballett obligatorisch macht. So gehört die vielbewunderte Oper von Méhul, „Joseph und seine Brüder", zur Gattung der opéra comique, ebenso wie „Carmen". Die opéra comique, von der sich das deutsche Singspiel ableitete — bis zur „Zauberflöte" — war ein leichteres Genre, aber nicht notwendig ein heiteres. Eine opéra comique war auch die Oper „Les Deux Journées" von Cherubini (1800), in Deutschland als „Wasserträger" oft gespielt, typische Rettungs- und Schreckensoper. Von ihr führt ein kurzer und gerader Weg zu den Leonoren-Opern von Gaveaux und Paër, denen die Urform des „Fidelio" in ihrem Text genau folgt. War das klassische oder romantische Musik? „Die Musik des citoyen Méhul ist romantisch", schrieb eine Pariser Zeitung 1793. Die „Lodoiska" von Cherubini, ein Sensationserfolg von 1791, wurde von Weber romantisch genannt. Und als die ersten Melodien von Rossini Paris wie die ganze Opernwelt von damals berauschten, nannte Stendhal auch diese Musik romantisch, — der Deutsche W. H. Riehl sagte, noch sehr viel später, dasselbe. Es war eben die Musik einer neuen Epoche, sonst Musik allerverschiedenster Art.

Rechts vom Rhein erklang die „romantische" Oper in vollen Akkorden: 1813 Hoffmanns „Undine", 1816 der „Faust" von Spohr, der noch nichts mit Goethe zu tun hatte, 1821 Webers „Freischütz". In Frankreich aber hatten alsbald beide Gattungen der Oper eine glänzende Zeit. Große Oper und Comique hatten jede ihr Haus zur Verfügung, und dazu kam jetzt noch ein ständiges Théâtre Italien. Abermals jedoch nahmen die italienische wie die deutsche Musik eine besondere Pariser Form an. Spontini hypnotisierte von Paris aus die Welt (namentlich Wagner), und seine Hauptwerke „Die Vestalin" (1807), „Cortez" (1809), in Mexiko spielend, und „Olympia" (deutscher Text von Hoffmann) waren mehr als bloß Vorbereitung der Pariser Großen Oper.

Schon war auch Rossini nach Paris gekommen. Er sollte das italienische Theater leiten, in dem sich die herrlichsten Stimmen entfalteten; die französische Regierung setzte ihm ein hohes Jahresgehalt aus (1824), der König machte ihn zu seinem Hofkomponisten und verlieh ihm eine herrliche Uniform, gegen die Verpflichtung, für die Pariser Theater Opern zu schreiben und sie dort aufzuführen. Tatsächlich arbeitete Rossini, während sich alles an seinem „Barbiere" und an anderen Opern berauschte, frühere Werke für den französischen Geschmack um („Moïse", „Comte Ory"). Eigens für Paris komponiert wurde der „Tell", 1829 aufgeführt, ein Werk von neuer und großer Ausdrucksmacht. Rossini war eben nicht nur der bezaubernde Melodiker, sondern auch ein dramatisches Genie — und auch er tendierte nach der Großen Oper. Nach dem „Tell" aber schwieg er und komponierte bis an sein Lebensende, durch fast 40 Jahre, keine Oper mehr, nur noch Kirchenmusik. Es heißt, daß ihn die Erfolge und die „Aufmachung" Meyerbeers beleidigten. ... Von seinen Landsleuten berückte Bellini durch seine vollendeten Melodien. Außer „Pirata" und „La Straniera" hörte Paris 1830 seinen „Romeo", den ersten Romeo des Jahrhunderts (Berlioz und Gounod sollten folgen) — eine Oper für die beiden Schwestern Grisi, von denen die eine Romeo, die andere Julia sang; es war die Zeit der sagenhaften italienischen Stimmen. Im nächsten Jahr ließ Bellini „Norma" und „Sonnambula" aufführen und komponierte für Paris „I Puritani". Die Oper wurde 1835 gegeben, und er starb, sehr jung, im selben Jahr. Donizetti beherrschte das Repertoire der Dreißigerjahre („Elisir d'amore", „Lucrezia") und komponierte für Paris die „Regimentstochter", eine richtige opéra comique (1840), noch im gleichen Jahr „Die Favoritin", wobei er den letzten Akt in wenigen Stunden hinschrieb, und drei Jahre später „Don Pasquale".

Inzwischen waren die Großen der Musik jenseits des Rheins gestorben: Weber, Beethoven, Schubert, alle noch in den Zwanzigerjahren. Ihr Einfluß in Paris äußerte sich fast sofort. Der „Freischütz" wurde schon 1822 in einer argen Entstellung als „Robin des Bois" gegeben. Die einzige Oper, die das ganze 19. Jahrhundert hindurch in Paris immer wieder aufgenommen und manchmal an mehreren Opernteatern gleichzeitig gespielt wurde, war Mozarts „Don Giovanni", bei den Italienern ohne alle Zutaten.

Nicht geringeren Ruhm erwarb sich die französische Oper durch die einheimische Comique. Wir nennen nur einige ihrer besten, immer wieder gespielten Werke: „Jean de Paris" (1812), „Le Chaperon Rouge" (1818) und vor allem die reizende „Dame Blanche" (1825), diese schon ein Abglanz der Begeisterung für Walter Scott. An Schlagkraft wurde selbst dieser letzte Erfolg noch übertroffen von der Revolutionsoper „Die Stumme von Portici" von Auber (1828); Wagner schwärmte von ihr. Nach einer Aufführung in Brüssel brach dort 1830 die belgische Revolution aus, und noch 1870 sollten ihre Klänge das französische Publikum im Krieg gegen Preußen begeistern. Es war die große romantische Premiere der Oper, drei Jahre vor „Hernani" — die Musik war der Literatur vorausgestürmt und hielt einen Monat vor „Hernani" bei „Fra Diavolo" desselben Komponisten Auber. Das war ein unerschöpflicher Meister, der sich

freilich in den 89 Jahren seines Lebens — er starb erst
1871 — um ein Beträchtliches überleben sollte; wenigstens war das die Meinung eines Bizet, der sogar die
„Weiße Dame" nicht leiden konnte. Auber war Konservatoriumsdirektor, als Bizet eintrat, und immer wieder
wurden komische Opern von Auber auch noch neben den
Werken eines Bizet aufgeführt. Der alte Herr versäumte
keine Ballettaufführung und schmauste bis zuletzt bei
Tortoni; ein befreundeter Lustspieldichter sagte ihm:
„Sie sind über die Jahre hinaus, in denen man noch
stirbt." 1830 packte aber auch „Zampa" von Herold (die
Statue, die sich rächt, wie im „Don Giovanni") die Pariser Hörerschaft und auch die Wiener derart intensiv,
daß sich Wagner darüber aufhielt. Was weiß man heute
von „Zampa", was von der opéra comique „Le Pré aux
Clercs" desselben Komponisten? Es waren ganz große
Erfolge, übertroffen höchstens noch vom „Postillon de
Lonjumeau" von Adam, einem gröberen Auber, und bald
darauf von „Le Domino Noir" und „La Part du Diable"
von Auber selber, der auch vor Verdi schon einen „Maskenball" komponierte. Zuletzt sollten „Mignon", „Faust"
und „Carmen" das Genre der opéra comique zu einem
neuen und ungeahnten Leben erwecken.

Unter den Voraussetzungen zum Werk eines Bizet
müssen wir aber vor allem der Großen Oper gedenken.
Denn sie und sie allein war imstande, es auch mit den
herrlichen Melodien der Italiener aufzunehmen. Sie war
der Triumph des tragischen Genres; sie benutzte gern
historische Stoffe und stellte alle Mittel der Szene, des
Gesangs und der Instrumente in ihren Dienst. Ihr unbestrittener Meister in dieser Zeit — und diese Zeit war
eine Epoche von drei bis vier Jahrzehnten —, war
Meyerbeer, der andere Große aber hieß Halévy. Es
ist heute üblich, Wagner nachzusprechen, daß die Opern
von Meyerbeer „Wirkung ohne Ursache" waren. Die
Wirkung war da, aber wohl auch die Ursache: Meyerbeer war ein Meister des szenischen Baus und der musikalischen Technik, und gerade Wagner hatte ihm da
manches zu danken. Seine Melodien, seine Steigerungen,

seine Ensembles, seine pompöse Instrumentation imponieren noch heute; er arbeitete lange und sorgfältig und ließ seine Werke nicht gleich, und nur in der besten Besetzung aufführen. Die immer wieder unterbrochene Arbeit an seiner „Afrikanerin" dauerte fast drei Jahrzehnte, und er hat die Aufführung nicht mehr erlebt. Freilich wurden jedesmal nicht nur Werk und Aufführung vorbereitet, sondern auch Publikum und Presse, worüber man bei Heine und anderen sehr boshafte Bemerkungen lesen kann; nach Berlioz hatte er nicht nur das Glück, Talent zu haben, sondern auch das Talent, Glück zu haben. Der mächtige und reiche Mann half nach — aber solche Sensationen, wie sie jede seiner Opern zustande brachte, lassen sich mit Nachhilfe allein nicht erklären. Diese Opern trafen eben mit dem Wunsch der Zeit zusammen, sie gaben den Rausch, die Phantastik, die überspitzte, zum Grotesken neigende Situation, die Leidenschaft, den Pomp: sie waren romantisch. Der Effekt bei den Zeitgenossen war überwältigend. Noch durch die Lebenszeit eines Bizet beherrschte Meyerbeer das Repertoire beider Pariser Operntheater und aller Operntheater überhaupt, sehr bald auch in Amerika. 1826 war er nach Paris gekommen. 1831 wurde „Robert le Diable" gegeben, mit Höllengeistern, die sich als Nonnen verkleiden, mit einer gewaltigen Gnaden-Arie, einer gloriosen Rettung am Schluß — und als die Premiere angekündigt wurde, gab es tagelange Kämpfe um die Karten. Aber das war nichts gegen die Begeisterung bei den „Hugenotten" von 1836. Scribe, der geschickteste Theaterdichter, hatte abermals den Text verfaßt — übrigens in Anlehnung an einen historischen Roman von Mérimée —, und im vierten Akt, dem besten, soll der erste Sänger des Raoul, Adolphe Nourrit, der Patron Schuberts in Frankreich, mitgeholfen haben, so wie zuvor an der großen Szene des Vaters in der „Jüdin" von Halévy, die ein Jahr früher eine fast, aber auch nur fast meyerbeerische Sensation entfacht hatte.

Fromental Halévy wurde Akademiker, ja ständiger Sekretär der Académie, was noch nie ein Musiker gewesen war, und Professor am Konservatorium; als solcher hatte er auch Bizet zu unterrichten. Von seinen späteren Werken hatten merkwürdigerweise nur die komischen, nicht die großen Opern lange nachwirkende Erfolge: „L'éclair", „La reine de Chypres", „Les mousquetaires de la reine", „Le val d'Andorre" und eine „Dame de pique" vor Tschaikowsky. Eine nachgelassene Oper „Noé" wurde Bizet zur Vollendung anvertraut. Aber kein französisches Theater hat sie gespielt.

Zu den Enthusiasten für Meyerbeer gehörten Balzac, Berlioz, die George Sand, Liszt und — Richard Wagner, der das nicht nur durch seine ersten Pariser Berichte, sondern auch durch seinen „Rienzi" bewies. Bizet verglich Meyerbeer, freilich in seinen jungen Jahren, mit Michelangelo, wobei Rossini die Rolle eines Raffael zufiel. Die Erfolge steigerten sich mit „Le prophète" (1849), der in Paris allein in zwei Jahren über die hundertste Aufführung hinauskam. Bei der Wiener Premiere mußten die Leute auf Leitern von den Logen her ins Parkett gelangen, weil das Publikum der Stehplätze alle Gänge gestürmt hatte. 1854 hatte die Opéra Comique einen nicht minder rauschenden Erfolg mit „L'étoile du Nord" und fünf Jahre später einen noch größeren mit „Le pardon de Ploërmel". Die Musikzeitschriften enthielten nichts als Berichte über die Triumphe Meyerbeers in aller Welt — und der allergrößte, der der „Afrikanerin" (1865), spielte sich ab, als Meyerbeer nicht mehr am Leben war und von niemand mehr beschuldigt werden konnte, die Vorbereitungen geleitet zu haben. Bei seinem Tod, ungefähr ein Jahr vorher, schien Paris den Atem anzuhalten. Er hatte bei seiner Mutter begraben werden wollen, in Berlin, und so mußte die Leiche Frankreich verlassen. Militär rückte aus, Napoleons Hausminister geleitete den Sarg bis zum Bahnhof nebst Hunderten von Notabilitäten und Tausenden von Menschen. Die Redner bedauerten, daß dieser große Tote nicht in Paris bleiben könne, zu dem er für immerwährende Zeiten gehören werde, ein Ruhm der französischen Musik. In Berlin empfing ihn ein Abgesandter des Königs, mit ihm die ganze Stadt.

Halte man dagegen das Leben eines Berlioz, wie er von Mißerfolgen zu halben Erfolgen schwankt, immer von Geldsorgen gequält und nur außerhalb Frankreichs von etwas mehr Glück begünstigt, namentlich in Wien und in Prag. Er kämpft gegen seinen Vater, der ihm den Musikerberuf verbietet, hungert, verliebt sich aus der Ferne in eine irische Shakespeare-Darstellerin, berauscht sich an Goethe, komponiert die Symphonie Fantastique, ein typisches Stück der französischen Romantik, bekommt nach vier vergeblichen Versuchen den Prix de Rome, verläßt aber Rom, weil ihm eine andere Verlobte untreu geworden ist, will sich töten, fährt wieder nach Rom zurück und heiratet endlich in Paris die Schauspielerin. Er wird Kritiker und Feuilletonist und bringt es mit Hilfe seines Blattes, des Journal des Débats, zu einer Aufführung seiner Oper „Benvenuto Cellini". Sie fällt durch — Berlioz hat bis zuletzt in Paris nie ein Publikum gehabt. Mit einer wenig begabten spanischen Sängerin flieht er nach Deutschland, dann nach Prag und Wien. 1846 läßt er in Paris seine „Damnation" aufführen: Durchfall und Schulden! Nur Gautier sagt: Berlioz, Victor Hugo und Delacroix bilden die Dreiheit der romantischen Kunst — und bei einem Bankett dankt ihm Offenbach im Namen der deutschen Künstler! Berlioz versucht, den Schulden durch Gastreisen nach Rußland und England zu entgehen. Die irische Frau stirbt, und er muß zwei Artikel schreiben, um das Begräbnis zahlen zu können. Er heiratet die Spanierin. Inzwischen hat er das Oratorium „L'enfance du Christ" und die tragische Oper „Les Troyens" komponiert. Aber die Große Oper gibt statt dessen „Tannhäuser"; ein anderes Theater führt, spät erst, die „Trojaner" auf, arg verstümmelt. Kein Publikum! Da stellt er auch die Zeitungsarbeit ein. Sein letzter Artikel gilt Bizet: er verteidigt die „Pêcheurs de Perles" gegen die Besucher der Premiere. Er beendigt seine Memoiren, fährt noch einmal nach Wien, wo seiner „Damnation" Genugtuung widerfährt, noch einmal nach Moskau, schon halb erschöpft — und da gibt es sechstausend Zuhörer, wenn er „Roméo et Juliette" dirigiert.

Er ist ganz einsam. Auch die zweite Frau, auch sein Sohn sind gestorben. Und als Berlioz selbst auf den Père Lachaise gebracht wird, scheuen noch zuletzt die Pferde, und der Sarg wird aus dem Leichenwagen geworfen. Romantik genug!

Berlioz ist ein wilder Gegenspieler des ungleich sanfteren Bizet. Die anderen? G o u n o d, eine Zeitlang sein Lehrer, zwanzig Jahre älter, wird von ihm sehr verehrt und liebt Bizet wie einen jüngeren Bruder. Auch Gounod hat anfangs wenig Erfolg, obwohl die Viardot in seiner Oper „Sapho" gesungen hat, und verfällt mit fast vierzig in melancholische Depressionen. Da begeistert sich eine andere Diva, die Miolan-Carvalho vom Théâtre Lyrique, für die Marguerite seiner Oper „Faust" (Meyerbeer, dem Goethe eine Musik zum „Faust" zugedacht hat, will an ein solches Werk nicht rühren!). Dieser „Faust", Text von Barbier und Carré, wird nun freilich ein Triumph; der Verleger, der sein ganzes Vermögen, zehntausend Francs, an die Partitur gewendet hat, kann sehr bald mitteilen, daß die Einnahmen die zweite Million überschreiten. Bizet ist in Rom: „Wie schade", schreibt ihm Gounod, „daß Du nicht bei der neuen Premiere warst." Das ist der „Médecin malgré lui", nach Molière. Wohl nur in Frankreich spielt man jetzt noch die andern Werke von Gounod: „Mireille", „Roméo et Juliette", beides große Erfolge, während zuvor „La reine de Saba" keiner gewesen war — und gerade von dieser Oper hat Bizet den Klavierauszug angefertigt. Bizet leitete auch 1873 für den Komponisten, der sich für einige Jahre in England niedergelassen hatte, die Proben einer Reprise von „Roméo". Die Opern, die Gounod später komponierte, blieben ohne Widerhall. 1887 kam es zu der 500. Aufführung des „Faust". Etwa sechs Jahre später starb der Komponist.

A m b r o i s e T h o m a s, fast 27 Jahre älter als Bizet und wie Berlioz noch Schüler von Lesueur, wird seine rechten Erfolge erst spät erringen: 1866 wird „Mignon" an der Opéra Comique, 1868 „Hamlet" an der Großen Oper aufgeführt. Er ist der Konservatoriumsdirektor nach Auber. Zu seinen Schülern zählt M a s s e n e t. Bizet bewundert diesen ihm befreundeten Musiker, als er 1873 das Oratorium „Marie Madeleine" aufführen läßt, und schon zwei Jahre später hat Massenet zu einer Gedenkfeier für Bizet ein „Lamento" zu komponieren. Seine großen Opernerfolge, vor allem „Manon" (1884) und „Werther", erringt er erst nach Bizets Tod. Massenet lebte bis 1912.

Noch einer von jenen Komponisten, die die Geschichte der französischen Oper geformt haben, ist hier zu nennen: Camille Saint-Saëns. Drei Jahre älter als Bizet, ist er dessen Mitschüler bei Halévy. Er wird 1858 Organist an der Madeleine. Die Bewunderung, die das Pariser Publikum diesem Komponisten versagt, lassen ihm anfangs immerhin ein Berlioz und ein Gounod, später Wagner und Liszt zuteil werden. Liszt führt seine Oper „Samson et Dalila" 1877 in Weimar auf und kommt damit Paris zuvor. „Da uns das Theater nicht gelten lassen will", hatte Saint-Saëns 1872 zu Bizet gesagt, „lassen wir doch das Theater bleiben!" (Weder die „Princesse jaune" von Saint-Saëns noch „Djamileh" von Bizet hatten damals viel Glück gehabt.) „Du kannst auch anderes komponieren", antwortete Bizet, „ich muß bei der Oper bleiben." Welch ein Glück, daß er es getan hat! Saint-Saëns gründete nach dem Krieg von 1870 die Société Nationale de Musique, in der viele neue französische Werke gespielt wurden, namentlich Kammermusik. Er wurde 86 Jahre alt und starb erst 1921. Wir werden noch sehen, mit welcher Herzlichkeit er in seinen Schriften von Bizet spricht. Wenn er den frühen Tod seines Freundes erwähnt, sagt er: „Welche Schuld haben doch die Gleichgültigen und die Widersacher auf sich geladen! Bizet hätte uns noch ein halbes Dutzend Meisterwerke schenken können, die jetzt der Ruhm der französischen Musik wären!"

CHRONIK DER
MUSIKALISCHEN EREIGNISSE 1838/1857

Wir versuchen jetzt eine Chronik der Musikjahre von 1838 bis 1857 zu geben, der ersten zwanzig Jahre von Bizets Leben.

Paris hatte damals drei Opernbühnen, die Große Oper, die Opéra Comique und das Théâtre Italien; bald kam noch ein viertes hinzu, das Théâtre Lyrique. Das Repertoire wurde beherrscht durch Auber, Adam, Donizetti; von den übrigen spricht heute nur noch die Musikgeschichte. Neu ist eben Ambroise Thomas hinzugekommen. Operntexte werden von Scribe in Massen angefertigt — sie nehmen in seinen gesammelten Werken 25 Bände ein. Gleich zu Beginn von Bizets Geburtsjahr 1838 brennt das „Théâtre Royal Italien" nieder, nach einer glänzenden Vorstellung des „Don Giovanni" mit der Grisi, mit Tamburini, Rubini und Lablache (dieser war in Wien einer der frühesten Bewunderer Schuberts gewesen!). Man hatte fast jedes Stück der Oper wiederholt. Das Theater war schon leer. Aber ein Oberregisseur fiel dem Unglück doch noch zum Opfer. In der Salle Ventadour wird weitergespielt — man gibt den „Othello" von Rossini. In der Großen Oper wird „Gino et Ginévra", Text natürlich von Scribe, Musik von Halévy, aufgeführt. In der Gazette musicale des Verlags Maurice Schlesinger, deren Mitarbeiter Liszt, Heine und der arme verhungerte deutsche Musiker Richard Wagner sind, bespricht Berlioz das Werk. Stürmische Aufführung des „Benvenuto Cellini" von Berlioz; nur zweimal wiederholt. Dagegen schrankenlose Begeisterung über „Robert le Diable". Die große Tänzerin Fanny Elssler wird von fanatischen Anhängern ihrer Rivalin Taglioni ausgepfiffen. Berlioz dirigiert seine Symphonie Fantastique, weiß aber vor Schulden nicht aus noch ein. Da spendet ihm Paganini, der zugehört hat, 20.000 Francs als dem Ersten, der ihn wieder an Beethoven erinnert habe. Liszt, Kalkbrenner, Thalberg, Chopin und César Franck treten als Pianisten auf. Der eifrige Schriftsteller Liszt berichtet über ein Konzert, in dem Nourrit den „Erlkönig" singt, und schließt, ganz im Stil der Zeit: „Frauen, hütet euch vor Verführung!" Johann Strauß (Vater) aus Wien dirigiert ein Ballorchester von 140 Mann; er hält sich lange in Paris auf, und alsbald wird sein „Barrikaden-Walzer" angekündigt werden. Neu erschienen sind zweihändige Klavierauszüge der Symphonien von Beethoven, arrangiert von Kalkbrenner, und Walzer von Lanner. Bericht aus New York: Hier werden die Opern „L'Eclair", „Le Domino Noir" und „Le Postillon de Lonjumeau" gespielt. Das ist Bizets Geburtsjahr.

Und dann geht Chopin mit George Sand nach Mallorca, Wagner beginnt den „Rienzi" zu komponieren, Gounod erhält den Rompreis, Schumann komponiert seine Lieder, Paganini stirbt: 1840. Die Leiche Napoleons wird, bei Musik von Berlioz, im Dome des Invalides beigesetzt. 1841: Dvořák geboren, Wagner komponiert den „Holländer", nachdem er in seiner Not das Libretto zuerst dem Direktor der Pariser Großen Oper verkauft hat, der es einem anderen Komponisten und damit dem Mißerfolg zuführt. Im nächsten Jahr stirbt Cherubini — großes Aufsehen und mannigfache Veränderungen in Paris. In Wien und in New York enstehen Philharmonische Konzerte. Meyerbeer komponiert den „Propheten", läßt ihn aber erst 1849 aufführen. Wagner ist Kapellmeister in Dresden geworden und dirigiert „Holländer" und „Tannhäuser". Der erste Verdi dringt ins Théâtre Italien: „Nabucco" (1845). New York bejubelt Rossinis „Tell" und „Die Stumme von Portici".

In dem gleichen Paris, wo Offenbach als Cellist konzertiert und an der Seite des Mecklenburgischen Landedelmanns Friedrich von Flotow in die Salons eindringt, wird ein Werk aufgeführt, das der musikalischen Exotik so recht Bahn brechen wird — ein echt romantisches Werk also: Das Oratorium „Le Désert" von Félicien David („Ode-Symphonie", die typische romantische Grenzverwischung, wie bei Berlioz und bald auch bei Bizet!). David war als Missionar der Saint-Simonisten nach dem Orient gegangen, hatte aber keinen Erfolg gehabt und nur den farbigen Abglanz des Musik-Orients nach Hause gebracht. Wenn auch die Wüste nur ein Symbol der Lebenswanderung ist, so erhält sie doch ihre „couleur locale", und man vernimmt zum erstenmal Akkorde, die die Harmonielehre nicht ohne weiteres deuten kann; schließlich soll der Muezzin sogar in Vierteltönen singen. Berlioz ist begeistert, und David kann für seine künftigen Opern mit der allgemeinen Aufmerksamkeit rechnen. Wenn später Bizet seine „Djamileh" komponiert, findet denn auch die Kritik, daß er David kopiert hat... Aber noch schreiben wir 1844, und im folgenden Jahr wird, von Berlioz gleichfalls freudig begrüßt, Musik des persönlich anwesenden Russen Michael Glinka aufgeführt, neue Exotik also. Glinka reist nach Spanien weiter, wo er als einer der ersten Ausländer, dreißig Jahre vor „Carmen", die Musik der Landschaft in seine Werke aufnimmt.

Dann stirbt Mendelssohn (1847), und Verdi arbeitet an einer Oper für Paris, „Jérusalem" (früher „I Lombardi"). Die Kritik findet: wenig Melodie, alles nur Rhythmus und Klang. 1848 bringt die Revolution. Die wandelbare Musikkritik begrüßt begeistert die Republik, wie sie das Bürgerkönigtum begrüßt hat und bald das Zweite Kaiserreich begrüßen wird. Verbrüderung der Menschheit — aber schon im folgenden Jahr äußert man die Meinung, die vielen Fremden in Paris sollten das Defizit der subventionierten Theater tragen. 1849 wird eine komische Oper „Le Toréador" von Adam aufgeführt, in der zwar spanische Rhythmen vorkommen, aber kein Toreador; keine Spur einer Hindeutung auf „Carmen". Wer denkt auch an etwas anderes als an den nunmehr unter rasendem Beifall aufgeführten „Propheten"! Chopin ist gestorben. 1850 läßt Liszt den „Lohengrin" in Weimar aufführen. Er komponiert, was er „Symphonische Dichtung" nennt, seine „Préludes". Das nächste Jahr zeitigt „Rigoletto", die „Sapho" von Gounod, Text von Emile Augier, und in der Opernwelt setzt sich die Ära der großen Sängerinnen fort: die Alboni, Viardot, Cruvelli, Jenny Lind — Paris muß sie alle haben. 1852 gibt die Pariser Italienische Oper „Fidelio" und „Luisa Miller"; „Don Giovanni" ist eines ihrer Zugstücke. In dem neuen oder neu benannten Théâtre Lyrique spielt man ein Werk, das zur Operette von heute geleitet: „La Poupée de Nuremberg" von Adam. Eine Comique von Offenbach, „Pepito", enthält, was die Zeitgenossen spanische Musik nennen. Wichtig wird die Gründung einer Société des concerts classiques: Pasdeloup führt in einem Zyklus an Sonntagen symphonische Werke, namentlich der Wiener Klassiker auf. Eine Ecole de musique religieuse pflegt das große vorklassische und das zeitgenössische Oratorium; das neue „Stabat Mater" von Rossini wird aber am Italienischen Theater aufgeführt. Triumph von „Etoile du Nord" an der Opéra Comique. An der Großen Oper spielt man 1855, eigens für Paris komponiert, „Die sizilianische Vesper", Text von Scribe, Musik von Verdi. Es ist das Jahr einer Pariser Weltausstellung — in ihrer Nähe, in einer richtigen Sommerbude, wird das erste Theater Offenbachs eröffnet, die Bouffes Parisiens, und der Komponist, bald „le Mozart des Champs Elysées" genannt, beginnt mit seinen genialen Scherzen für die wenigen Personen, die hier auftreten können, und ein Miniatur-Orchester. Bald wird Offenbach, der im Winter in der Passage Choiseul spielt — auch dieses Theaterchen ist nicht viel größer — ein Auftraggeber für Bizet sein. „Der Prophet" ist schon bis nach New York gedrungen. Und noch eins: zum erstenmal erscheint das Wort „Musique de l'Avenir", Zukunftsmusik, von Wagner, wenigstens dem Sinn nach, in die Diskussion geworfen. 1856 scheint mit Schumann, Donizetti und Heine eine Generation dahinzugehen. Ein Jahr später wird man zum erstenmal von Bizet hören.

DAS PARIS NAPOLEONS III.

Eben während Georges das Konservatorium besuchte, veränderte sich Paris von Grund auf. In zwanzig Jahren seit dem Beginn des Bürgerkönigtums 1851 war die erste Million der Einwohnerzahl überschritten. Als Bizet starb, näherte man sich der zweiten Million. In den Jahren von 1852 bis 1859 wurden 4300 Häuser niedergerissen und fast 10.000 neu gebaut. Gegen das Ende der Fünfzigerjahre kamen 50.000 Fremde im Jahr nach Paris, zum Teil aus der Provinz. Es war, wenigstens nach heutigen Maßstäben, eine billige Stadt. Der Baedeker berechnete noch 1878 die Kosten für einen achttägigen Aufenthalt mit 160 bis 550 Francs. Die Ausfuhr von Musiknoten stieg in den dreißig Jahren seit 1819 auf das Sechsfache, und man löste dafür sechs Millionen Francs. 1859 stellte Paris allein doppelt so viel Klaviere her wie ganz Frankreich im Jahre 1830. Das Land hatte 1853 eine Wirtschaftsdepression, aber schon zwei Jahre später, im Jahr der Weltausstellung, war sie überwunden.

Es war politisch und ökonomisch die beste Zeit Napoleons III. Der Umbau von Paris war sein Plan, und sein Stadtpräfekt Haussmann, später Baron und Mitglied des Staatsrats, erreichte es, Paris durch Niederlegung ganzer Straßenzüge, ja ganzer Stadtviertel, zur luftigsten und „modernsten" Stadt der Zeit zu machen. Das brachte große Veränderungen mit sich, es verschwand auch viel gutes Altes, und die Mieten stiegen bedrohlich an; aber es gab auch keine rue de la Vieille Lanterne mehr, in der nicht zwei Menschen nebeneinander gehen konnten (in dieser licht- und luftlosen Gasse hatte sich der Dichter Gérard de Nerval erhängt). Der Kaiser hatte das Schlagwort ausgegeben: „Enrichissez-vous!" Und alles verdiente Geld oder lief dem Geld nach; die „Carrièristes" eines Balzac wurden harmlose Faulenzer neben den Typen der Fünfziger- und Sechzigerjahre. Man hatte drei Hauptgötter: Kohle, Eisen und Baumwolle — aber man machte mit allem Geschäfte und besonders mit Theatern, Zeitungen, Restaurants, Hotels und Warenhäusern; Louvre und Bon Marché reichen in diese Zeit zurück. Es gehörte gerade auch für Künstler zum guten Ton, luxuriös zu speisen, wenn man überhaupt Geld hatte und nicht in der Boheme versank, die von der Hand in den Mund lebte; die „romantischen" Zeiten eines Murger waren vorbei. Nicht immer langte es zu Tortoni und ähnlichen Schlemmerstätten, wie es sie eben nur in Paris gibt, — dort sah man bis zuletzt den alten Auber sitzen, während im Café Régence eine jüngere Generation ihre Abende feierte: Sardou, Offenbach, die Goncourts, Politiker und Advokaten wie Gambetta und Ferry. Es geht auch nicht immer gut aus: Haussmann selbst, der so viel Geld verbraucht hat („Les Contes Phantastiques de Haussmann!") stirbt arm, von dem ewigen Auf und Ab eines Theaterdirektors wie Carvalho zu schweigen. Aber wenn man in den Salons zu Hause war, konnte es auf die Dauer nicht fehl gehen. Von der Prinzessin Mathilde an, der Cousine des Kaisers, bis herab zu den Damen der nouveaux riches, alles hatte seinen Salon, und dort wurde konversiert, intrigiert, wurde Politik und Karriere gemacht, — hohe Politik besonders bei der Prinzessin Lieven; hier verkehrte der österreichische Gesandte Baron Huebner, dessen Memoiren zu den interessantesten Schilderungen der Zeit gehören. Bei der Prinzessin Mathilde erschien auch die Opposition; die illustre Hausfrau sorgte für ihre Gäste: Maler wurden ihrem großen Freund, dem Kunstdiktator und Museumsdirektor Grafen Nieuwerkerke empfohlen, Dichter wie Merimée, Flaubert und Sainte-Beuve hatten sich um publicité nicht zu kümmern, und die Prinzessin sah es nur nicht gern, wenn ihre Besuche auch im Salon der Paiva zu sehen waren, der mächtigsten Dame der Halbwelt, die ein glänzendes Palais besaß — sie war als kleine russische Jüdin nach Paris gekommen; zuletzt wurde sie eine deutsche Gräfin Henckel-Donnersmarck, und das geschlagene Frankreich mußte sich diplomatisch entschuldigen, weil man sie nicht mit dem gebührenden Respekt behandelt hatte. Mathilde hätte den Prinzen Louis Napoleon, also den späteren Kaiser, heiraten sollen (so glaubte sie wenigstens), und konnte sich den Ehrgeiz nicht versagen, es mit der Kaiserin Eugénie wenigstens als Protektorin von Kunst und Wissenschaft aufzunehmen. Es war ihr Stolz, daß Taine, Renan, Arago, Pasteur, Gavarni, Gounod, Verdi und viele andere bei ihr verkehrten. Auch von Bizet wissen wir, daß er in ihr Haus kam und sich für sie photographieren ließ.

Wir sprachen von den damaligen Theatern als quellenreichem Erwerb. Da war der Doktor Véron, eine echte Gestalt der Zeit. Journalist und Allerweltsmann, übernahm er 1831 die Große Oper als Pächter — denn wie an vielen europäischen Hoftheatern, wechselte auch in Paris häufig Pacht mit Eigenregie. In vier Jahren verdiente er ein Vermögen mit „Robert le Diable", „La Juive", „Gustave III" (das ist der Maskenball von Auber), mit dem Tenor Nourrit und der Tänzerin Taglioni. Das Bürgertum, so sagt er in seinen Erinnerungen, zahlte alles, was die alte Aristokratie umsonst gehabt hatte. Auch einer seiner Nachfolger, der Journalist Néstor Roqueplan, Gourmet und arbiter elegantiarum, fuhr nicht schlecht. Freilich bekamen die Große Oper, die Comique und das Théâtre Italien eine Subvention, während man sie dem Théâtre Lyrique vorenthielt. Das Théâtre Italien galt als das eleganteste, es war das teuerste, und man sah hier den reichsten Schmuck, die kostbarsten Toiletten. In den Sprechtheatern wurden große Summen verdient. Offenbach kam auch als Theaterdirektor nicht zu kurz — nur daß er später viel davon wieder zusetzte; denn er war viel zu nobel für das Métier. Als Komponist strich er eine Zeitlang die Tantièmen von etwa sechs Theatern ein, die in Paris gleichzeitig seine Stücke spielten —, und die ganze Welt spielte sie ihnen nach.

Zum Theater gehörte die Claque, „Les Romains", auch „Entrepreneurs des succès dramatiques" genannt: es gab eigene Chatouilleurs, die an den richtigen Stellen lachten, und Pleureuses, die es fertig brachten, mitleiderregend zu weinen. Nur das italienische Theater hatte und brauchte keine Claque. Dagegen ordnete Roqueplan in der Großen Oper an, daß das schlecht bezahlte Orchester auch noch täglich Geld für weiße Krawatten aufwenden mußte, während die Claque schwarze Krawatten zu tragen hatte. Auch mußte wenigstens ihr Chef die Proben besuchen, um die richtige Dosierung des Beifalls zu studieren.

Der Journalismus, der uns in diesem Buch immer wieder begegnet, dirigierte die Zeit. Die Presse wurde bevormundet, aber den Herausgebern und den großen Journalisten ging es nicht schlecht: da war Girardin, der Begründer der „Presse", Villemessant, Herausgeber des „Figaro", der erst als Wochenschrift erschien, Veuillot, der Chef des katholischen „Univers", die Familie Bertin, die durch ihr „Journal des Débats" überall hindrang — die Zeitung, von der Berlioz 100 Francs für jedes Feuilleton erhielt. Vergessen wir nicht, daß Journalismus auch die Kunst war, zwischen den Zeilen erraten zu lassen, was die Zensur verboten hatte. Eine gute, scharfe oder witzige Wendung wurde von ganz Paris genossen, und nur so war und ist Journalismus möglich.

Damals entstanden die lebhaften Wechselbeziehungen zwischen Journalismus und Theater. Unter dem Dutzend Sprechtheatern der Zeit stand die subventionierte Comédie Française, einst das Theater Molières, obenan, in der amtlichen Rangordnung sogar vor der Großen Oper aufgeführt. Damals war es das Theater der Rachel. Sie, eine elsässische Jüdin namens Felix, die das Französische erst hatte lernen müssen, verkörperte in der romantisch-leidenschaftlichen Zeit die französische Tragödie. Als ihr im Weltausstellungsjahr 1855 die italienische Schauspielerin Ristori gegenübertrat, unternahm die Rachel eine amerikanische Tournee. Von jeher schwindsüchtig, kam sie im nächsten Jahr fast ohne Stimme zurück und starb bald darauf. Sie hinterließ eine Schwester, die unter dem Namen Felix gleichfalls als Schauspielerin auftrat, und einen Sohn, den sie von dem mächtigen Minister Graf Walewski hatte (der selbst ein Sohn des ersten Napoleon und Gräfin Walewska war). im Repertoire des Theaters nahm Musset großen Raum ein, auch mit Tragödien. Die Theatermusik wurde von Offenbach dirigiert. Zu Beginn der Sechzigerjahre debutierten Sarah Bernhardt und Coquelin im Odéon Mounet-Sully. Eines der Theater zahlte Scribe jahraus jahrein einen ansehlichen Betrag bloß dafür, daß er seine Stücke keiner anderen Bühne antrug. Aber schon drang mit der „Dame aux camélias" eine neue Zeit auf die Bühne.

Am raschesten verließen die Nachbarkünste Malerei

und Plastik die Exotik, die Leidenschaftlichkeit der romantischen Epoche; sie suchten sich mit der Wirklichkeit des Alltags, mit der französischen Landschaft und dem französischen Menschen der Gegenwart abzufinden. Um diese Zeit starb (1863) Delacroix, der sich bis zuletzt treu geblieben war. Sein klassischer Gegner Ingres überlebte ihn um ein Weniges, ebenso konsequent als Verkünder der Linie und der Zeichnung. Meissonier schilderte die Typen der Epoche, Winterhalter, Süddeutscher von Geburt, ihre schönen Frauen, während Fromentin, Maler und Romancier, wie Félicien David vom Orient nicht loskam. Aber die rechten Künstler des Übergangs und einer jüngeren Generation malten den Wald von Fontainebleau („Schule von Barbizon"): Théodore Rousseau, der 1852 endlich den offiziellen „Salon" eroberte, Millet, der Maler des „Angelus", Ziem, Troyon, Daubigny, Diaz, Corot, der die Landschaft poetisierte, und Daumier, im Portrait und in der satirischen Graphik gleich groß. 1853 erregte Courbet als „Realist" den ersten der nun häufigen Ausstellungs-Skandale, die vor den Bildern von Manet zu Wutausbrüchen führen sollten. Die Malerei ist der besondere Ruhm Frankreichs, das ganze 19. Jahrhundert hindurch. Die Werke von damals werden heute hoch bezahlt, während es den Künstlern selbst bisweilen sehr schlecht ging — man denke an die erschütternden Schilderungen in Zolas Roman „L'Oeuvre", dessen Held eine Art versoffener Manet ist. Die Plastiken von Rude und Carpeaux, die Architektur eines Garnier — Große Oper in Paris, von ihm stammt auch das Grabdenkmal für Bizet — imponieren dem Besucher von Paris noch heute. Romantisch blieb die Buchillustration: Delacroix, Devéria, Doré. Und auch die Realisten und Impressionisten, die Manet und Cézanne, hatten als Romantiker begonnen — Cézanne kam von Delacroix, Manet von den Spaniern, denen er im Drang nach dem Traumland der Romantik zustrebte.

Wir wissen nicht, ob Bizet mit diesen Bestrebungen der bildenden Künste viel zu tun gehabt hat. In der Akademie von Rom regten sie ihn nicht wenig an. Daß auch er von Spanien träumte, ist sicherlich Romantik gewesen — und daß auch er einem „Realismus" zuneigte, wie die Maler, wie seine Poeten Mérimée und Daudet, ist erst recht romantisch: denn Realismus und Naturalismus wurden schon von den Kritikern jener Jahrzehnte „eine letzte romantische Marotte" genannt.

Wie verhielt sich schließlich die Familie Bizet und insbesondere Georges, der junge Künstler des Conservatoire, zu Wirtschaft und Politik der Zeit? Wir haben gesehen, welchen Gegensätzen und gewaltigen Entladungen diese Epoche ausgesetzt war. Es wird sich zeigen, daß das erste Credo von Georges dem Glauben an innere Wahrheit und gutes Handwerk galt, freilich auch ein Paktieren mit den gerade herrschenden Mächten zuließ. Man muß leben, sagt und schreibt er wiederholt. Und das war in der Zeit sprunghafter Preisumwälzungen nichts Geringes. Es ist anzunehmen, daß Bizet in seinem Sinn für Gerechtigkeit nicht begeistert war von den krassen Gegensätzen zwischen reich und arm ringsum. Doch verlautet nichts, daß auch er Saint-Simonist gewesen wäre. Er wird später, von Rom aus, manches kräftige Wort auch über politische Dinge zu sagen oder vielmehr zu schreiben haben. Sein Traum war damals ein wenig mehr Wohlstand für die Eltern, so daß der Vater keine Stunden mehr geben müßte. Da er selber Musiker, Komponist ist, ließe sich das wohl erreichen? Hat nicht ein Opernerfolg wie der des „Propheten" eine Million eingebracht? (Es war viel mehr, aber das mußte der junge Rechner in Rom nicht wissen.) Ein bißchen mehr Bequemlichkeit wäre auch gut gewesen, namentlich in der Wohnung. Wie wohnte man denn damals in Paris? Es gab keine Wasserleitung, nur Brunnenwasser, und neun Zehntel der Wohnungen hatten kein Badezimmer. 1854 brach abermals, nach 22 Jahren, eine Cholera-Epidemie aus, aber sie dauerte nur kurz. Und welche Luft hatte man, gar vor Haussmann, einzuatmen! Doch aufs Land zu kommen war schwierig, und der junge Bizet hat gewiß nur die allernächste Umgebung der Stadt gesehen. Das Land freilich begann schon mit dem Montmartre.

Und Politik im Elternhaus? Man darf glauben, daß die Bizets alle Peripetien mitmachten, wie die meisten Franzosen jedesmal überzeugt, nun werde es besser werden: liberales Königtum, Zweite Republik, Beginn des Zweiten Kaiserreichs. Die ersten Jahre Napoleons III. ließen sich erträglich an, man durfte auf bessere Existenzbedingungen und ein wenig soziale Gerechtigkeit hoffen. Einstweilen war das Parlament ängstlich reaktionär, und der Kaiser und die Seinen repräsentierten den Fortschritt, nur sollte es bald anders kommen. Das Kaiserreich, das mit so schönen Versprechungen begonnen hatte, artete in eine Diktatur aus. Erst in den Sechzigerjahren wurde sie gemildert, und zuletzt versuchte man, mit Liberalen, ja sogar mit Republikanern, wie Ollivier, zu paktieren. Damals war Bizet deutlich in der Opposition.

Die Gerechtigkeit verlangt anzuerkennen, daß der Kaiser nicht nur Gegner gehabt hat. Guter Wille war ihm nicht abzusprechen, und Macht allein war gewiß nicht sein Streben, wenn auch seine Mittel oft von der Art waren, wie sie allen Unterdrückern eigen sind. Dabei war er selber lang unterdrückt und sogar eingekerkert gewesen! Seine Fehlschläge hatten ihn als Refugié bis nach Amerika gebracht. Zeitlebens blieb ihm etwas vom Verschwörer, von einem Menschen, der sich verstellen muß: „L'homme qui ne parle jamais et qui ment toujours", hieß es von ihm. In seiner Sucht, nicht zur Ruhe zu kommen und die Welt nicht zur Ruhe kommen zu lassen, zettelte er nach innen wie nach außen hin immer irgend etwas an, und seine Verheißung: „L'Empire, c'est la paix", wirkte bald wie eine Parodie auf die Ereignisse. Auf dem Theaterzettel der Comédie Française stand bald nach dem Beginn des Regimes „L'Empire, c'est la paix" als Titel eines Gelegenheitsgedichtes, darunter aber „Il ne faut jurer de rien" — das war die darauf folgende Komödie des Repertoires. Mit Bedauern sieht man einen gewiß begabten und tatkräftigen Menschen, der auch die Aufgabe erkannte, die tiefen Gegensätze im Staat zu überbrücken, mit der Zeit immer weiter von seinen Zielen abgleiten. Daß er Gewinnsucht, Korruption und Sorglosigkeit selbst hervorgerufen hatte und schon darum nicht bannen konnte, war sein Verhängnis. Nach außen hin war er nicht glücklich — er ging schon an dem Mißtrauen zugrunde, das er überall eingeflößt hatte, vor allem aber an dem Hauptfehler seiner Politik, den Feind Frankreichs nicht dort zu sehen, wo er war: in dem Preußen Bismarcks, der das Kaiserreich aus zu großer Nähe kannte und darum wußte, wie schwach es war.

Napoleons Siege über Frauen sollen ihm zuletzt auch verhängnisvoll gewesen sein. War es Wahrheit oder Klatsch, daß er sie alle hinnahm, von der Gräfin Walewska angefangen, der Frau seines Ministers (in einem muß er doch dem ersten Napoleon gleichen, spotteten die Pariser!) bis zur Operettendiva Offenbachs und zu der berühmtesten Chanson-Sängerin der Zeit, der famosen Thérésa? Dabei liebte er seine Frau, die Kaiserin Eugénie, eine der größten und seltsamsten Schönheiten selbst in der Frauengalerie eines Winterhalter; aber ihre Kälte, ihre Exzentrizität, ihr Fanatismus in der Politik verdarben manches.

Die spanische Gräfin Montijo, von schottischer Abstammung, lebte mit ihren zwei Töchtern bald in Madrid, bald in Paris. Die jüngere dieser Töchter, Eugénie, fesselte durch ihre Marmorschönheit, die viel Leidenschaft ahnen ließ, den Kaiser, dem die Höfe ohnehin keine europäische Prinzessin gegönnt hätten. Er heiratete sie 1853 — und sogleich wurde Prosper Mérimée, der das Kind auf seinen Knien geschaukelt hatte, an den Hof gezogen. In Spanien hatte ihm die Gräfin-Mutter viel von Land und Leuten erzählt, auch die Geschichte von dem verurteilten Banditen, der die Zigeunerin Carmen ermordet hatte. Kaiser und Kaiserin hielten in der schönen Jahreszeit Hof in Fontainebleau und in Compiègne. Da wurden regelmäßig und serienweise Gelehrte und Künstler als Wohngäste eingeladen — Mérimée aber hatte sein ständiges Zimmer. Er war dem Kaiser und der Kaiserin bei aller Selbständigkeit und Freiheit seiner Ansichten bis zuletzt treu ergeben, und das Zeugnis eines solchen Mannes spricht immerhin für beide.

Ein Prinz Napoleon, Vetter des Kaisers, spielte den Mephisto des Hofs. Die hohe Politik hatte ihm Prinzessin Clotilde von Savoyen zur Frau gegeben, womit der verhängnisvolle Bund besiegelt wurde, der Frankreich zum Krieg von 1859 und zur Neutralität gegenüber Österreich 1866 führte. Zu spät sah der Kaiser, daß er in Österreich einen Bundesgenossen verloren hatte.

Von der Prinzessin Mathilde war schon die Rede. Noch lebte eine Zeitlang ihr Vater Jérôme Bonaparte, Bruder Napoleons I., der als König von Westphalen Beethoven an seinen Hof hatte ziehen wollen. Eine besondere Gestalt des Régimes war der Graf (später Herzog) von Morny, glänzender Kavalier, als außerehelicher Sohn der Königin Hortense Halbbruder des Kaisers, der ihn zum Minister machte. Er starb schon 1865 — und man behauptet, daß seine Autorität den Sturz des Kaiserreichs verhindert hätte. Jedenfalls hat er noch die Opposition mit dem Kaiser versöhnt und die liberale letzte Zeit Napoleons eingeleitet. Sein Sekretär war eine Zeitlang Alphonse Daudet; aber der Herzog wußte, daß ein Dichter Zeit und Freiheit braucht, und er gab ihm beides; Daudet hat ihn in seinem Roman „Le Nabab" als Duc de Mora geschildert. Saint-Rémy nannte sich der Herzog selbst, wenn er Stücke für das Theater schrieb. Eines, einen Text für Musik, verfaßte er gemeinsam mit Ludovic Halévy, dem einen der Carmen-Librettisten, und Offenbach komponierte ihn: „Monsieur de Choufleury restera chez lui ..." Ludovic gewann die besondere Protektion des Herzogs. Als er seinem langweiligen Posten im Ministerium für Algier entgehen wollte, bat er den Herzog um eine Stelle als Redakteur der Parlamentsprotokolle. Er bekam sie sofort. „Wollen Sie wirklich nichts anderes?" hieß es. „Sie sind ernannt. Aber nun adieu, ich habe keine Zeit."

Wir erfahren nicht, daß Bizet zu Hof ging. Hielt er es wie Rossini, der sich allen Einladungen dadurch entzog, daß er sagte: „Ich habe genug Könige gesehen"? Auch der Glanz eines Napoleon blendete ihn und die Seinen nicht. Er gehörte zu keiner Opposition, aber er machte sie. Er hatte die sehr französische Auflehnung gegen jede Übermacht des Staates und der Bürokratie. Und was er als Künstler gab, war neu, von einer Neuheit, die blieb — während sich das Kaiserreich immer deutlicher als ein romantischer Traum erwies, eine Flucht in vergangene Zeiten, die nun noch einmal versanken.

BIZET AM KONSERVATORIUM

So sah die Welt und Umwelt aus, so sehr veränderte sie sich, seit Bizet ins Konservatorium gekommen war. Noch heute ist diese Anstalt, während der französischen Revolution gegründet, staatlich und genießt offizielles Ansehen; ihre Absolventen müssen für gewisse Anstellungen vor anderen berücksichtigt werden, und es geht mit allem, was das Conservatoire anlangt, so wie mit den übrigen offiziellen Ehrungen in Frankreich: viele verachten sie, alle möchten sie gerne haben, und den meisten imponieren sie doch.

Für den zehnjährigen Bizet fand sich ziemlich bald ein Platz in der Klavierklasse des Professors Marmontel. Dieser, der seinen Schüler überleben sollte, schildert in einem Buch „Symphonistes et virtuoses" Bizet als außerordentlichen Klavierspieler, technisch wie musikalisch, später als ausgezeichneten Begleiter und Blattleser. Es heißt, daß es einen solchen Partiturspieler seit Liszt und Mendelssohn nicht mehr gegeben habe, und was den Virtuosen anlangt, so erzählen alle Biographen, daß Liszt einmal eine schwierige Stelle in einem seiner Werke in Gesellschaft vorgespielt und behauptet habe, nur zwei Pianisten könnten sie spielen, er selber und sein Schüler Hans von Bülow. Da habe Bizet die Passage sogleich auswendig nachgespielt, und Liszt habe erklärt, er habe sich geirrt, es seien drei, und der dritte sei der jüngste und kühnste darunter. Insbesondere werden der Anschlag und die rhythmische Verve des Klavierspielers Bizet gerühmt. Warum er nicht öffentlich aufgetreten ist? Saint-Saëns behauptet, wegen der Einschachtelungstendenzen im Pariser Musikleben: ein Komponist könne nicht auch Vir-

tuose sein, und ein Virtuose, der sich in Konzerten hören
lasse, dürfe nicht komponieren. Jedenfalls bekam Bizet,
der schon nach einem Jahr den ersten Preis für Solfège
erhalten hatte — dieser Unterricht ist eine sehr wohl-
tätige Einrichtung der französischen Musikschulen, die
insbesondere den Sängern eine große Treffsicherheit
gibt —, mit dreizehn Jahren (1851) einen zweiten, im
folgenden Jahr den ersten Klavierpreis. Als er bei Benoist
Orgel lernte, gab es 1854 den zweiten, ein Jahr später den
ersten Preis für „Fuge und Orgel". Aber Bizet studierte
natürlich auch Theorie: zuerst bei P. Zimmermann, der
sich schon den Siebzig näherte und kränkelte, aber nicht
darauf verzichten wollte, besonders begabte Schüler, wie
Bizet, zu unterrichten; nur ließ er sich, selbst der Lehre
eines Cherubini entstammend, durch seinen Schüler Gounod vertreten. Als der alte Herr 1853 starb, kam Bizet
zu Fromental Halévy, der seit der „Jüdin" Weltruhm
erlangt hatte; am Konservatorium lehrte er seit 1833.
Halévy wollte seinen außerordentlichen Schüler sogleich
zum Wettbewerb um den höchsten Staatspreis der französischen Musik, den Prix de Rome, entsenden. Aber Bizet
versuchte sich erst 1856; er bekam dabei den zweiten
Preis und erst im nächsten Jahr den großen ersten.

BIZET SCHREIBT EINE PREIS-OPERETTE

Schon vor dem Rom-Preis hat sich der Schüler Bizet
mit andern Arbeiten hervorgewagt, die mit den offiziellen Preisbewerbungen nichts gemein hatten. Zwar ist es,
nach Parkers Biographie, unrichtig, daß er 1854, also mit
Sechzehn, eine Operette „La prêtresse" in Baden-Baden
habe aufführen lassen, die man in den Verzeichnissen seiner Werke gelegentlich findet. Baden-Baden war der vor-
nehme Pariser Sommeraufenthalt, und es hatte sogar eine
sommerliche Musiksaison, die ganz von Paris bestritten
wurde; „Béatrice et Bénédict", komische Oper von Berlioz, war für Baden-Baden bestellt und wurde dort 1862
aufgeführt. Aber die Jugendsymphonie von Bizet, die
Weingartner vor einigen Jahren herausgab, ist von 1855

datiert, also von dem Siebzehnjährigen komponiert, und zwei weitere Jahre später, also mit neunzehn, gewann Bizet den Preis für eine opéra comique oder besser Operette, den Offenbach ausgeschrieben hatte. Er gewann ihn ex aequo mit Lecocq, der mit Offenbach und Hervé einer der Großen des Genres werden sollte. Lecocq war immerhin sechs Jahre älter als Bizet, damals also fünfundzwanzig. Seine Komposition wurde zuerst, angeblich am 8. April 1857, die von Bizet am folgenden Tag aufgeführt.

Wir haben von den Anfängen des Operettenkomponisten und Theaterdirektors Offenbach schon gesprochen. Weder auf seiner Bühne noch im Zuschauerraum war viel Platz — und dabei mußten selbst die Logenschließerinnen nach der Mode jener Jahre Krinolinen tragen! Sein Unternehmen hatte dank den geistvollen Texten und der genialen Musik sogleich einen Sensationserfolg, und es sprach auch sehr für ihn, daß er den jungen französischen Komponisten immer wieder Gelegenheit bot, vor ein Publikum zu kommen. Diesem Zweck diente auch der Wettbewerb. Das Stück hieß „Le docteur Miracle" — sonderbar genug, daß in Offenbachs letztem Werk „Les contes d'Hoffmann" eine Figur gleichen Namens vorkam, die sich übrigens bei E. T. A. Hoffmann nicht findet. Aber der Doktor Miracle der Preis-Operette, Text von Battu und dem gleichen Ludovic Halévy, der Bizets Mitarbeiter auch beim Libretto von „Carmen" werden sollte, hatte ganz und gar nichts Dämonisches an sich. Dieser Miracle ist ein als Arzt verkleideter Offizier, der einem italienischen Bürgermeister die Tochter wegheiratet; er macht dem Vater weis, eine vergiftete Speise gegessen zu haben und erhält dadurch Gelegenheit, als falscher Arzt einen niemals Erkrankten zu heilen und das Mädchen zu bekommen. Das ist, wie man sieht, der alte „Canevas Forain", das Schema der Buffa. Der Musik von Bizet wird von der Kritik Vornehmheit und gute Laune bescheinigt; namentlich die Instrumentation sei fast zu reif für einen Achtzehnjährigen — und reizend habe er den Stil der italienischen Buffa getroffen. Ein komisches Quartett wird besonders gerühmt. Auch die Musik von Lecocq soll sehr fein gewesen sein, vielleicht sogar konziser, aber dem Publikum habe die von Bizet besser gefallen. Soweit eine Besprechung von 1857, die dem Verfasser dieses Buches erreichbar war — die beiden Preiswerke wie so manche andere, minder bedeutende Kompositionen waren es nicht. Die meisten davon werden als vernichtet oder unzugänglich ausgegeben.

Weingartner hat mit seinem Bizet-Fund mehr Glück gehabt. Es ist sehr bezeichnend und gibt ein Bild von der historischen Unsicherheit rings um Bizet, daß die Symphonie von 1855 nur in der jüngsten Biographie, der von Cooper, überhaupt als vorhanden erwähnt wird. Dabei hat D. C. Parker, einer der frühesten Biographen, Weingartner auf die Spur geführt! Und Chantavoine hat schon 1933 im „Ménestrel" auf die Symphonie und auf andere Jugendarbeiten Bizets hingewiesen und auch mitgeteilt, daß die Manuskripte in der Bibliothek des Pariser Konservatoriums zu finden seien, dieser unergründlichen Bibliothek, die ja auch die Manuskript-Partitur von Mozarts „Don Giovanni" aufbewahrt. Allerdings hatte Bizet eine Veröffentlichung der Symphonie verboten, und seine Frau hatte sich dem gefügt.

DIE JUGEND-SYMPHONIE

Die Wiener Universal-Edition hat die Partitur der Symphonie 1935 herausgegeben; am 26. Februar desselben Jahres fand die Uraufführung in Basel unter Weingartner statt. Nach einem Vermerk im Manuskript ist das Werk im November 1855 komponiert. Warum es bei Lebzeiten des Komponisten zu keiner Aufführung gekommen ist, wird nirgends gesagt.

Besetzung: doppelte Holzbläser, 4 Hörner, 2 Trompeten, Pauke, Streicher. An irgend welche Extravaganzen in der Art eines Berlioz ist nicht einmal zu denken. Ein Musterschüler hat das geschrieben, und einer, der nicht nur die Musik seiner Landsleute, sondern auch Beethoven, Mendelssohn, Schumann und vor allem Rossini gehört oder doch studiert hat. Aber es ist keine Schülerarbeit, sondern in seiner Art ein kleines Meisterstück. Der Verfasser hat selbst eine der ersten Aufführungen unter Weingartner gehört, die einen reizenden, frischen Eindruck hinterließ. Übrigens kann das heute jedermann durch die Schallplatte nachprüfen.

Die zwei Themen des ersten Satzes sind deutlich beethovensch. Bizet meldet sich in der folgenden Wendung (über dem Akkord a-cis-e g):

Und wenn der Anfang des zweiten Satzes an Schuberts Streichquintett erinnert, so ist das zweite Thema abermals Bizet:

Die Einleitungsfigur kehrt in den tiefen Klarinetten wieder, die Oboenmelodie verklingt sehr stimmungsvoll; die Geschicklichkeit des jungen Komponisten wird hier, wie schon im ersten Satz, manchmal unheimlich. Menuett und Trio sind von Haydn inspiriert, der letzte Satz von Rossini. Aber eine Episode der Holzbläser ist wieder ganz originell. Sie kehrt in der Oper „Don Procopio" als Marsch wieder und erinnert schon an „Carmen". Ein anderes Thema hat erst recht die immer ein wenig melancholische Verve des späteren Bizet. Der Schlußsatz ist trotz seinem wirbelnden Temperament etwas lang, das Ganze aber in seiner Art erstaunlich, auch wenn man das Werk an sich nicht überschätzt.

PRIX DE ROME

Die Bewerbung für den Rompreis erfolgte, wie Berlioz in seinen Memoiren schildert, in der Art, daß die französische Akademie einen Kantaten-Text wählte, der dem Kandidaten allerhand Gelegenheiten bieten soll, in der Regel aber nicht bot. Regelmäßig begann er, laut Berlioz, mit dem Wort „déjà": „Schon ging der Morgen auf" — oder „Schon neigte sich der Abend ..." Schon wurden auch die Kandidaten regelrecht interniert („entrer en loge"), das heißt in Einzelzimmer einquartiert, die sie nur zu den Mahlzeiten um 11 Uhr vormittags und um 6 Uhr abends verlassen durften. Dagegen stand es Besuchern frei, zu ihnen zu dringen, mit ihnen zu speisen und vielleicht sogar zu arbeiten ... Man hatte 22 Tage Zeit; doch mußte die Kantate in dieser Zeit auch instrumentiert werden. Die Manuskripte blieben keineswegs anonym wie sonst bei Preisbewerbungen. Das Preisgericht bestand aus Musikern und Musikgelehrten der Akademie — aber später wurden auch, welch ein Umsturz, andere Musiker von Rang zugezogen, und Bizet wurde selbst zweimal Preisrichter. Zu den Musiker-Preisrichtern kamen aber auch von vornherein zwei Nichtmusiker, und wenn sie alle den Preis zuerkannt hatten, konnte eine Sitzung sämtlicher Sektionen der Akademie, wobei also die Nichtmusiker die Mehrheit hatten, das Urteil noch umstoßen. Alle diese Preisrichter hatten das Werk nur mit Klavierbegleitung gehört; erst in der öffentlichen Sitzung, die am dritten Sonntag im Oktober stattfand und die Entscheidung aussprach, wurde es mit Orchester gegeben, wobei Gesangssolisten der subventionierten Operntheater mitwirkten.

1856 bekam solcherart Bizet den zweiten Preis; ein erster wurde in diesem Jahr nicht zugesprochen; dadurch hatte die Akademie im folgenden Jahr zwei erste Preise zu vergeben. Die Kantate von 1856 hieß „David", Worte von Gaston d'Albano (das war eine Dame, Mademoiselle de Montréal). Die Kantate von 1857 scheint einen besseren Text gehabt zu haben. Verfasser war Burion, und sie hieß „Clovis et Clotilde". Um historisch-akademische Langeweile war bei solchen Gelegenheiten nicht herumzukommen, und so führte die Dichtung in die Zeit der Merowinger. Eine Schlacht wird beschrieben, man bringt die Siegesnachricht, und das Ganze endet mit einer der üblichen Bühnenprophezeiungen von der künftigen Größe Frankreichs. Wie sich aus dem Titel ergibt, kommt auch eine Frau und damit eine Liebesgeschichte vor. Ein zeitgenössischer Bericht überliefert uns vier schauerliche Verse

> Il est si beaux, mon doux Sicambre,
> avec ses beaux cheveux flottants,
> sa taille fière qui se cambre
> et ses yeux d'amour eclatants.

Man muß diese Verse nur laut lesen — und man wird merken, wie einem Musiker da zu Mute werden mußte. Merkwürdig ist nur, daß Gounod in Briefen, die er seinem jungen Freund Bizet in die Zelle schrieb, sowohl den Text von 1856 wie den von 1857 vortrefflich fand — war es, um Bizet Mut zu machen? Die sechs Kandidaten von 1857 haben auf jeden Fall brav gearbeitet; die Preisrichter haben die sechs Kantaten hintereinander gehört (worüber sich Berlioz unmißverständlich äußert), und sie gewannen die Überzeugung, daß die Aufgaben der Schüler Collin und Bizet, in dieser Reihenfolge, den ersten Preis verdienten. Die vereinigten Sektionen revidierten das Urteil: nicht Collin und Bizet, sondern Bizet und Collin. Dieser war ein Schüler von Thomas und Adam, und er endete als Lehrer für Oboe-Spiel am Konservatorium. Immerhin, sie bekamen beide den Preis, beide die Romfahrt. Bizet aber war der „eigentliche" Prix de Rome von 1857. Er erhielt durch fünf Jahre das staatliche Stipendium, mußte aber die Zeit zum größeren Teil außerhalb Frankreichs zubringen. Spätestens Ende Januar des nächsten Jahres hatte er in Rom einzutreffen, um dort die vorgeschriebenen Jahre hindurch weiterzustudieren.

Der Rompreis war ursprünglich nur bildenden Künstlern zugedacht. Ludwigs des Vierzehnten großer Minister Colbert hatte, nachdem die verschiedenen Sektionen der französischen Akademie konstituiert waren, eine Art Filiale des französischen Kunstinstituts in Rom begründet (1666). Zwölf Künstler sollten jährlich auf Kosten des

Königs für fünf Jahre nach Rom geschickt werden. Erst 1805 kamen auch Musiker hinzu. Für sie allerdings waren nur drei Jahre Rom vorgesehen, ein Jahr in Deutschland oder Österreich, weil dort die symphonische Musik studiert werden sollte, der Rest der Zeit in Paris.

Napoleon I. hatte 1803 für die französische Akademie die Villa Medici auf dem Monte Pincio erworben, damals völlig außerhalb der Stadt. Sie hatte einst dem Kardinal Alexander Medici gehört, der dann als Papst Leo XI. hieß. Auf ihn geht der Umbau der Villa zurück, die eine herrliche Fassade nach Plänen von Michelangelo bekam. Noch heute ist sie von großen Gärten umgeben. Jetzt führt hier die Promenade des Pincio vorüber, mit ihrem lange berühmten Wagen-Corso am Nachmittag, gegen Sonnenuntergang. Von Trinità dei Monti steigt man über die Scala di Spagna, eine Treppe, auf deren Stufen die schönsten Blumen verkauft werden, zur Piazza di Spagna hinunter. Wer das alles je im römischen Frühling gesehen hat, vergißt es nicht wieder. Er vergißt erst recht nicht die Aussicht von der Villa her: die Kuppel der Peterskirche, zu Füßen Rom, rechts die Zypressen des Monte Mario, links die Campagna mit ihren Aquädukten, in weiter Ferne die Sabinerberge; auch der steile Soracte, schon von Horaz besungen, drängt sich in das Bild. Die Villa ist klassisch-römischer Boden. Und wenn gefragt worden ist, welchen Nutzen ein Musiker von dem Aufenthalt in Rom haben konnte, so ist zu antworten — und sowohl Gounod wie Bizet haben das gesagt —, daß das Leben inmitten von so viel Schönheit der Natur wie der Kunst, in einer Atmosphäre solcher Tradition wohl den stumpfsten Geist anregen muß. Daß dazumal in Rom nicht viel gute Musik zu hören war, weder in den Theatern noch selbst in den Kirchen, war neben dem berauschenden und tiefen Eindruck der Stadt kaum von Bedeutung. Zu verstehen ist freilich, daß ruhelose Naturen wie Berlioz, verliebt und von Ehrgeiz verzehrt, einen Zwangsaufenthalt außerhalb von Paris als Verbannung ansahen und so bald wie möglich zu beenden trachteten.

Die Künstler in Rom mußten sich jährlich durch Arbeiten, die an die Akademie zu senden waren, ausweisen, die sogenannten Envois. Den Musikern waren drei von ganz bestimmter Art vorgeschrieben — aber wir werden sehen, daß nicht einmal die Akademie am Buchstaben haftete. Die eingesandten Kompositionen wurden in Paris alljährlich bei den öffentlichen Sitzungen der Akademie vorgeführt, so wie die Preiskantaten; auch gab es darüber gedruckte und obendrein ungedruckte Berichte. Der Direktor der Akademie wurde vom Staat ernannt. Direktoren waren in diesen Jahrzehnten die Maler Horace Vernet, Ingres (1834 bis 1840), Schnetz, dieser auch durch eine zweite Amtsperiode von 1852 bis 1866, also während Bizet in Rom war. Den Pensionären standen in Rom schöne, bequeme Räume zur Verfügung und eine große Bibliothek, mit sehenswerten Gobelins geschmückt.

Bei der Wahl der jungen Musiker, denen der Rompreis zufiel, hatte die Akademie bald Glück, bald Pech. Es bekamen den Preis: Halévy (1819), Berlioz (1831), Ambroise Thomas (1832), Gounod (1839), Maillart (1841), Massé (später als Komponist heiterer Opern sehr erfolgreich, 1844), Guiraud, der uns als Freund Bizets noch oft begegnen wird (1859), Massenet (1863), später auch Debussy. Dagegen gingen Auber, Lalo, Délibes und Saint-Saëns leer aus, ebenso in neuerer Zeit Ravel, der seither eine solche Abneigung gegen öffentliche Anerkennungen behielt, daß er die ihm ohne sein Wissen verliehene Ehrenlegion zurückwies. Nach dem Krieg von 1870 wurden die Bestimmungen des Rompreises zeitgemäß umgestaltet — der Preis blieb, aber der Aufenthalt in Rom wurde eingeschränkt, der in Deutschland gestrichen.

DER AUFENTHALT IN ROM

Im Oktober 1857 wurde dem neunzehnjährigen Bizet der Preis feierlich zugesprochen. Am 21. Dezember machte er sich auf den Weg nach Italien. Ein Architekt, zwei Maler und der Musiker-Kollege Collin bestiegen mit ihm den Postwagen — die Eisenbahn führte noch nicht so weit. Sie reisten nach Lyon, dann das Rhone Tal abwärts — Valence, Orange! Das Erlebnis der Provence beginnt. Anderthalb Jahrzehnte später wird es Bizet zu der Musik der „Arlésienne" gestalten — aber er ist außer auf der Rückfahrt nie wieder dort gewesen. Es ist für den Städter überhaupt das erste Erlebnis der Natur: „Das Schauspiel der Natur war mir bisher unbekannt", heißt es in einem der Briefe, denen wir nun häufig folgen werden. Es waren eben die rechten Pariser, diese Bizets: jenseits der Circonvallations lag die Ferne, die Wüste, das Abenteuer. Und nun schien obendrein die Sonne, leuchtete der blaue Himmel wie im Juli. Ich werde mager, heißt es, wir sehen uns alles an, und ich habe hier auf dem steinigen Boden schon zwei Paar Schuhe durchgegangen. Herzliche Neujahrswünsche — aber mir wünscht nichts, ich habe alles. Die besten Wünsche für Gounod, der vor der Aufführung des „Médecin malgré lui" steht... Avignon, Arles, Marseille, die Riviera — und am 4. Januar, das Jahr 1858 hat begonnen, sind sie in Italien. Genua — aber welches Entsetzen: gemalte Fassaden — der junge Mann merkt nicht, daß sie dem westlichen Oberitalien sogar einen ganz besonderen Reiz verleihen — Bettler, Betrüger, Unsauberkeit, und Bizet kann als Einziger etwas Italienisch! Von Genua zu Schiff in acht Tagen nach Livorno, das ist herrlich. Dann über Pisa nach Florenz. Dort hört er „I Lombardi" von Verdi. Er ist entsetzt über Werk und Aufführung. Dafür diese Bilder! Raffael, Andrea del Sarto — und Florenz ist nur ein Viertel so teuer wie Paris. In sechs Tagen nach Rom, herzlicher Empfang in der Akademie. Aber der junge Bizet, Italienreisender, will noch nicht wieder komponieren. Er möchte gleich weiter nach Neapel. Es wird möglich sein, wenn man einen Preis von 1500 Francs bekommt, der den Pensionären der französischen Akademie in einem Wettbewerb verliehen werden kann. Leider bekommt er ihn nicht. Er wird doch nach Neapel kommen, Geduld... Vorerst ist Karneval. Von Politik will man nichts wissen. Welch ein Land! Wer auf dem Klavier die C-Dur-Skala mit beiden Händen spielen kann, gilt als Virtuose — das alles sagen die Briefe —; der schlechte Geschmack verdirbt Italien: Rossini, Mozart, Weber, Paer, Cimarosa (das ist die Reihenfolge) sind unbekannt, verachtet oder vergessen... Wenn man nur nicht kränklich wäre — aber Arzt, Medizin und Pflege sind für die Akademiker frei. Es sind immer wieder Halskrankheiten (denen Bizet so früh erliegen sollte), aber hier kommen sogar zwei Ärzte, und alles verwöhnt ihn.

Im März wird das Forum, der Vatikan, die Peterskirche besucht. Die Sixtinische Kapelle ist ein besonderer Eindruck, und Michelangelo erhält zur Zeit den Vorzug vor Raffael. Bizet hat schon zweimal beim russischen Gesandten gespeist. Hurrah — die Pension wird erhöht, aber erst nächstes Jahr. Es geht auch gar nicht auf. Man bekommt 200 Francs und zahlt: 75 für das Essen, 25 für Wein, 15 für das Klavier, 5 für Wäsche, Holz, Kerzen und Post kosten zusammen 10. Kurz, es bleiben 30 Francs — und davon sollen die Maler noch ihre Modelle bezahlen! Nächstes Jahr gibt es 40 pro Monat mehr, ich werde 25 zurücklegen und mit 1000 nach Paris kommen, wo man dann den Erfolg meiner Opern abwarten kann...

Bizet liest regelmäßig Pariser Zeitungen. Im April besucht About Rom und die Akademie, ein brillanter und witziger Pariser Feuilletonist und Romancier. Er will Bizet einen heiteren Operntext schreiben. Inzwischen komponiert man an einem Te Deum, denn das Gespenst des envoi droht. Doch ich habe nicht das Zeug für geistliche Musik. Ich habe überhaupt weniger Talent und weniger strenge Überzeugungen als Gounod — aber das ist eher ein Glück...

Mit italienischen Familien gibt es wenig Verkehr. Das ist nur Schnetz, dem Direktor gelungen, der schon ganz Italiener ist; er wäscht sich aber auch nicht mehr die Hände. Doch die Museen, die Kirchen, die Campagna sind offen. Und nun geht es, im Mai, in die Albanerberge, an den Nemi-See. Viel Elend, Schmutz, Malaria, aber gute Menschen, und für eine Zigarre werden sie Freunde. Berlioz hat weiter drin in den Bergen wochenlang fast unter Räubern gelebt. Bizet bleibt gesittet. Frauen betrachten einen Franc als die Summe, für die man alles zu gewähren hat. Inzwischen ist ein italienischer Operntext, „Don Procopio", bei einem Trödler aufgestöbert worden. Aus Paris läßt man sich „Esmeralda" von Victor Hugo kommen — vielleicht wäre das eine Oper —, denn ich muß Opern schreiben: zwei kleine Erfolge in der Comique, und ich bekomme hunderttausend Francs, und Papa wird nicht mehr Stunden geben.

Dezember 1858. Ich bin ein Jahr hier. Nicht jeder Musiker hat so viel Kunstwerke gesehen. Ich habe fünfzig Bände Literatur und Kunstgeschichte gelesen und zwölf Kartenspiele erlernt. Aber nun muß ich, der envois wegen, eine Symphonie versuchen. Man darf sich nur nicht zu sehr, wie die Künstler rings um mich herum, auf seine leichte Hand verlassen. Ich denke viel über meine Anlagen, über die Kunst nach. Es gibt zweierlei Genies: die „de la nature" und die „de la raison" (ungefähr hat das Schiller mit seiner Unterscheidung von naiver und sentimentalischer Dichtung ausgedrückt). Ich stelle jetzt Mozart höher als Beethoven, Raffael höher als Michelangelo, Rossini höher als Meyerbeer. Ich bewundere die einen — die andern machen mich glücklich. Verdi hat Leidenschaft, er ist manchmal brutal, aber nie langweilig. Was ihm fehlt, ist Stil. Kein Grund, sich über ihn zu ereifern. Ein Künstler, ein Kunstwerk muß vor allem „motif" haben. Es scheint, daß Bizet darunter eine tragende Idee versteht; aber dann fährt er fort: in meiner Oper kommen ein Dutzend „motifs" vor, richtige, rhythmisch ausgeprägte und leicht zu behaltende „motifs". Danach wäre das „motif" eine Melodie, ja fast ein „Leitmotiv". Das „Leitmotiv" hat ja nicht auf Wagner gewartet. In der französischen Oper kommt es spätestens seit Grétry vor.

1859: Gibt es Krieg? Aber Frankreich wird siegen, Österreich wird geschlagen werden, gefährlich ist nur England, das so wie Preußen den Zuwachs an Prestige für Napoleon nicht gern sehen wird. Würde ich ein wenig von Mathematik und Strategie verstehen, ich ginge selber in die Lombardei zur Armee und würde mir meine Offiziers-Epauletten verdienen. Leider scheint man in Paris zu glauben (das sagt Bizet!), daß Österreich den Krieg angefangen hat.

Denn es gibt Krieg. Napoleon III., in seiner Jugend selbst Carbonaro, italienischer Verschwörer, hat Cavour, dem Minister Viktor Emanuels, versprochen, bei der Einigung Italiens mitzuhelfen: Die Österreicher müssen aus Oberitalien vertrieben werden! Sie werden nicht mehr von Radetzky befehligt — der junge Kaiser Franz Joseph nimmt Diplomatie und Kriegspläne auf sich, und er hat keine glückliche Hand. Im Juli siegen weniger die savoyischen als die französischen Truppen, unter denen Napoleon selbst ist, bei Magenta und Solferino. Der Anblick der Schlachtfelder erschüttert den Kaiser, und er überlegt wohl auch, daß es höchste Zeit ist, eine Intervention Preußens und vielleicht Englands zu vermeiden. Rasch wird ein Waffenstillstand mit Österreich geschlossen, der Friede folgt, und Österreich räumt nur die Lombardei, behält aber Venetien. Napoleon hat die Italiener verstimmt, Österreich aber nicht gewonnen, und sein immerwährendes Schwanken tut in den folgenden Jahren den Rest, das Vertrauen beider zu verlieren.

Bizet ist im Frühling in die Berge und ans Meer gegangen. Er sieht die herrliche Küste, die malerischen kleinen Städte. Die Nachrichten vom Krieg regen ihn sehr auf. Schade um die Österreicher — das wären unsere Verbündeten! Und die Lombardei ist, so fährt er fort, milde regiert worden, ebenso wie die Toscana. Die Italiener sind jetzt wütend über uns Franzosen. Hätten sie selber mehr für den Krieg getan, den nur wir wirklich geführt haben! Und Garibaldi, der im ganzen nur 10.000 Freiwillige zusammengebracht hat!

August in Neapel. Welch eine Natur! Die Namen Sorrento, Pompeji, Capri klingen in unsern Ohren. Zwei Meerbäder im Tag — aber die Halskrankheit, diese Angina ist wiedergekehrt. Auch das geht vorbei, und die Gesellschaft von Künstlern, in der ich der einzige Musiker bin, lebt heiter in der Umgebung der Stadt unter einfachen Leuten und sehr billig — denn in Neapel selbst ist man ausgeraubt worden. Pompeji — eine andere Epo-

Bizet auf der Rückreise von Rom,
nach einer im Wagen angefertigten Skizze von G. Planté

che der Menschheit... Erneute Grippe — eine Fastenkur hilft ohne Arzt.

In Neapel sollte Bizet ein Empfehlungsschreiben von Carafa, einem neapolitanischen Opernkomponisten, der in Paris Professor am Konservatorium war, an Mercadante, Direktor des Konservatoriums von Neapel, abgeben. Er sah sich das Schreiben aber vorher an, und da stand: Der junge Mann, der diesen Brief überbringt, war ein Vorzugsschüler am Conservatoire und hat die höchsten Preise bekommen. Er wird aber nie ein Opernkomponist werden, denn er hat nicht für einen Cent Enthusiasmus.

Es gibt eine andere, fast noch schönere Version der Geschichte mit Carafa. Danach hätte der Brief an Mercadante mit dem Satz geschlossen: Bizet ist ein braver und sympathischer Bursche, aber was seine Fähigkeiten anbelangt, so bleibt er, unter uns gesagt, ein Esel. Bizet, verhindert, den Brief in Neapel abzugeben, habe ihn erst in Paris geöffnet und dann auf die Frage Carafas, ob er davon Gebrauch gemacht habe, lächelnd gesagt: „Wenn man ein Autogramm eines so berühmten Mannes bekommen hat, behält man es."

Herbst und Winter in Rom. Ich lasse mich nur nicht auf der Straße anrempeln (was damals in Rom vermutlich nichts Ungewöhnliches war). Für Freunde würde ich mich immer einsetzen, aber für eine Frau nichts riskieren; das hat alles nur mit Eitelkeit zu tun. Sonst bin ich une petite perfection. Meine einzige Schwäche sind marrons glacés...

Das dritte römische Jahr begann für Bizet. Er fühlte sich glücklich, er arbeitete. Sein erster envoi hatte in Paris Gnade gefunden, und so richtete er ein Gesuch an den Staatsminister Fould: man möge ihm gestatten, daß er in Rom bleiben und die Reise nach Deutschland aufgeben dürfe. Schnetz, der Direktor der Akademie, fügte hinzu, daß das Klima und die Atmosphäre Italiens Bizet gut tue. Das Gesuch wurde sofort bewilligt. Berlioz und Gounod hatten den Weg nach dem Norden nicht gescheut, und für sie war es gut gewesen. Bizet konnte

Symphonien auch schon in seinem Paris hören — und er war ja doch Opernkomponist.

Und nun kommt, mit dem neuen Jahre 1860, Ernest Guiraud nach Rom, Träger des Preises für 1859. Er ist als Sohn eines französischen Musikers, der nach Amerika ausgewandert war, in New Orleans geboren, in Paris ausgebildet, und er hat eine der besten Kantaten geschrieben, die man bei dieser Gelegenheit hören konnte — Bizet erklärt, daß sie besser, reifer sei als die seine. Sie werden Freunde und bleiben es. Ein Wunder, daß die Kantate den Preis bekommen hat: die Jury taugt nicht viel, außer Berlioz, der aber nicht erscheint, und Auber, der in den Sitzungen schläft. So die Briefe.

Bizet weiß nun immer besser, was er zu tun hat. Er mißt sich schon an den Zeitgenossen. Gounod und Verdi (mit einem Male!) ausgenommen, nimmt er es mit ihnen auf. Nicht mit den alten Meistern. Mozart steht am höchsten. Nur greift seine Musik Bizet dermaßen an, daß er sie an Scirocco-Tagen nicht hören kann. Beethoven und Meyerbeer haben nicht die gleiche Wirkung.

Wieder schlagen die Wellen der Weltgeschichte an die Insel des Glücks und des Genügens, auf der Bizet lebt: Aufstand im Kirchenstaat (1860), der Papst appelliert an Europa, Garibaldi zieht gegen Rom, die französischen Truppen müssen es verteidigen. Die große Komödie des Jahrhunderts wird die Geschichte der italienischen Einigung sein, schreibt in Paris Mérimée. Bizet, politisch kein Freund dieser Einigung und Piemonts, wird es erleben, daß auch sein Rom in zehn Jahren an den König Viktor Emanuel fällt, der schon 1860 elf bis zwölf Millionen neue Untertanen bekommen hat.

Man muß nun an den Abschied von Rom denken. Schon malt er sich die Zukunft in Paris aus: im selben Haus mit den Eltern wohnen, aber in einem eigenen Apartement, ein oder zwei Zimmer; gespeist wird gemeinsam, und das wird gut tun, denn die Italiener verstehen nichts vom Essen... Wie so manche, die von Rom weg müssen (und ihren Soldo, einem alten Brauch gehorchend, in die Fontana Trevi geworfen haben, was baldige Wiederkehr verheißt), will sich Bizet den Übergang leichter machen, indem er noch lange in Mittel- und Oberitalien bleibt. Die Trennung von der Villa Medici ist schmerzlich, Bizet weint noch sechs Stunden später. Er wird eine Symphonie schreiben: Rom, Venedig, Florenz, Neapel (etwas Ähnliches kommt später zustande!), Guiraud begleitet ihn. Sie kommen nach Venedig. Da erhält er einen Brief: die Mutter ist schwer erkrankt. In seiner Aufregung fällt er über den armen Gondoliere her und hätte ihn fast erwürgt, wenn ihn nicht Guiraud beruhigt hätte. Nun fährt er nach Hause.

Wir müssen, ehe wir ihm folgen, noch schildern, was er zwischen schöpferischem Verlangen und den Aufgaben für die Akademie an Plänen erwogen, an fertigen Arbeiten zu Papier gebracht hat.

Die Pensionäre in Rom schicken gerne ein Te Deum nach Hause, denn sie müssen sich in geistlicher Musik versuchen, und der Text des Te Deum bietet, wie Verdi später einmal ausdrücklich bezeugen wird, Gelegenheit, alle Register der Phantasie spielen zu lassen. Bizet stellte denn auch ein solches Te Deum her, aber es gefiel ihm nicht, und er sandte statt dessen lieber eine komische Oper in zwei Akten, eine richtige italienische Buffa, deren Text, nach bewährtesten Mustern, er beim Antiquar mitgenommen hatte: „Don Procopio". Es war der erste envoi. Die Akademie zeigte sich in ihrem veröffentlichten Bericht sehr zufrieden, was wiederum den früheren Vorzugsschüler Bizet beruhigte. Nicht eben so erfreut war er von einem nur für ihn bestimmten Brief des Professors Ambroise Thomas: Der Einsender scheint vermöge seiner leichten Hand ein echtes Talent für die komische Oper zu besitzen, und er schreibt in der Tat jugendfrisch und brillant. Aber eigentlich hätte er eine Messe senden sollen; die dazu nötige Sammlung werde ihm gut tun.

Bizet bemühte sich ehrlich um Sammlung, er war kein Ungläubiger, so wenig ihm die Zustände im Kirchenstaat zusagten — aber die Messe ergab sich nicht, nicht einmal ein geplantes Credo. Sollte es vielleicht mit einem heidnisch-geistlichen Werk besser gehen? Es fiel ihm das

Carmen Saeculare von Horaz ein. Aber auch da kam er nicht weiter. Nun nahm er seine Zuflucht zu der von Berlioz und David eingeführten, echt romantischen Zwischenform der Ode-Symphonie. Sein Besuch in Süditalien legte ihm den Stoff „Ulysse et Circe" nahe, Vergil half nach, aber auch das wurde nichts. Am besten wäre es, man könnte einen „Hamlet", einen „Macbeth" schreiben, aber das war ja wieder eine Oper, und wer sollte den Text verfassen? Schließlich kam die Ode-Symphonie „Vasco de Gama" zustande — fern in Paris brütete Meyerbeer über dem gleichen Stoff, aus dem er freilich etwas ganz anderes formte.

Noch ein weiterer Plan ging ihm durch den Kopf. Nimm, so schreibt er der Mutter, aus der Bibliothek die Erzählungen von Hoffmann und lies „Le Tonnelier de Nuremberg" („Meister Martin und seine Gesellen") — der Wettstreit der Sänger wird eine sehr originelle und effektsichere Szene sein... Die Mutter widersprach, aber der Sohn verwies sie auf das deutsche Gemüt („fleur de sentiment"), das man in Frankreich so sehr schätze. Auch aus dem Hoffmann-Einfall wurde nichts. Man sieht: wenn auch Bizet nicht nach Deutschland ging, so lehnte er doch deutsche Anregungen keineswegs ab, weder damals noch später. Auch Wagner nicht. Nur gegen den Vorwurf, ihn nachzuahmen, wehrte er sich zeitlebens — und in alledem bewährte sich die Sicherheit seines Instinkts.

Der zweite envoi, die Ode-Symphonie „Vasco de Gama", wurde gleichfalls gnädig aufgenommen; nur wurde dem Einsender diesmal von seinem früheren Lehrer Halévy, jetzt ständigem Sekretär der Akademie, dringend angeraten, sich ein anderes Mal vor harmonischen Kühnheiten besser in acht zu nehmen. Wir werden sie in diesem Werk beim besten Willen nicht finden, wenn man von einigen eher pikanten als waghalsigen Wendungen absieht. Der dritte envoi war, nach den Biographien, ein Andante mit Scherzo; andere sagen: Andante, Trauermarsch und Scherzo. Der Trauermarsch soll verlorengegangen sein, Pigot behauptet aber, das Manuskript bei

Bizets Vater gesehen zu haben, — und der Marsch soll die gleiche Musik sein, die im dritten Akt der „Perlenfischer" vorkommt. Das Scherzo wurde zu Beginn des Jahres 1863 von Pasdeloup in einem seiner Sonntagskonzerte zwischen Werken von Mozart und Beethoven gespielt; aber es mißfiel dem Publikum, und der Dirigent bekam Beschwerdebriefe der Abonnenten. Eine Woche später behauptete sich dasselbe Stück in der Société Nationale des Beaux arts neben Werken von David und Saint-Saëns vollkommen und wurde auch von der Kritik gut aufgenommen. Es findet sich in der Suite „Roma" wieder, und es hatte bei der ersten Aufführung dieses Werkes sogar einen Sondererfolg.

„DON PROCOPIO" UND „VASCO DE GAMA"

Die Oper „Don Procopio" galt lange als verloren. Aber Charles Malherbe, seinerzeit Bibliothekar der Pariser Oper, fand das Werk 1885 in den hinterlassenen Papieren von Auber, der es offenbar zur Prüfung bekommen hatte. Der Text, von Cambiaggio 1845 verfaßt und schon vor Bizet von einem Italiener komponiert, wurde nun von Gollin und Bérel ins Französische übersetzt — denn Bizet hatte das italienische Original komponiert —, Malherbe fügte die Worte und die Musik von Rezitativen hinzu; Gauthier-Villars behauptet, daß auch Stücke aus einer sonst nur in unzugänglichen Fragmenten vorhandenen Oper „Clarisse Harlowe" beigefügt worden seien. So wurde eine Aufführung in dem immer Neues suchenden Theater Raoul Gunsbourgs in Monte Carlo 1906 zustande gebracht. Es würde sich lohnen, wenn eine andere Bühne den Versuch wiederholen wollte, obwohl durchaus keine Sensation zu erwarten wäre — man braucht dazu freilich die Buffo-Sänger der italienischen oder der französischen Oper.

„D'après les comédies italiennes du 17e et du 18e siècle", heißt es auf dem Titelblatt des von Choudens verlegten Klavierauszugs. Es ist die typische Handlung der Buffa: der geldgierige Vormund und das Mündel, das einen anderen heiraten will. Spielt um 1800 in Italien. Der Komödienton spricht uns schon in den wenigen Takten der Orchestereinleitung an, und der Chor singt auch gleich die Moral des Stücks: Erfreulich ist es, wenn junge Leute im richtigen Alter heiraten; aber wenn ein junges Ding einen Alten nimmt, so ist das schade und gefährlich. Onkel und Tante der jungen Bettina zanken sich, der Chor, der allein schon an „Don Pasquale" denken läßt, singt dazu. Der Onkel will die Heirat; denn der von ihm ausersehene alte Geizhals bringt als Schwiegersohn ein hübsches Geld mit, das sich mit dem Geld der Bettina gut vereinigen ließe — und er verwaltet das Ganze... Dabei gibt es zum Gepolter des Onkels nun tatsächlich kleine harmonische Härten, sonst aber sehr feine chromatische Übergänge. Nummer 3 des ersten Aktes ist der Marsch aus der Jugendsymphonie — mit dem Kontrapunkt des Fagotts, wie er im Zwischenspiel der Oper vorkommt, erinnert er schon an „Carmen". Mit diesem Marsch erscheint der Liebhaber Odoardo, ein Offizier, zur Freude aller Gegner des alten Narren Don Procopio. Ein Sätzchen der Bettina könnte — im „Freischütz" stehen. Dem Don Procopio wird nun eingeredet, daß Bettina reich nur an Tugend sei. Ein großes Finale schwankt zwischen Auber, Rossini und abermals Weber. Nach dem schon erwähnten Zwischenspiel gibt es eine Serenade, reizend instrumentiert, zwei Englischhörner machen die Musette nach, Mandoline und Guitarre begleiten; die Serenade ist später in die Oper „La jolie Fille de Perth" übernommen worden. Folgt ein lustiges Duett Bettina-Don Procopio, in dem sie ihm — wir denken an die analoge Szene der „Schweigsamen Frau" von Ben Jonson-Zweig-Richard Strauss! — vorrechnet, was sie nach der Heirat alles für Vergnügungen ausgeben werde; der Walzer der Bettina würde sich in einer Operette gar nicht schlecht ausnehmen. Nun hat Don Procopio Angst und möchte zurücktreten, aber der Onkel und ein Bruder der Bettina bedrohen ihn höchst komisch, und das gute Ende bleibt nicht lange aus. Das Finale ist aus dem Thema des Marsches gebildet.

„Vasco de Gama" ist dagegen ein sehr ernstes Stück. Die „Paroles" dieser Ode-Symphonie kommen von Louis Delâtre. Sie sind für das Genre nicht minder typisch als der Text des „Don Procopio" für das seine; damit halten sie das Werk hart an der Grenze der Schulaufgabe. Den Impuls hat eine Episode der Lusiades gegeben, des vielgerühmten, außerhalb der portugiesischen Welt aber wenig gelesenen Nationalepos von Camoëns, das mit einem großartigen mythischen Apparat und durchaus barock die Heldenfahrten der heimischen Entdecker, namentlich des Vasco de Gama, verherrlicht.

Ein Melodram schildert die Ausfahrt der Schiffe aus dem Tejo. Die Matrosen singen: Ehrwürdiger Fluß, du wirst die Wunder des Ganges als Geschenk empfangen! Rhone, Themse, Oder und Ebro, sendet eure Genien mit uns! Die Soldaten stimmen einen Marsch an — eine etwas rohe Musik. Dann singt ein Offizier von den schönen Frauen, die man daheim lassen mußte — es ist das Lied, das ihm Ines vorsang. Und hier erscheint ein Bolero, der im ganzen Oeuvre von Bizet wiederkehrt, noch in der (später hinzugefügten) Ballettmusik zu „Carmen".

Nun kommt schulgerecht der Sturm mit den allgemein üblichen Wellen- und Schreckensfiguren. Wie bei Camoëns taucht das Phantom Adamastor auf, dargestellt von sechs Bässen: Kehret um, so warnt es, achtet das Gesetz der Meere, denn sonst droht euch Unheil! Auf den Schiffen erschrickt man, fährt aber weiter. Sehr kunstvoller fünfstimmiger Chor, ein Gebet: „Herr, der Du den Moses gerettet hast..." Da ruft eine Sopran-Stimme: Land! Eine majestätische Dankhymne wird beinahe zum Marsch, und das ist nun fast Meyerbeer, und nicht vom besten. Im ganzen wird man wohl den ersten envoi diesem zweiten vorziehen. Die Comique liegt dem jungen Bizet besser. Zum Pathos muß er sich noch allzu merkbar strecken.

Über den dritten envoi sprechen wir bei Gelegenheit der italienischen Symphonie oder Suite.

PARIS UND DIE TANNHÄUSER-PREMIERE

Die Briefe aus Rom sprechen immer wieder auch von den Ereignissen in Paris, namentlich in den Opernthreatern. Sie beschäftigen sich besonders mit Gounod, dem alten Freund. Eine kleine Episode droht fast das Einvernehmen zu stören: ein Gesangschüler des Vaters, ein Tenor, soll in der Premiere den Faust singen, aber er gefällt dem Komponisten nicht, was den Vater Bizet schwer kränkt. Der Tenor geht dann zur italienischen Bühne über, hat da mancherlei Erfolge, entsagt dem Theater, wird in der französischen Provinz ein angesehener Bürger und Repräsentant seines Departements — und überlebt Bizet um mehr als drei Jahrzehnte.

Die Störung geht rasch vorüber, und Bizet fragt jetzt nach dem Ergebnis der drei großen Premieren: „Herculanum" von Félicien David an der Großen Oper, „Le Pardon de Ploërmel" von Meyerbeer an der Opéra Comique, und „Faust", der am Théâtre Lyrique am 19. März 1859 aufgeführt wird. Es versteht sich von selbst, daß Meyerbeer an Glanz des Erfolgs nicht zu übertreffen ist: nach 32 Aufführungen hat das Theater zweihunderttausend Francs eingenommen, und die Oper wird Paris in aller Welt nachgespielt. Heute ist sie längst vergessen, während „Faust" zum Repertoire jedes Opernhauses gehört. 1859 hatte man eine Oper nach Walter Scott von Gavaert gespielt, an der Opéra Comique Werke von Massé und Clapisson, am Théâtre Lyrique den „Médecin malgré lui" von Gounod, eines jener Werke, die man auch heute noch in Frankreich, aber nur in Frankreich kennt. Außerdem ist eine rechte Weber-Mode ausgebrochen, man hat „Euryanthe", „Oberon" und „Preziosa" gegeben, und das Théâtre Italien hat „Martha" von Flotow herausgebracht, der freilich in Frankreich fast schon Franzose geworden ist. Vor allem aber triumphiert Offenbach, derselbe Offenbach, dem Flotow den Weg in die Salons gezeigt hat. Sein bishin stärkster Erfolg war, allerdings nicht sogleich, sondern erst nach den Protesten des würdigen Kritikers Janin, die alles neugierig machten, „Orphée aux Enfers" (1858). Zum erstenmal parodierte eine Operette die Gegenwart. Die Textdichter Meilhac und Halévy (die gleichen wie bei „Carmen") verspotteten deutlich den Hof und zeigten, wie die Korruption im Olymp nur vor der „öffentlichen Meinung" zurückschreckt, die ihrerseits eine leicht verführbare Frau ist. Ganz Paris strömte in das kleine Theater der „Bouffes" — auch der Kaiser muß das Stück gesehen haben.

1859 wird überall in Frankreich der hundertste Geburtstag des Mannes gefeiert, der ein grand citoyen der Revolution geworden war: Friedrich Schiller. Es ist das Jahr, in dem Offenbach im Auftrag der Großen Oper ein Ballett für die Taglioni zu komponieren hat, und dieses Ballett, „Les Papillons", wird als Abschluß eines Abends angekündigt, an dem — „Tannhäuser" gegeben werden soll. Denn Wagner ist von seinem Schweizer Exil nach Paris gekommen. Nach zwanzig Jahren will er, nun ein ganz anderer, zum zweitenmal die Große Oper erobern.

Wagner hat schon vor dem „Tannhäuser" in drei Konzerten in der Salle Ventadour Bruchstücke aus den früheren, in Paris noch unbekannten Opern und auch aus „Tristan" aufgeführt. Man muß bedenken, daß er damals den „Tristan" schon vollendet, die „Meistersinger" geplant hatte, daß er am Ring-Zyklus dichtete und komponierte und in seinen Schriften alles zu revolutionieren schien, was bishin als Musik und Musikübung erfreute. Die Konzerte hatten zwar ein Defizit von 10.000 Francs — aber Wagners Musik wurde nicht von allen unfreundlich aufgenommen. Berlioz, der vom Lohengrin-Vorspiel begeistert war, erklärte die Tristan-Musik nicht zu verstehen. Unverständlich — das war überhaupt von vielen gutwilligen Beurteilern zu hören, und in der Tat: wer heute die Musik des „Tristan" auf sich einwirken läßt, kann sich nicht vorstellen, wie man sie vor achtzig Jahren verstehen konnte. Die Reaktion der Zeitgenossen war etwa die eines Moritz Hauptmann: Wagner sei zu alt, als daß er sich eine so wenig „gekonnte" Musik wie die der Tannhäuser-Ouvertüre erlauben könne. Und in Frankreich sagte Auber: „Wenn das überhaupt Musik wäre, wie schlecht wäre sie." Die Aufregung in Paris war groß. Frühe Anhänger Wagners waren Baudelaire und, was merkwürdiger scheint, Daudet.

Eines aber mußte alle Welt Wagner zugeben: in der Technik des Durchdringens hatte er nichts zu lernen — vielleicht übertraf er da selbst Meyerbeer. Er fand die damals in Paris allmächtige Protektion der Fürstin Pauline Metternich, der Frau des österreichischen Botschafters. Die Metternich, ungarische Aristokratin, nicht schön, aber sehr klug, umgab die Kaiserin mit immer neuen Aufmerksamkeiten, veranstaltete Feste, lancierte Moden, entdeckte den Schneider Worth — warum sollte es nicht auch mit Wagner gelingen? (Der Verfasser dieses Buches hat die oft sehr rühmliche Vielgeschäftigkeit dieser Dame noch etliche Jahrzehnte später in Wien beobachten können.) Und es gelang. Was ein Hector Berlioz, der Märtyrer der französischen Musik, nicht durchsetzen konnte, das geschah für Wagner. „Tannhäuser" wurde auf kaiserlichen Befehl von der Großen Oper angenommen und verschwenderisch ausgestattet; für die Titelpartie wurde eigens der deutsche Sänger Niemann verpflichtet. Bei der Aufführung am 13. März 1861 kam es zu dem viel erörterten Skandal. Angeblich war der Jockey-Club gereizt, weil er nicht wie sonst im dritten Akt ein Ballett vorgeführt bekam. Aber Wagner hatte in den ersten Akt ein großes Ballett hineinkomponiert — das ist die „Pariser Bearbeitung" des „Tannhäuser", die schon Tristan-Klänge in eine ganz andere Musik hineinmischt, merkwürdigerweise aber von Bayreuth und von vielen deutschen Theatern dem ursprünglichen „Tannhäuser" vorgezogen wird. Wenn man indes auf zeitgenössische Quellen zurückgeht, so sieht es fast so aus, als ob der Tannhäuser-Skandal eher eine Demonstration gegen die Fürstin Metternich als gegen Wagner gewesen wäre. Sie machte in der Premiere deutliche Gesten gegen das Publikum und zerbrach vor Wut ihren Fächer. Bei zwei weiteren Aufführungen — mehr gab es nicht — begann dieses Publikum mitzuspielen. Rasch verbreitete sich das Witzwort: „Cela m'embête aux récitatifs et me tanne aux airs." Die Pariser Lust an der blague feierte Feste. Aber so weit wie in Wien, wo die geniale Parodie von Nestroy entstand, ging man nicht. Immerhin — gerade die Fürstin Metternich gewährte in ihrem Palais einer anscheinend recht geistlosen Operetten-Verspottung ihres Schützlings Raum.

Das hinderte Pasdeloup nicht, in seinen Sonntagskonzerten immer wieder Wagner aufzuführen und im Théâtre Lyrique 1869 den „Rienzi" zu geben. Und obwohl sich Wagner 1871 eine geschmacklose Verhöhnung der Pariser in dem „Lustspiel" „Eine Kapitulation" leistete, ging die Wagner-Anhänglichkeit weiter: Lamoureux gab sehr bald den „Lohengrin", und sämtliche populären Konzerte spielten Wagner-Fragmente, wie das bis auf den heutigen Tag so geblieben ist. Aber auch Frankreich bekam seine Revanche: Judith Gautier wurde die Kundry des alternden Meisters, die ihn zu Ausbrüchen einer ungezügelten Sehnsucht nach Paris verführten, und was die Pariser Große Oper an Werken Wagners sündigen konnte, das hat sie immer wieder getan, so herrlich dieses Theater sonst sein kann. Über Wagner und Frankreich sind ganze Bücher geschrieben worden. Die Erregung vieler Jahrzehnte gipfelt in einem Satz von Saint-Saëns: „La Wagnéromanie est un ridicule excusable; la Wagnéromanie est une maladie."

Und das war auch die Meinung seines Freundes Bizet. Er hütete sich vor beidem. Was half es ihm? Die Angst vor Wagner beschuldigte ihn der Wagnerei.

WIEDER IN PARIS

Den nach drei Jahren Abwesenheit nach Paris zurückkehrenden jungen Menschen erwartete eins der schmerzlichsten Erlebnisse: die Mutter starb. Antoinette Bizet war nur 47 Jahre alt geworden. Was sie dem Sohn bedeutete, läßt sich nur ahnen. Er schrieb ihr, daß sie geradezu eine Märtyrerin sei. Aber das ist wohl seit jeher die Frau in jenem Kleinbürgertum gewesen, das längst gänzlich proletarisiert war. Märtyrerin auch deshalb, wie das der Sohn erklärt, weil sie an dem Pandaemonium der Liebe nicht teilnahm. Georges gab nicht viel auf die Unnahbarkeit der Frauen im allgemeinen, wenn er auch von ihrem Entgegenkommen nichts wissen wollte. Was er in Rom um sich sah, hat ihn wohl kaum zu anderen Ansichten gebracht. Sich wegen einer Frau schlagen? schreibt er der Mutter. Das wäre die größte Dummheit, die einer begehen könnte. In Paris hatte die romantische Frau geradezu programmatisch alle Schranken niedergerissen, und das Theater ist im zweiten Kaiserreich wohl nur im Gegensinn eine „moralische Anstalt" gewesen. Dennoch lassen sich bei Bizet die zeitüblichen Romane höchstens vermuten. Wenn man von einer Bemerkung an einen seiner Schüler und Freunde absieht — demnächst heirate ich, und dann gibt es für mich andere Frauen überhaupt nicht mehr —, wissen wir darüber fast nichts. Das schon öfters erwähnte Sonderheft Bizet der Revue de Musicologie enthält allerdings einen Hinweis auf ein merkwürdiges Objekt der Pariser Bizet-Ausstellung. Es sind die unveröffentlichten Memoiren „Vie et Aventures de Céleste Mogador, Fille Publique, Femme de Lettres et Comtesse". Veröffentlichte Memoiren dieser merkwürdigen Frau, ein ganz anderer Band also, hatten seinerzeit den älteren Dumas staunen gemacht — er dachte geradezu an Rousseau. Die Mogador, mit ihrem bürgerlichen Namen Vénard, wurde sehr jung auf die Straße getrieben, lernte Musset kennen, wurde als Tänzerin der Nachtlokale und als Zirkusreiterin berühmt und rettete zuletzt einen Comte de Chabrillan vor dem Zusammenbruch; er heiratete sie. Als vielgerühmte Autorin und Schauspielerin ihrer eigenen Stücke lernte sie, 41 Jahre alt, den 27jährigen Bizet kennen. Um es gleich zu sagen: es war kaum mehr als Nachbarschaft; sie hatte nämlich ein Anwesen neben dem des Vaters Bizet in Le Vésinet an der Seine gekauft. Wir werden ihr aber doch noch begegnen.

Bizet heiratete mit 31 und soll seiner Frau schon zwei Jahre vorher den Hof gemacht haben. Es war Geneviève Halévy, die zweite Tochter des Komponisten, der auch Bizets Lehrer gewesen war — damals war er schon sieben Jahre tot. Sie wird als reizende, kluge und sehr verständnisvolle Frau geschildert. Die Ehe dauerte sechs Jahre, auf den Tag genau — Bizet ist an seinem Hochzeitstag gestorben — und gab einem Sohn Jacques das Leben, von dem uns nicht viel weiteres überliefert ist. Als Gounod bei Madame Bizet unmittelbar nach Georges' Ableben vorsprach, um mit ihr die Trauerfeierlichkeiten anzuordnen, brach die junge Frau in die Worte aus, sie bedaure keine Stunde dieser Ehe und würde jede, wie gern, noch einmal erleben. Für uns, die wir nur einer Biographie nachgehen und nicht einer Familiengeschichte, verschwindet Madame Bizet aus dem Gesichtskreis. Nichts ist uns darüber mitgeteilt worden, wie sie, die Tochter eines damals hochberühmten und Witwe eines weniger bekannten Komponisten, den wachsenden Weltruf ihres Mannes aufgenommen hat. Sie hat dann noch einmal geheiratet, einen Bankier Emile Strauss in Paris, und ist erst 1926, mehr als ein halbes Jahrhundert nach Georges Bizet, gestorben. Von seinen Manuskripten hat sie viele der Bibliothek des Pariser Konservatoriums vermacht.

Aus war es nun mit dem Traum des jungen Bizet, gemeinsam mit den Eltern zu leben und ihnen helfen zu können. Die Mutter war nicht mehr da, der Vater gab seine Gesangstunden, und Georges mußte selber sehen, wie er weiterkam. Fast die ganze Zeit bis an sein Lebensende, nur noch anderthalb Jahrzehnte, hat er immer wieder Opernauszüge angefertigt, andere Arrangements und aus eigenem allerhand Kleinkunst hergestellt, Lieder, Klaviersachen; ein richtiges Meisterstück wird man da kaum zu suchen haben. Eine Sammlung des Verlags Heugel enthält 150 seiner Opern-Transkriptionen für Klavier allein, wie sie damals beliebt waren. Dazu gab er Stunden, arbeitete an immer neuen Entwürfen, die nicht fertig geworden sind oder von denen wir wenig wissen, an mindestens vier Opern und an Musikstücken größeren

Formats — kurz, es ist leider gewiß, daß er sich, in so jungen Jahren und bei seiner zarten Konstitution, überarbeitet, vielleicht sogar zu Tod gearbeitet hat; die Leute vom Métier verstanden nicht, wie er diese Leistung überhaupt fertig brachte. Es gehörte sein Genie dazu, seine leichte Hand, sein Fleiß. Genie ist Fleiß, hat einer von den wahrhaft genialen Menschen einmal gesagt. Aber wenn jemand, wie Bizet zu Zeiten ausdrücklich feststellt, 15 bis 16 Stunden im Tag arbeiten mußte, so ist das schon nicht mehr Fleiß, sondern Mißbrauch.

Diese armen heimkehrenden Rom-Preisträger! Ihre Pension ging zu Ende, und sie fanden nun keine Förderung mehr: der Staat, der sie noch eben so hoch ausgezeichnet hatte, war der Meinung, er habe genug für sie getan. Dennoch — sie hatten ein kümmerliches Privileg. Sie durften eine einaktige Oper für die Opéra Comique schreiben, und dieses Theater war verpflichtet, sie aufzuführen. Bizet bekam einen Text „La Guzla de L'Emir" in die Hände und begann ihn zu komponieren. Das soll ihn, außer seiner Brotarbeit, während des Jahres 1862 beschäftigt haben. Das Werk existiert angeblich nicht mehr, und so schreibt eine Biographie der anderen bloß nach, daß es einmal existiert haben soll. Ja, es wird sogar erklärt, er habe diese „Guzla" noch als vierten envoi der Akademie übergeben und von ihr ein gutes Zeugnis bekommen — nur sei bemängelt worden, daß dem Orchester gegenüber den Gesangstimmen ein zu großer Anteil zugewiesen sei.

Es ist sehr zu bezweifeln, daß der Text dieser Oper Bizet viel Freude bereitet hat. Die „Guzla" ist das südslawische Instrument, mit dem sich die Sänger der Helden- und Liebeslieder begleiten. Schon das deutet auf den Orient hin; denn dorthin haben die Autoren Michel Carré und Jules Barbier mit ihrer Witterung für den Zeitbedarf an Exotik die Handlung verlegt. Die beiden bildeten eine schon akkreditierte Firma — warum es immer zwei Librettisten geben muß, ist eines der Theatergeheimnisse, die sich erst ergründen, wenn man selber in den Zustand des Textverfassens gerät. Sie hatten Meyerbeer das Libretto zu „Le Pardon de Ploërmel", Gounod den „Faust" angefertigt, und sie sollten es sein, die auch einen andern Stoff von Goethe opernreif machen würden, „Mignon" für Ambroise Thomas. Der arme Bizet hätte etwas komponieren müssen, was er schon einmal komponiert hatte, nämlich die anscheinend ewige Operngeschichte vom reichen Mündel eines alternden Vormunds und von dem jungen Mann, der allen Intrigen zum Trotz zuletzt doch das Mädchen heiratet — all das diesmal in orientalischen Kostümen statt wie in „Don Procopio" in italienischen. Wir werden sehen, daß er, nachdem er schon angefangen, wenn nicht gar die Partitur beendet hatte, zurücktrat. Der Text geriet danach an einen der jüngeren Rom-Preisträger, Théodor Dubois, und wurde in seiner Komposition 1873 vom Théâtre Lyrique nicht ohne Erfolg gespielt.

Bizet bekam nämlich gerade um die Zeit, in der diese „Guzla" Leben annehmen sollte, einen anderen Auftrag. Carvalho, damals Direktor des Théâtre Lyrique, forderte ihn auf, für sein Haus eine dreiaktige Oper „Les Pêcheurs de Perles" zu schreiben, Libretto von Carré (wie oben) und einem Autor, der sich Cormon nannte. Wie kam Carvalho zu dieser mäzenatischen Geste? Er hatte soeben vom Minister Graf Walewski hunderttausend Francs Subvention bekommen, mit der ausdrücklichen Verpflichtung, jährlich wenigstens ein größeres Werk eines jungen Komponisten zu geben — und Bizet war der erste, dem diese kunstfreundliche Stiftung zugute kam. Wenn er daraufhin diese „Guzla" den Autoren zurückgab, so meinte er offenbar, daß er mit einem zwiespältigen Erfolg an der „Comique" dem wichtigeren Werk an dem andern Theater schaden könnte — während die Biographen der Meinung sind, irgend ein Erfolg würde dem andern immerhin präludiert haben. Genug, seine Abkehr von der „Guzla" war so gründlich, daß er die fertigen Stücke der Partitur verbrannte. Die Biographen haben allerdings mehrere Arbeiten von Bizet verbrannt, die sich dann später unversehrt wiedergefunden haben.

Die Aufführung der „Perlenfischer" fand am 29. September 1863 statt. Inzwischen waren im engsten Umkreis des Komponisten Ereignisse von Belang eingetreten: 1862 der Tod seines Lehrers Halévy und die Aufführung von Gounods „Königin von Saba"; 1863 die (schon erwähnten) zwei Konzert-Aufführungen seines „Scherzo". Die Beziehungen zur Familie Halévy ergaben sich wohl erst später — sie führten nicht nur zur Heirat mit Geneviève, sondern auch dazu, daß man ihm die nachgelassene Oper „Noé" von Fromental Halévy zur Vollendung übergab. „Die Königin von Saba" war kein Erfolg. Bizet hatte den Klavierauszug dieser Oper anzufertigen, die, namentlich im zentraleuropäischen Musikgebiet, gegen eine Komposition des gleichen Stoffes von Carl Goldmark nicht aufkam. Symptomatisch indes waren die Aufführungen des Scherzos: in so jungen Jahren war Bizet berufen, der zeitgenössischen französischen Musik ihren Platz in einem Repertoire zu sichern, das auch einer ganz großen Hörerschaft zu dienen hatte.

„DIE PERLENFISCHER"

Keine Ouverture, nur eine kurze Orchestereinleitung, vorwärts drängend, mit einer ostinaten Baßfigur und von Anfang an exotisch gefärbt; diese Musik wird später an einer bedeutungsvollen Stelle wieder erklingen. Wenn der Vorhang aufgeht, zeigt sich ein Bild, das jedem Orient-Schwärmer der Zeit — man denke an Victor Hugo, Musset, Delacroix, Félicien David — genügen mußte: Strand auf Ceylon, Bambushütten, Palmen, Ruinen einer Pagode. Tänze eines „primitiven" Volkes. Sehr feine Abtönungen der Musik, auch dort, wo die Linienführung der Melodie eher konventionell ist — wie manchmal bei Bizet. Die Fischer haben ihre Zelte aufgerichtet; sie singen, um die Dämonen zu verscheuchen. Es beginnt, so erfahren wir, der alljährliche Perlenfang, ein gefährliches Unternehmen. Man braucht einen Leiter, dem alles unbedingt gehorcht, der Macht über Leben und Tod hat, einen König. Zurga, der Bariton, wird gewählt. Da — ha,

Georges Bizet. Photographie

wer kommt da? (Die Oper kann es sich leisten, ihre Personen einfach dann auftreten zu lassen, wenn man sie braucht!) Es ist Nadir, Zurgas Jugendfreund, wilder, trotziger Waldläufer, der Tenor, und, wie sich daraus ergibt, Held und Liebhaber. Nadir wird allgemein begrüßt; er wird nun bei den Fischern bleiben. Die melancholische Phrase, mit der er eingeführt wird, ist eine weitere Vorahnung von „Arlésienne" und „Carmen" — es scheint, daß man frühere Opern von Bizet gar nicht anders betrachten kann als mit dem Blick auf die reifen Meisterwerke. Sie deutet nicht nur auf das gefährliche Leben des einsamen Mannes im Dschungel, der gewohnt ist, den Tiger zu bestehen. Ein düsterer Schatten lastet auch auf Nadirs Leben, und nicht auf seinem allein. Sogleich fragt ihn Zurga, ob er seinen Eid gehalten oder verraten habe. Und Nadir: Ich bin meiner Leidenschaft Herr geworden. Die beiden sind allein, und sie beschwören ein unvergessenes Vorkommnis früherer Jahre herauf. Es war in der fernen heiligen Stadt Kandy. Ein Tempel, Priester, eine verschleierte Frau im Allerheiligsten. Der Schleier hatte sich verschoben, und wie ein Blitz hatte beide, Nadir wie Zurga, die Liebe zu der schönen Unnahbaren getroffen.

Die Musik erhebt sich hier zu einer ihrer Höhen. Das feierliche Thema des Tempels scheint uns zwar an Gounod zu erinnern; aber andere Stellen in dieser Oper wohl noch mehr. Es ist einfach Musik der Zeit, und diese feierlichen Aufschwünge vor Wagner haben etwas Bemerkenswertes. Zeichen der Vieldeutigkeit aller Musik: dieses Duett Nadir-Zurga wurde, von Guiraud bearbeitet, als „Pie Jesu" bei der kirchlichen Einsegnung der Leiche Bizets gesungen und gespielt.

Die Freunde erneuern ihren Treueschwur: sie sind nicht mehr Nebenbuhler; sie wollen es nicht sein — sie wollen vergessen. Ich habe das überwunden, sagt Nadir — vergessen kann ich es nicht ... Und ha, wer kommt da abermals? Ein Bote bringt, geleitet vom Oberpriester Nourabad, die Jungfrau, die nach altem Brauch aus einem fernen Land geholt werden muß: tief verschleiert hat sie

Tag und Nacht im Tempelbezirk zu beten, um das Meer
zu beruhigen, während die Fischer in seine Tiefen tauchen.
Leila schwört dem Priester, im Tempel auf der
hohen Klippe — das ist die Ruine der Dekoration — zu
beten und sich niemand unverschleiert zu zeigen. Hält
sie den Eid, so bekommt sie die schönste Perle und wird
würdig sein, einen König zu heiraten (ist es Zurga?) —
wenn nicht, erwartet sie der Tod. Da geht Nadir wie unwillkürlich
einige Schritte vorwärts. Er hat diese Geweihte
aus der Ferne erkannt — und sie ihn. Sie zittert,
aber sie wiederholt den Eid. Nun geleitet sie der Priester
in den Tempel. Die Einleitungsmusik des Orchesters hat
ihr Kommen begrüßt und erklingt jetzt wieder. Rezitativ
des Nadir: ich müßte meinem Freund Zurga alles sagen
... Damals war ich der geweihten Frau gefolgt und
hatte seufzend ihre Gesänge gehört. Und nun vernehmen
wir, nach der heute noch rührenden und bewegenden
Szene des Schwurs, die berühmte Romanze des Nadir, die
Caruso gesungen hat und nach ihm alle großen und kleinen
Tenöre:

Inzwischen ist Leila mit dem Priester auf der Klippe
angelangt. Sie fleht zu Brahma — und das ist typischer
Koloratur-Gesang. Manche Ausleger rufen die Erinnerung
an die „Norma" von Bellini wach: auch dort Gebet
mit Chor, Koloraturen und sogar die gleiche Tonart
g-Moll. Aber vielleicht sind es nur die ähnlichen Situationen
der beiden Werke, die diese Erinnerungen erstehen
lassen. Nadir hört unten den Gesang, er ruft sanft zu ihr
hinauf, sie kennt die Stimme und singt nun für ihn —
noch mehr Koloraturen. Ist es Bellini? Ist es Gounod?
Ihm verfällt Bizet noch in „Carmen", wenn er Lieblichkeit
und Gefühl ausdrücken will. Wie immer, der Zauber
wirkt. Der Akt, der beste der Oper, ist zu Ende.
Kleines Zwischenspiel — diese oft nur wenigen Takte
zwischen zwei Vorgängen auf der Bühne gehören oft zum

Schönsten, was wir Bizet zu danken haben —, und der
zweite Akt beginnt; er spielt im Tempel auf der Klippe.
Leila will sich zur Ruhe begeben. Der Priester spricht ihr
Mut zu. Hier ist sie sicher. Auf der einen Seite der steile
Abfall zum Meer, auf der andern die Wächter. Leila —
oh, sie fürchtet niemand außer ihr Herz und den Mann,
den sie liebt. Der Chor singt jetzt in einem orientalischen
Tanzrhythmus, wie müde Vögel am Abend. Leila wird
standhaft sein — wie immer in ihrem Leben, wenn es
darauf ankommt. Sie erzählt dem Priester: Einst kam
ein verfolgter Mann in das Haus ihrer Eltern, sie war
noch ein Kind. Sie versteckte ihn, und die Verfolger erhielten keinen Bescheid, wie sie ihr auch drohten. Zum
Andenken hatte ihr der Mann eine Kette gegeben. Die
Musik hat hier etwas dem melancholischen Motiv Nadirs
Verwandtes. Noch einmal singt der Chor, und es folgen
ein paar Orchestertakte, in denen man eine Vorahnung
des Sturms in der „Walküre" sehen wollte. Aber es wird
nur die Cavatine der Leila daraus, und die könnte in
jeder älteren französischen Oper, gar bei Gounod, stehen,
die Koloraturen am Schluß nicht zu vergessen. Viel charaktervoller, fast eine trouvaille, ist das nun von fernher, dann immer näher erklingende Lied des Nadir —
es findet sich übrigens in den „Vingt Mélodies" des Komponisten. Auch das Gespräch der beiden über einem aufgewühlten Orchestersatz ist durchaus Eigengut eines jungen und neuen Genius. Leila beschwört den geliebten
Mann, die Gefahr zu meiden, die ihm und ihr droht.
Aber er will morgen wiederkommen. Die Natur hat sich
empört, die Wächter sind auf, ein Schuß fällt, und der
Priester eilt herbei, dem flüchtenden Frevler fluchend
— gewiß, es ist der Fremde, ist Nadir. Sturm auf dem
Meer, ähnlich wie in „Vasco de Gama" geschildert. Nadir wird hereingebracht, die Menge verlangt, daß man
die beiden töte (Chor, der an die Traditionen der Großen
Oper erinnert). Zurga will seinen Freund retten — aber
da zerreißt der fanatische Priester den Schleier der Frau,
und Zurga erkennt die Priesterin aus dem Tempel, die
er einst von fern verehrte. Nun hat auch er kein Mitleid.

Ein stürmisches Gebet mit Chor, ein furioses Orchesternachspiel, und der Akt ist zu Ende.

Nicht minder stürmische Chromatik leitet den dritten und letzten Akt ein, der zwei Schauplätze hat. Zunächst das Zelt des Zurga. Seine Arie ist ein schönes, männliches Stück Musik; man glaubt ihm den Zwiespalt zwischen seiner Eifersucht und seiner Freundesliebe. Da erscheint Leila. Sie bittet um Gnade für Nadir, sie selber will dann gern sterben. Das ist zu viel für Zurga. Nun beherrscht ihn nur noch die Eifersucht: „Son crime est d'être aimé quand je ne le suis pas" (der Satz könnte in einer klassischen französischen Tragödie stehen). Leila verflucht ihn und verläßt das Zelt. Die Kette, die sie trägt, soll ihrer Mutter gebracht werden, wenn sie nicht mehr ist. Zurga betrachtet die Kette, Leila ist schon weg, er stürzt ihr nach, Vorhang. Zweites Bild: die Küste. Schon ist das Opferfest bereit; mit dem Morgen, so verkündet der Chor, müssen die beiden sterben. Man bringt sie herein, und hier erklingt der Trauermarsch, den Bizet, es war noch nicht so lange her, zusammen mit dem Scherzo aus Rom gesandt hatte. Schon glüht ein roter Schein am Himmel auf — aber Zurga ruft: es ist nicht die Sonne, eure Hütten brennen! Der Himmel sendete die Flamme. Alles stürzt davon, um zu retten, nur Zurga, die Verurteilten und, ihnen unsichtbar, der Priester bleiben zurück. Zurga heißt die Liebenden rasch entfliehen. Er hat die Zelte angezündet, denn er hat die Kette der Leila erkannt: es war seine Kette, er war der einst verfolgte Mann, und es ist sein Dank, daß er nun den beiden den Weg in die Freiheit zeigt. Jubelndes Terzett Zurga-Leila-Nadir, ungefähr auf halbem Weg zwischen Meyerbeer und Verdi. Inzwischen hat der Priester vier Häuptlinge des Stammes herbeigeholt, sie greifen Zurga an, der sie verraten hat, und einer sticht ihm den Dolch in den Rücken. Er stirbt, aber man sieht das Schiff mit Leila und Nadir entgleiten.

Besetzung des Werkes bei der Premiere: Mlle. L. de Maësen (Leila), Morini (Nadir), Ismaël (Zurga), Guyot (Priester); Leila und Zurga, aus der Provinz kommend, hatten in Paris zu debutieren. Sowohl der Komponist als auch das Publikum waren mit ihnen zufrieden. Aber was sagte das Publikum zur Musik? Es soll „befremdet" gewesen sein, aber ehrlich applaudiert haben, als zuletzt, nach alter französischer Theatersitte, der Sänger Ismaël den Komponisten nannte: die Musik ist von Monsieur Georges Bizet, Prix de Rome von 1857. Namentlich die Jugend soll dem jungen Menschen viel Beifall gespendet haben, den sie als einen der ihren betrachtete. Sogar der Kassierer scheint nicht gänzlich unzufrieden gewesen zu sein. Das Stück wurde abwechselnd mit „Figaros Hochzeit" gegeben, im ganzen 18mal; die nächste Neuheit waren „Die Trojaner" von Berlioz, abermals gute Gesellschaft. Berlioz schrieb übrigens nach dieser Bizet-Premiere seine letzte Kritik für das „Journal des Débats", für das er seit 1838, also 25 Jahre, gearbeitet hatte. Er schrieb ausgesprochen freundlich und sagte: man wird nun Bizet auch als Komponisten anerkennen müssen, nicht nur als pianiste lecteur, d. h. Blattleser und Partiturspieler. Früher einmal hatte er von Bizet gesagt: er ist von Rom zurückgekommen und ist noch immer ein Musiker. Nicht alles hatte Berlioz gefallen — von gewissen Chorstellen sagt er, derlei dürfe man heute nicht mehr schreiben, im ganzen aber rühmte er das Feuer und den künstlerischen Sinn des Komponisten, sein Talent und sein Geschick.

Der Kritiker der Gazette Musicale aber urteilte: Bizet hätte nicht mit einem so großen, gewichtigen Werk anfangen dürfen. Zwar weiß er alles, was man lernen kann, und noch mehr. Er instrumentiert brillant, er hat Verve, ja sogar fougue. Aber es fehlt ihm Maß, Geschmack und melodische Erfindung. Sein Überschwang, die Melodienarmut erinnert an Wagner. Und was ist das für ein Lärm durch drei Stunden, für ein immerwährendes Fortissimo! Könnte nicht ein geschickter Arzt einen Apparat erfinden, der uns gegen so viel Spektakel unempfindlich machte? ... Wenn das Nietzsche gelesen hätte, der behauptete, nur noch Bizets Instrumentation vertragen zu können!

Andere Kritiker wußten nicht, ob sie Bizet Abhängigkeit von Verdi oder von Wagner vorwerfen sollten — oder gar von Félicien David, der ein Jahr zuvor seine „Lalla Roukh" hatte aufführen lassen (es ist dasselbe Sujet wie das von Schumanns „Paradies und Peri") und manchen Leuten als Vorgänger Bizets im Exotismus galt.

Er war abhängig, aber er war ja auch ein Anfänger. Und der Gesamteindruck in Paris war, daß man ihn gelten ließ. Der junge Mensch von Fünfundzwanzig, der sich bei der Premiere verbeugen kam, wird von seinem späteren Librettisten Louis Gallet ungefähr so beschrieben: ein Wald von blonden Haaren, noch kindliches Gesicht, freundliches, sogleich gewinnendes Auftreten, große Schüchternheit. Aber nun war er gewiß, daß ihn das Theater so wenig aufgeben würde wie er das Theater.

Ein eigenes Urteil über die „Perlenfischer" hat er später in einem Brief an Galabert niedergelegt: „Im ersten Akt lasse ich das Duett Nadir-Zurga gelten; im zweiten Akt den Chor hinter der Szene (der in der Tat mit seiner Begleitung von Basken-Trommel und Piccolo auf Späteres hindeutet) und die Cavatine der Leila; im dritten Akt die Arie des Zurga."

Nach den Aufführungen am Théâtre Lyrique gab es in Frankreich keine Wiederaufnahme des Werkes bis zum Jahr 1886, als Carré, der spätere Pariser Opernleiter, das Werk im Sommer in Aix-les-Bains aufführen ließ. 1893 verstand sich die Opéra Comique zu einer Reprise, und da stand schon eine Künstlerin auf dem Zettel, die in einer anderen Oper von Bizet berühmt werden sollte: die Calvet, für viele die beste Carmen.

1886 wurden die „Pescatori delle Perle" an der Mailänder Scala gegeben. Dort wie an vielen anderen italienischen Bühnen fand die Oper großen Beifall, und Caruso sang sie mit der Lucca zusammen in Genua, später auch an der Metropolitan in New York, am 13. November 1916 mit Frieda Hempel als Leila.

Die Oper hat sonderbarerweise selbst bei den Biographen Bizets „eine schlechte Presse". Fast ohne Ausnahme greifen sie den Text an und behandeln auch die

Musik ein wenig von oben herab, bestenfalls mit jenem Wohlwollen, das einem Anfänger auf die Schulter klopft. Wir fragen uns vergebens, warum dieser Text, wenn man die alten Opernbräuche als gegeben hinnimmt, schlechter sein soll als so viele andere vor ihm und nach ihm, vor allem so viele Texte der Zeitgenossen? Das exotische Milieu behält bis heute seinen Zauber, die Unwahrscheinlichkeit der Vorgänge ist nicht größer als anderswo, und die Szenenführung ist durchaus anständig. In jüngster Zeit hat dann John W. Klein, der überhaupt viel Zutreffendes über Bizet gesagt hat, die Verteidigung auch der „Perlenfischer" übernommen („Musical Opinion" vom August 1941). Er erinnert daran, wie selbst Nietzsche, der besondere Bewunderer Bizets, diese Oper nicht zu Ende hören wollte; sie war ihm zu sentimental. Als man aber das Werk 1932 an der Pariser Opéra Comique nach abermals langer Pause wieder aufnahm, fragte sich das Publikum, warum ein solches Werk in Vergessenheit geraten sei — und seither ist es nicht mehr vom Repertoire verschwunden. Zwar wiederholt Klein die alten Vorwürfe gegen das Libretto — aber er läßt freilich auch an Schikaneder, dem Textdichter von Mozarts „Zauberflöte", nichts Gutes. An der Musik tadelt er die Abhängigkeit von Gounod, Mendelssohn und Verdi — findet aber manches besser als bei Gounod und selbst als bei Verdi, ehe dieser den „Rigoletto" komponiert hatte.

Sir Thomas Beecham gebührt das große Verdienst, die früheren Werke von Bizet in England immer wieder aufgeführt zu haben. Ihr Erfolg war dort so lebhaft, daß sich sogar Leute fanden, die „Carmen" zugunsten der „Perlenfischer" geringer einschätzten — während man bis dahin, und nicht nur in England, Bizet vieles verzeihen wollte, weil er zuletzt „Carmen" komponiert hat. Ernest Newman erklärt, man könne sich schwerlich etwas Lieblicheres, maßvoll Edleres vorstellen als die Musik gerade des jungen Bizet. Ist auch er der Meinung, daß Bizet auf seinem Weg zu „Carmen" manches von dieser Zartheit verloren hat? Daß er minder wählerisch geworden sei, um dem Publikum sicherer zu gefallen?

Müßig wäre es, sich über die Folge von Unwahrscheinlichkeiten zu ereifern, die zusammen die Geschichte der Oper bilden. Es ist traurig, zu sehen, wie viele prachtvolle Musik mit so manchem Werk verschwunden ist, während eben so viel Mittelmäßigkeit vorerst übrig bleibt; traurig, daß die Opern überhaupt so früh und so regelmäßig absterben, mit ganz wenigen Ausnahmen fast alle, — und sogar unser heutiges Repertoire, alles eher als eine Auslese der tauglichsten Werke, wird nicht das einer Zeit nach dreißig Jahren sein. Man muß alles daransetzen, die von wertvollen Menschen als wertvoll erkannten Werke immer wieder zu beleben, wie es zum Beispiel Mahler als Theaterleiter unablässig getan hat — auch wenn bei seinen Meisteraufführungen eines Mozart zu Beginn unseres Jahrhunderts sein Theater leer war. Nicht nur zum Unglück, auch zum Glück gibt es Moden in der Musik — und eine davon wird wohl auch die „Perlenfischer" und „Djamileh", um nur von diesen köstlichen Opern zu sprechen, wieder zurückbringen.

BIZET HAT ZWEI BRIEF-SCHÜLER

Es vergehen seit der Aufführung der „Pêcheurs de Perles" mehr als vier Jahre, bis wieder ein Opernwerk von Bizet an die Öffentlichkeit gelangt. Man darf aber nicht glauben, daß er auch nur als Komponist, geschweige denn sonst, müßig gewesen wäre. Er lebte sogar, wie schon früher, ein Leben zu vieler Pläne und Anstrengungen. Die „Brotarbeit" — Stunden, Arrangements von Opernauszügen, bis zur Instrumentation der niedersten Arten von Tanzmusik — untergrub langsam, aber unausgesetzt seine ohnehin brüchige Gesundheit. Über diese Jahre, die Bizet an die Schwelle des vierten Lebensjahrzehnt bringen, und über die sich die zeitgenössischen Biographen ausschweigen, informieren uns hauptsächlich die zwei Bände veröffentlichter Korrespondenz und das nicht veröffentlichte Tagebuch jener sehr merkwürdigen Frau, von der schon die Rede war. Die „Lettres à un ami", von 1865 bis 1872 reichend, sind an seinen Schüler und Freund

Edmond Galabert gerichtet, der sie 1909 herausgab. An einen anderen Schüler, Paul Lacombe, schrieb er die „Lettres inedites de Georges Bizet", die Hugues Imbert in einem Band „Portraits et etudes" 1894 veröffentlichte.

Ehe Briefe und Tagebuch beginnen, müssen wir uns Bizet, abgesehen von der Brotarbeit, mit der Oper „Ivan le Terrible" beschäftigt denken, die sicherlich das Jahr 1864 ausfüllt. Zu Anfang des Jahres 1866 arbeitet er an der Symphonie, die später „Roma" heißen wird, und auch schon an einer neuen Oper, „La jolie Fille de Perth",

Dem Schüler Lacombe stellt sich Bizet brieflich folgendermaßen vor: ich bin achtundzwanzig Jahre alt und in Paris ziemlich bekannt; nicht so in der Provinz. Ich habe ein paar Lieder und Klavierstücke komponiert, eine sehr umstrittene Oper, ein paar symphonische Fragmente. Kontrapunkt, Fuge und Instrumentation kann ich Ihnen schriftlich beibringen, aber beim Kompositionsunterricht müssen Sie schon anwesend sein. Da ich Geld verlangen muß und mich nicht mit Ihren Fortschritten allein zufrieden geben kann, wären es 20 Francs die Stunde — im Durchschnitt berechne ich meine Zeit mit 15. Wenn Ihnen das aber zu viel ist, schreiben Sie es mir. Wichtig ist nur, daß wir darüber nicht weiter verhandeln müssen. Und der Brief schließt: „dès aujourd'hui votre parfaitement dévoué confrère Georges Bizet."

Der Schüler sendet Kammermusik ein. Bizet antwortet: „Sie müssen auch Symphonisches schreiben. Was die Orchestrierung anlangt, nehmen Sie die Instrumentationslehre von Berlioz zur Hilfe. Sie ist vollständig und unentbehrlich." Weiter heißt es in den Briefen einmal: „Wenige Kritiker sind imstande, eine Sonate zu lesen (der Schüler hat gerade eine komponiert). Berlioz schreibt nicht mehr. Bleibt Johannes Weber im ‚Temps' (der frühere Sekretär Meyerbeers). Aber ich habe Ihre Sonate Saint-Saëns und Gounod gezeigt, die darüber sehr günstig geurteilt haben." Der Lehrer Bizet folgt dem Schüler Schritt für Schritt. Er beschränkt sich aber nicht auf die Kontrolle der Arbeiten und Aufgaben. Er sagt viel allgemeines und berichtet auch von seinen eigenen Erlebnissen und Plänen.

Der andere Schüler, Galabert, ein Amateur, muß eine Art Aufnahmeprüfung nicht nur in der Harmonielehre, sondern auch in allgemeiner Bildung bestehen. Der Kandidat weiß etwas von Goethe und Schiller, und das entscheidet. Um Musiker zu sein, muß man auch viele Kenntnisse haben, schreibt Bizet. Hier nimmt der Lehrer übrigens kein Geld an, weil ihn der Unterricht nicht ermüde. Wir schwimmen im selben Wasser, schreibt er — ich etwas länger, und daher kenne ich die gefährlichen Stellen und kann Ihnen zeigen, wie man sie vermeidet. Und sonst: halten Sie sich an Mozart, nehmen Sie immer wieder „Don Giovanni", „Figaro", „Cosi fan tutte" und „Zauberflöte" vor. Vergessen Sie auch Weber nicht! Es lebe die Sonne und die Liebe! Bleiben Sie, der Sie sind, und es wird gut sein. Vernunft ist etwas Seltenes im Zeitalter der Böotier...

Ein andermal berichtet Bizet: Ich komme aus „Don Carlos" (von Verdi für die Pariser Große Oper komponiert). Ich verehre „Traviata" und „Rigoletto". Aber „Don Carlos" — das ist eine Art Komposition ohne Melodie, ohne Akzente. Er will einen Stil erreichen, und es gelingt ihm nicht. Vielleicht ist das Werk durch die Weltausstellung (1867) zu retten. (Heute sehen wir in Verdis „Don Carlos" vielleicht auch eine Konzession — aber an die „Große Oper", an Meyerbeer, bei aller Genialität. Übrigens wurde die wenig günstige Aufnahme des Werkes in Paris bald darauf in London wettgemacht; für die Scala hat Verdi die Oper später vollkommen umgearbeitet.)

In den Briefen an Galabert spricht Bizet auch über Religion. Er tut es als reiner Rationalist und räumt ihr nur noch historische Verdienste ein. Aber, so sagt er, in den Zeiten stärksten religiösen Glaubens gab es Wunderwerke der Kunst wie die ägyptischen Bauten und von da weiter bis zu Mozart. Wenn unser Fortschritt vollkommen sein wird, werden wir das alles nicht haben: kein Unrecht, keine Polizei, keine Leidenschaft, keine

Kunst, kein Theater, keine Presse (wäre das ein Segen!)
— nichts als Vernunft und Vollkommenheit. Ich wäre
froh, wenn ein solcher Zustand der Vollendung über die
menschliche Gesellschaft käme — aber was bleibt dann
für mich übrig? Ich bin doch Komponist. Überzeugen Sie
mich, daß es dann noch Musik gibt, und ich gehe mit
fliegenden Fahnen zur Vernunft über. Die Kunst geht
zurück, wenn die Vernünftigkeit fortschreitet. Stellen Sie
sich heute einen Homer, einen Dante vor! Das Äußerste,
wozu man es bringen wird, ist ein Voltaire. Ich würde
bessere Musik zustande bringen, wenn ich an allerhand
Dinge glauben könnte, die es nicht gibt.

Bizet erklärt wiederholt, daß er kein Philosoph sei.
Aber da ihn Galabert mit Philosophie zu bedrängen
scheint, kommt er doch immer wieder auch auf Philosophie zu sprechen. Einmal rühmt er Taine, ein andermal
fragt er den Schüler, was man von Comte lesen sollte. Er
beschäftigt sich auch mit Politik, — es geht gegen das
Ende der Sechzigerjahre, und die Zweifel an dem Regime
Napoleons III. werden immer lauter. Bizet ist begeistert
über den Erfolg der „Lanterne" eines Henri Rochefort,
eine wütende Folge von Pamphleten gegen den Kaiser,
erst möglich seit der wieder hergestellten Pressefreiheit...

Als einmal jemand sagt, die sogenannte Zukunftsmusik
sei gut für eine Generation im Chaos, auf den Barrikaden und zwischen den Revolutionen, antwortet Bizet:
Lieber gehöre ich zu dieser Generation als zu der jetzt
abwirtschaftenden, deren würdigere Repräsentanten die
unmöglichsten Frauenzimmer geheiratet haben, sofern
sie nur 50.000 Francs Rente zusammenscharren konnten.

Die Briefe erzählen auch von Bizets erneuter Erkrankung, noch dazu im Sommer. Eine sehr komplizierte Angina — aber ich lebe auf dem Lande, es tut mir besser,
ich bekomme eine neue Haut, ich spüre das... Bizet
scheint sogar Rad zu fahren, vermutlich auf dem damals
allein existierenden hohen Zweirad, dem „Velocipède".
Einige haben sich zu Tode gestürzt, aber mir geht es dabei gut...

In Geschäften allerdings werde ich nicht gescheiter:

„Quel fichu métier! Si je pouvais en essayer un autre! — lire, rêver, observer, apprendre, voilà mon affaire. Mais produire!!" Dazu halte man, daß er bei einer anderen Gelegenheit verraten hat: „Als ich klein war, wollte ich oft von der Musik nichts wissen. Man mußte mir die Bücher verstecken, sonst hätte ich nicht Klavier geübt. Damals wäre ich gern Schriftsteller oder Gelehrter geworden. Aber jetzt — man darf nicht abkratzen (claquer), ohne alles hergegeben zu haben, was in einem steckt!"

Und es wird viel von ihm verlangt. Welche Verse in dieser neuen Oper, die er schreiben soll! „Aber ich arbeite wie ein Besessener, lebe auf dem Lande, komme nur noch einmal in der Woche nach Paris! Im Dezember 1866 gibt es wieder einmal 15 bis 16 Stunden Arbeit, auch mehr, Stunden, Korrekturen, man muß leben, und dann muß man wieder unterbrechen, um Soli für Cornet à Pistons zu schreiben oder einen schlechten Walzer zu instrumentieren. Ich räche mich und mache die Begleitung noch ordinärer, als sie sein müßte." Unter den Klavierauszügen, die er anzufertigen hat, sind die der „Oca del Cairo" (ein Fragment von Mozart, aufgeführt im Théâtre des Fantaisies Parisiennes 1867), „Mignon", „La Statue" von Reyer.

MUSIK-KRITIKER

Und nun versuchte er sich einmal als Kritiker: Eine „Revue Nationale" hat ihn berufen, und er stellt sich am 3. August 1867 vor, also während der Weltausstellung, deren Taumel alles erfüllt. Er ist in guter Gesellschaft; eine Reihe von Chroniqueuren von damals gehen die Leser scharf an. Die Revue räumt Bizet vier Spalten eines großen Formates ein.

Es ist ein Glaubensbekenntnis des Kritikers, das hier abgelegt wird. Warum, vor allem, sollte ein Künstler nicht Kritiken schreiben dürfen? Er weiß doch, wie es einem Schaffenden ums Herz ist, er kennt die Technik und alle anderen Probleme, die dem anderen Künstler zu schaffen machen. Darf nur der über Musik schreiben, der von alledem nichts weiß? Was würde man sagen, wenn die Börsenberichte von einem geschrieben würden, der von Geschäften nichts versteht? Ich werde also den Spuren eines Berlioz und Reyer folgen, die auch Kritiken geschrieben haben, wenn ich auch nicht so gut schreiben kann wie sie.

Was ich für mich habe, sagt Bizet, ist ein genaues Studium der Musik und der gute Wille, unparteiisch zu sein. Ich gehöre keiner Koterie an. Wohl habe ich Freunde, aber sie würden aufhören es zu sein, wenn sie nicht meine Unabhängigkeit respektieren wollten. Achtung und Gerechtigkeit für alle!

Und zur Musik: wir haben französische, deutsche, italienische, jetzt in den Zeiten der Ausstellung sogar viel exotische. Wir haben eine Musik der Gegenwart, der Vergangenheit und sogar schon der Zukunft. Für mich gibt es nur zweierlei Musik: gute und schlechte. (Es ist auffallend, wie oft sich Bizets Meinungen und Urteile mit den gleichzeitigen eines Verdi berühren — man kann sehr vieles, was Bizet gerade hier ausspricht, in den Briefen von Verdi geradezu wörtlich wiederfinden.) Der Künstler gehört keiner Nation an. Er ist inspiriert oder er ist es nicht, er hat Genie oder er hat keines. Möget ihr wie immer heißen, Rossini, Auber, Gounod, Wagner, Berlioz, David: bringt mich in Ekstase, macht mich lachen und weinen, und ihr geltet mir gleich, und ich werde Euch nicht weiterhin klassifizieren wie ein Naturforscher seine Sammlungen. Wenn uns ein Verdi lebendige Kunst schenkt, möge auch Gold und Schmutz und Galle daran kleben, so sagen wir ihm nicht: lieber Herr, Sie haben keinen Geschmack, Sie sind nicht vornehm (distingué). Waren Homer, Beethoven, Cervantes, Rabelais vornehm? (Gerade der Vorwurf, zu wenig vornehm zu sein, scheint Verdi in Paris, wie seine Briefe zeigen, immer wieder gemacht zu werden.) Und hüten wir uns auch, dem Leser Fachausdrücke an den Kopf zu werfen, wie das hier Kritiker minderen Ranges gern tun: sie werden uns doch nicht einreden, daß sie das Zeug selber verstehen...

Mit merkbarer Anerkennung spricht Bizet von den Leistungen der Operntheater in diesem Jahr: Oca del

Cairo, L'Etoile du Nord, L'Africaine, Faust, Romeo, Mignon, Don Carlos, La Grande-Duchesse de Gerolstein. Er zählt Werke auf, die man vorbereitet, Opern von Saint-Saëns, Reyer und seine eigene „Jolie Fille de Perth".

Den Komponisten geht es also gut? O nein, sie sind die Märtyrer der heutigen Gesellschaft. O die Musik! „Quel art splendide! Mais quel triste métier!"

Dieser erste Artikel war mit dem Pseudonym Gaston de Betzi gezeichnet. Als kurz darauf die Redaktion wechselte und man in einem Feuilleton, das Bizet über seinen Freund Saint-Saëns geschrieben hatte, Kürzungen vornahm, verzichtete er auf weitere Mitarbeit.

DIE NACHBARIN

Über Bizets Landaufenthalt unterrichtet uns das schon erwähnte Tagebuch der Mogador, Comtesse de Chabrillan, geborenen Vénard. Im Zug von der Gare Saint Lazare nach Le Vésinet lernte sie Bizet kennen, dessen Vater dort ein kleines Grundstück gekauft hatte. Auch die Mogador verbrachte jetzt den Sommer dort. Bizet war sehr erfreut. Wenn Sie dort wohnen, sagte er ihr, werde ich es weniger eintönig haben.

Die Memoiren schildern sein Leben draußen auf dem Land, übrigens ähnlich wie Bizets eigene Briefe. Der Vater, „ein Heiliger, der nur an den Sohn denkt, den er nicht stören will", hat die kleine Villa um 3800 Francs erworben. Es ist ein großer Garten mit vielen Blumen dabei, und die Villa besteht aus zwei kleinen Pavillons, einem für den Vater, rechts vom Eingang, einem für den Sohn, zur Linken. Und bei Georges sieht es so aus: ein einziges Zimmer, Bett, drei Sessel, Klavier, Tisch und ein Buffetschrank. Etwas später heißt die Gasse „route des Cultures", und die Hausnummer ist 8—10. Man hat dort eine wunderbare Aussicht auf die Hügel von Louveciennes.

Bizet ist von der Nachbarin — es ist keine unmittelbare Nachbarschaft — sehr eingenommen. Sie bringt ihm

Glück. „So oft ich Sie sehe", sagt er ihr, „erwarten mich in Paris gute Nachrichten." Er kommt oft erst mit dem letzten Zug aus der Stadt, es ist Mitternacht vorüber, aber er kann es nicht unterlassen, mit seinem Stock im Vorbeigehen an die Fensterläden der Nachbarin zu klopfen. Darüber ist ihre Mutter, ein Pariser Urtyp, wenig erbaut. Was will dieser aristocratique sauvage? Einmal bekommt er schmutziges Wasser auf den Kopf geschüttet. Eine schöne Szene folgt, denn er läßt es sich nicht gefallen. Die Mutter keift, der Hund bellt, und die Gräfin möchte gern beschwichtigen, kann sich aber nicht zeigen, denn sie ist im tiefsten Negligé. „Gehen Sie rasch nach Hause, Georges, damit Sie sich nicht erkälten!"

Wenn er ein paar Freunde zu sich einlädt, um ihnen neue Kompositionen vorzuspielen, ist Céleste die Hausfrau. Man begleitet sie von der Villa Bizet zu der ihren nach Hause. In der Freude, mit richtigen Künstlern zusammen zu sein und so schöne Musik gehört zu haben, die sie durchaus würdigt, drückt sie sich Bizet fester in den Arm; es ist auch eine herrliche Mondnacht. Darauf Bizet: „Ich garantiere für nichts, wenn Sie mir Avancen machen." Sie: „Ich bewundere Sie durchaus platonisch. Bei Ihnen geht es mir zu lebhaft zu. Ich liebe keine Hotels, sondern nur Zimmer, die ich allein bewohne." „Nun, warum nicht" — soll Bizet gesagt haben. „Weil Sie der Frau Ihres besten Freundes den Hof machen." „Oh, das ist fast vorbei, das müßte Sie nicht stören." „Nein", sagt die Gräfin, „lassen Sie es lieber bleiben wie es ist. Vielleicht später einmal..."

Zwei Jahre danach war Bizet verheiratet und lebte mit seiner jungen Frau gleichfalls an der Seine, aber in Bougival.

Bizet hat inzwischen auch in Paris ein Zimmer gehabt. Er braucht nur immer wieder das Land, die Luft, die Ruhe. Denn es ist eine unruhige Zeit geworden. Große und nicht eben günstige Veränderungen bereiten sich vor, und wir haben auch von ihnen zu sprechen.

POLITISCHE STURMZEICHEN
UND KULTURELLER GLANZ DER
SECHZIGERJAHRE

Auch jene Franzosen, die den Kampf gegen Napoleon III. und die Diktatur der späteren Fünfzigerjahre den Verbannten und besonders Victor Hugo überließen, begannen sich nun, anfangs der Sechzigerjahre, vom Régime abzuwenden. Vielleicht hat das großartige Anklage-Pathos eines Victor Hugo auf die Nachwelt stärker gewirkt als auf die Zeitgenossen — obwohl es Bizet in seinen Briefen an Galabert bewundert —, aber Frankreich hätte damals einen anwesenden Kämpfer gebraucht, um die Opposition zu einigen. Der Kampf zwischen Macht und Geist hat in diesem Land bis auf den heutigen Tag nicht zu einem Ausgleich geführt. Nun, damals sollte der Geist, die Freiheit, wieder einen zunächst kleinen Vorteil erfechten. Obwohl das Kaiserreich durch den Ausgang des italienischen Kriegs und durch die Einverleibung von Savoyen und Nizza gewiß einen Zuwachs an Prestige erfahren hatte, wuchs die Unzufriedenheit. Man darf nicht vergessen, daß Napoleon auch die Katholiken nicht gewonnen hatte; denn ihnen gefiel die italienische Politik des Kaisers nicht in allem. Ein neues Abenteuer, das mexikanische, sollte übel verlaufen. Der Kaiser, der erkannt hatte, wie unklug es war, Österreich zu schwächen, bot einem österreichischen Erzherzog, dem unzufriedenen und tatendurstigen Bruder Franz Josephs, Maximilian, ein Kaiserreich jenseits des Meeres an. Aber die Mexikaner unter ihrem Präsidenten Juarez trotzten auch den französischen Truppen und erst recht dem abenteuerlichen Rest des Heeres, das zurückblieb, als die Franzosen abzogen. In den Jubel der Pariser Weltausstellung von 1867 drang die Kunde von der Erschießung Maximilians (die Manet zu einem großartigen Bild gestalten sollte). Der Hof, gerade Gast einer Offenbach-Aufführung, hatte Haltung zu wahren. Aber der Absolutismus des Kaisers war längst erschüttert. Wahlen von

1863, die dem Regime ein Warnungszeichen gaben, veranlaßten Napoleon, Schritt für Schritt zurückzuweichen. Leider verlor Frankreich im Herzog von Morny seinen wohl glücklichsten Politiker seit langem. Der Krieg zwischen Österreich und Preußen-Italien von 1866, dem der dänische Krieg von 1864 vorausgegangen war, ein Fingerzeig für das, was Bismarck wollte, fand Morny nicht mehr unter den Lebenden. Zur Belohnung für seine heillose Neutralität gegenüber Preußen hatte Napoleon ein Stück Rheinufer erhofft, er bekam aber nichts. Paris blieb bei der Nachricht von den preußischen Siegen apathisch. Ein Direktionswechsel in der Großen Oper, schreibt Ludovic Halévy, regte es mehr auf. Man merkte nur, daß die Luft immer dicker wurde.

Die Eröffnung der Weltausstellung von 1867 hatte noch einmal ein Aufflammen des kaiserlichen Glanzes gebracht. Fürstlichkeiten aus aller Welt fanden sich ein, auch der Zar, den aber ein Attentatsversuch verstimmte. Der englische Kronprinz, viel später Eduard VII., bat die Operettendiva Hortense Schneider um eine Loge zur Grande-Duchesse de Gerolstein — das war der einzige Weg, wie man damals ins Theater kommen konnte. Einen Tag lang lief die Schneider in ganz Paris herum — endlich bekam sie die Loge. Auch Bismarck sah das Stück und lachte über die geniale Verspottung der deutschen Kleinstaaterei und des Militärs.

Die Zeichen mehrten sich, und der Kaiser gab weiter nach. Der Presse wurde der Maulkorb abgenommen. Auch gemäßigte Blätter führten jetzt eine sehr freie Sprache. So klagte Prinzessin Mathilde den Goncourts, ihr verhätschelter Bibliothekar Sainte-Beuve könne es nicht lassen, am „Temps" mitzuarbeiten, der sie und ihr Haus täglich angreife. Die Prinzessin weinte, als sie davon sprach, und die Versöhnung kam denn auch zustande. Auch das katholische Blatt „Univers" durfte wieder erscheinen. Aber was war das alles gegen die „Lanterne" des ehemals kleinen Stückeschreibers und Journalisten Rochefort! Am 30. Mai 1868 wurde das erste Heft den Verkäufern aus den Händen gerissen; die Auflage erreichte 100.000. Rochefort begann mit dem lapidaren Satz, Frankreich habe jetzt etliche Millionen Sujets, abgesehen von den Sujets seines Mißbehagens. Nach elf Nummern wurde das Blatt verboten, und Rochefort wurde von Ollivier, dem jungen Republikaner und neuesten Ministerpräsidenten des „liberalen" Napoleon eingesperrt — Ollivier war verheiratet mit Blandine, der zweiten Tochter der Gräfin d'Agoult, und dadurch Schwager Richard Wagners. Aber Rochefort wurde in Paris zum Abgeordneten gewählt, und die „Lanterne" war ohnehin in Brüssel weiter erschienen. Bizet bewunderte Rochefort — und dieser ihn. Der Kaiser aber versank in Dekadenz: „il se fait vieux", hieß es. Es war mehr als das. Die meisten hatten wenig für ihn übrig. Man mißtraute ihm. Hatte es früher geheißen: „il ne parle jamais et il ment toujours", so sagte man jetzt: „il est si menteur qu'on ne peut même plus croire le contraire de ce qu'il a dit". Was half es, daß er mit Franz Joseph fünf Tage lang in Salzburg konferiert hatte und daß dieser nach Paris gekommen war, von allen Fürstlichkeiten des Ausstellungsjahres am herzlichsten begrüßt? Auch nicht der Schatten eines Bündnisses kam zustande, und der General Trochu veröffentlichte eine sehr pessimistische Broschüre über die Möglichkeiten eines Krieges und über die französische Armee. Auch diese Schrift fand hunderttausend Abnehmer.

Der Geist hatte einen Sieg über die Macht erfochten. Napoleon wich zurück. Aber es war zu spät — für ihn, für Frankreich, für die Welt.

Über mangelnde Anerkennung hatten die geistigen Menschen nicht zu klagen. Massenauflagen wurden gedruckt, Renan, Pasteur, Arago wurden Gemeingut, die Literaten Frankreichs hatten eine ihrer besten Zeiten, und die Theater blühten, von der Comédie Française bis zu Offenbach. Vier Operntheater wetteiferten an Repertoire, Ausstattung und großen Sängern. 1866 spielten drei Pariser Opernhäuser gleichzeitig den „Don Giovanni". Villemessant, der Zar des neuen „Figaro", entdeckte während der Weltausstellung den Sohn Johann Strauß

— und das war der zweite Johann Strauß, den Paris bejubelte: der Donau-Walzer begann von Paris aus seinen Lauf. Der Herzog von Morny stiftete noch zuletzt den Grand Prix, und es herrschte große Freude, als schon im folgenden Jahr ein französisches Pferd siegte. Die Seebäder von Trouville und Deauville blühten auf. Anfangs verspottet, setzte sich die Mode der Crinoline fest (kreiert, als die Kaiserin schwanger war), und sie gab Gelegenheit zu köstlichen Bildern. Zwischen Operette und Café concert herrschten einige Sängerinnen, nicht minder berühmt als heute die Kinostars — die Mogador war eine davon. Die Thérésa („la Patti de la canaille") wurde vom Kaiser in die Tuilerien eingeladen. Die Schneider, von einem Wachtposten zurückgewiesen, erzwang sich ein Entree mit dem majestätischen Zuruf „je suis la Grandeduchesse de Gerolstein". Cora Pearl, „die sinnlichste Frau des Jahrhunderts", versuchte in einer Operette von Offenbach aufzutreten; nur hätte sie da auch singen müssen. Zulma Bouffar, aus Offenbachs Ensemble, die das konnte, wäre beinahe die erste „Carmen" geworden. Aber Ludovic Halévy schreckte dann doch vor dem Versuch zurück.

An der Schwelle des Kriegs erschienen 1869 die „Lettres de mon moulin" von Daudet, und darin fand sich die Geschichte der „Arlésienne". Meilhac und Halévy, die ja auch auf den Schauspielbühnen ihre Erfolge hatten, machten einen besonderen Treffer mit „Frou-Frou". Verdi sollte diese Tragödie der „schuldigen Frau" als Oper komponieren. Über das Schauspiel aber weinte die Kaiserin so heftig, daß sie Mühe hatte, in ihr Palais zu gelangen.

Lachen und Tränen erschütterten gleicherweise dieses Paris eines unerhörten Glanzes, einer nie wieder erreichten Lustigkeit und ungezügelter Leidenschaft. Auch die Malerei revoltierte jetzt. Manet stellte 1863 im Salon des Refusés aus, und vor seinen Bildern drängten sich die Leute, brüllten vor Lachen, Anhänger und Gegner ohrfeigten sich, es kam zu Forderungen — der Verfasser dieses Buches hat Ähnliches in dem Wien Gustav Klimts mitgemacht — und da begann Zola, drei Jahrzehnte später der Anwalt eines Dreyfus, 1866 seinen schon damals unerbittlichen Kampf für einen ungerecht verfolgten Maler. Man kann das in seinem Buch „Mes Haines" nachlesen.

Und die Musik dieser Jahre? Ihr Glanz blendete, ihre Ereignisse fanden immer noch das Echo der Welt.

1864 war Meyerbeer gestorben. Im gleichen Jahr wurde „Mireille" von Gounod aufgeführt, anfangs ein lauer, erst später ein dauernder Erfolg, während „La belle Hélène" Offenbachs sofort ein Delirium weckte. Im folgenden Jahr 1865 wurde die nachgelassene, bald verworfene, bald wieder aufgenommene und mit unabsehbarer Sorgfalt vorbereitete Oper „L'Africaine" aufgeführt, und schon ein Jahr später hatte die Große Oper das Werk weit über hundertmal gegeben. Im Théâtre Lyrique erschien eine neue Bearbeitung des „Macbeth" von Verdi. Dafür nennt der Index des Jahres 1865 einer großen Pariser Musikzeitschrift den Namen Bizet überhaupt nicht! Der von 1866 ein einziges Mal: bei einem Empfang im Louvre hat M. Bizet unter allgemeinem Beifall mehrere Stücke auf dem Klavier vorgetragen. Die Opernereignisse von 1866 waren Mignon, Barbe bleue und La vie Parisienne. Mit 63 Jahren wurde Berlioz damals Bibliothekar des Conservatoire. 1867, im Jahr der Weltausstellung, triumphierte die „Grandeduchesse de Gerolstein" (die sogleich bis nach New York drang); man gab „Roméo et Juliette" von Gounod, Verdis „Don Carlos", das „Stabat Mater" von Rossini. Bizet ist diesmal des öfteren zu nennen, wie wir gleich sehen werden.

EINE VERLORENGEGLAUBTE OPER:
„IVAN LE TERRIBLE"

1867 wurde nämlich nicht nur „La jolie fille de Perth" endlich aufgeführt, sondern Bizet beteiligte sich auch, wenn auch unter einem Pseudonym, an Wettbewerben für die Ausstellung und für mindestens eins der drei Operntheater, die solche ausschrieben. Er versuchte sich als Kritiker. Er leitete auf Bitten von Gounod die Proben von „Roméo". Ehe wir aber von alledem berichten, verweilen wir ein wenig bei einer unveröffentlichten und von allen Biographen verlorengegebenen Oper.

„Ivan le terrible", in fünf Akten, wurde fast vollkommen fertiggestellt, instrumentiert (vermutlich schon 1865) und vom Théâtre Lyrique, dessen Direktor Carvalho von Bizet überzeugt war, auch angenommen. Doch zog Bizet die Partitur zurück, als man ihm das Buch der „Jolie fille" anbot. Es heißt, daß er in „Ivan" zu viel Verdi entdeckte, und die verläßlichsten Biographen, vor allem Pigot, erzählen und erzählen nach, daß er die Partitur von „Ivan" verbrannt habe.

Sie ist aber vorhanden und liegt seit mindestens anderthalb Jahrzehnten in der Bibliothek des Pariser Konservatoriums, wo sie M. Sibilat, der Testamentsvollstrecker von Emile Strauß, dem zweiten Mann der Witwe Bizet, deponierte, und Jean Chantavoine hat darüber im „Ménestrel" von 1933 berichtet: Von den 25 Nummern der Partitur sind 19 fertig, der Rest skizziert. Das Buch stammt von Leroy und Trianon; es war zuerst Gounod angeboten worden, der auch anfing, es zu komponieren, dann aber verzichtete — von seiner Musik ist eine Arie in „Mireille" übergegangen. Iwan ist ein historisch bekannter Zar, und man würde heute erwarten, die Atmosphäre etwa des „Boris Godunoff" von Mussorgsky oder des „Dimitrij" von Dvořák hier zu finden. Was uns begegnet, ist indes große Oper.

Fern im Kaukasus schöpfen Frauen Wasser, und tscherkessische Männer singen. Ein junges Mädchen, die schöne Maria, möchte mit einem Bulgaren, der sich in ihr Land verirrt hat, etwas länger sprechen. Aber er gibt unbestimmte Antworten. Er ist nämlich ein Begleiter des unerkannt das Land bereisenden Zaren Iwan. Dieser erscheint, und Maria bewundert die stolze Haltung des fremden Mannes. Er bietet ihr eine Blume an. Das Mädchen ist erregt und melancholisch. Hier eine Phrase der Musik, die bei Bizet öfters wiederkehrt:

Der Zar ist weggegangen, und Temrouk, der Vater des Mädchens, kommt herbei. Mit einem Male entsteht Lärm, Das Lager ist umzingelt. Ein Offizier verlangt von Temrouk, dem Häuptling, im Namen des Zaren seine Tochter — wird sie nicht ausgeliefert, so müssen alle Kinder des Stammes sterben. Maria bietet sich als Opfer an und wird weggeführt. Ihr Bruder Igor will mit den übrigen Männern des Stammes die Räuber verfolgen. Hier glaubt Chantavoine einen Anklang an das Vorspiel zum dritten Akt des „Lohengrin" zu erkennen:

Gewiß ist, daß Bizet die Werke Wagners bis zum „Lohengrin" gekannt hat.

Der zweite Akt spielt im Lager des Zaren. Der junge Bulgare singt ein Lied zum Preis seines Vaterlandes. Es hat den Rhythmus des Bolero, wird von der Mandoline begleitet und endet fast wie die Seguidilla in „Carmen". Dann singt der Zar selbst ein Kosakenlied. Er hat sein großes Reich absuchen lassen, um die Frau zu finden, die seiner am würdigsten wäre. Soeben treten die verschleierten Opfer dieser Streife auf, untröstlich über den Verlust der Heimat. Der Zar befiehlt, ihnen die Schleier, die sie festhalten, mit Gewalt abzureißen. Eine Frau nimmt ihn von selbst ab: Maria. Sie erkennt den Zaren und dieser sie. Mächtig ausholendes Liebesthema. Maria will nach Hause. Aber sie ist die Erkorene, sie wird in das Zelt des Zaren gebracht; die Ordensfrau Olga beruhigt sie und versucht den Zaren umzustimmen. Vergebens, er liebt Maria.

Dritter Akt. Vor dem Kreml. Erwartungsvolle Menge — der Zar und Maria sollen getraut werden. Das Ballett tanzt einen Walzer, der ein wenig an den Chorwalzer aus „Faust" erinnert. In der Menge warten Igor und

Temrouk, die nicht wissen, daß Maria die Braut ist, und der Höfling Youloff, dessen Tochter vor den Augen des Zaren keine Gnade gefunden hat. Die drei beschließen, den Zaren in der Hochzeitsnacht zu ermorden. Der Zug kommt aus der Kirche. Reizende Hochzeitsmusik. Arie der Maria, die jetzt den Zaren ehrlich liebt, da sie weiß, wie innig auch sie geliebt wird; sonderbarerweise endet die Arie fast mit den gleichen Koloraturen, die Leonore im „Trovatore" singt, wenn sie den Geliebten gerettet glaubt.

Vierter Akt. Igor ist von Youloff in das Schlafzimmer des Zaren gebracht worden. Er weiß noch immer nicht, daß Maria nun Zarin ist und erklärt ihr, er wolle den Zaren ermorden. Doch sie gibt sich als Zarin zu erkennen. Da erscheint der Zar mit Youloff. Dieser hat die Verschwörung verraten, ja sogar behauptet, auch Maria wisse davon und trachtete Iwan nach dem Leben. Der Zar ist außer sich vor Schmerz und Zorn und muß nun gar hören, daß Temrouk einen Aufruhr hervorgerufen hat und daß der Kreml brennt. Igor und Maria sollen lebendig begraben werden. In seiner Raserei fällt der Zar wie tot hin, und Youloff proklamiert sich sogleich zu seinem Nachfolger.

Fünfter Akt, nur noch als Skizze vorhanden. Die verurteilten Geschwister singen ein Duett. Der Zar, wieder genesen, tritt auf, befiehlt Youloff hinzurichten und vereinigt sich mit Maria. — —

Vielleicht, ja gewiß, ist hier kein Meisterwerk verlorengegangen — oder vielmehr Papier geblieben. Aber ein solcher Verzicht, ehe ein Werk auch nur versucht wurde, bleibt ein Rätsel. Es war damals nicht mehr die Zeit, in der Opern so rasch und so sorglos komponiert wurden wie noch dreißig Jahre zuvor. Aber auch damals entstanden ihrer noch genug, und sie entstanden hinreichend schnell.

Russisch ist dieser „Iwan" jedenfalls nicht. „Les pêcheurs de perles", das ist romantischer Orient. Auch „Iwan" spielt in einem Rußland der romantischen Exotik, aber ohne echtes Folklore. Niemand wird von der „Jolie fille de Perth" schottische Musik erwarten. „Djamileh" ist dann abermals Orient. Bei der „Arlésienne" aber sucht man nach provenzalischen Motiven, und bei „Carmen" gar nach spanischen. Wir werden sehen, daß auch dieses Spanien nur im Bereich der Romantik zu suchen ist.

„LA JOLIE FILLE DE PERTH"

Wenn aber nun bei „Iwan" der Text schlecht war, hatte darum „La jolie fille de Perth" einen guten? Dagegen wenden sich nicht nur die Biographen, sondern auch Bizet selbst. In einem Brief an Galabert schreibt er geradezu: „Welche Verse! Wenn ich mich an die Worte des Buches halten sollte, so brächte ich keine Note zustande!" Aber so schlimm ist es nun wieder auch nicht. Die Verfasser des Textes sind Saint-Georges und Adenis.

Die Leidensgeschichte der Komposition ist rasch erzählt. Bizet hatte sich verpflichtet, die Partitur Ende 1866 dem Théâtre Lyrique zur Aufführung zu übergeben. Er hielt Wort — aber zuletzt kostete es, mit dem ewigen Stundengeben, Instrumentieren, Einrichten von Auszügen, Korrigieren von Stimmen und anderen Brotarbeiten, schlaflose Nächte. „Ich habe wieder drei Nächte nicht geschlafen", schreibt er — „aber jetzt noch vier oder fünf weitere, und ich bin zu Ende." Während der Komposition hatte er nur einmal gefürchtet, daß ihm die Weltereignisse die Ruhe nehmen würden: nach Sadowa. Dieses grauenhafte Morden, an dem Frankreich vielleicht auch noch teilnehmen würde ... Aber Napoleon zögerte. Seine Stunde kam vier Jahre später.

Die Oper sollte im März 1867 mit dem neuen Pariser Star Christine Nilsson gegeben werden. Allein die Nilsson ging nach London. Sie sollte dann im August die „Jolie fille" verkörpern. Auch das tat sie nicht, sondern ging an die Große Oper und sang die Ophelia im „Hamlet" von Thomas (Klavierauszug von Bizet!). Als Ersatz wurde Mlle. Devriès gewonnen. Dagegen wehrte sich der Librettist Saint-Georges. Es gab große Szenen, die mit tränenreichen Umarmungen endeten. Man versuchte vergeblich,

Madame Miolan-Carvalho, die Frau des Direktors, Marguerite im „Faust" und Mireille, für die Hauptrolle zu gewinnen. Die Geschäfte des Théâtre Lyrique, der einzigen nicht subventionierten unter den vier Pariser Opernbühnen, gingen schlecht. Ein Appell an die Stadt Paris versagte. Auch „Roméo et Juliette" von Gounod brachte zwar viel Ehren, aber nicht die erwarteten Einnahmen. Im Oktober war die Probenarbeit an „La jolie fille de Perth" beendet. Es kam aber noch eine Premiere zuvor, ein „Cardillac" von Dautresne, nach der Novelle „Das Fräulein von Scudéri" von E. T. A. Hoffmann — wie sechzig Jahre später die Oper von Hindemith. Endlich am 26. Dezember ging die „Jolie fille de Perth" in Szene. Das Jahr der Ausstellung mit all den Aufregungen, in die es Bizet auch sonst noch stürzte, ging zu Ende.

Die Oper hat denselben Namen wie der seinerzeit vielgelesene Roman von Walter Scott. Die Biographen ergehen sich in Klagen, wie wenig der Operntext mit dem Roman zu tun habe; aber man möchte gern wissen, wie ein Opernbuch gerade von der Schönheit etwas retten solle, die das beste der Erzählung ist: die Oper kann die Landschaft nicht schildern und auch nicht die Epik der heroischen Kämpfe der Clans mit ihren oft ergreifenden Episoden. Was also übrig bleibt, ist (schon die zeitgenössische Kritik bezeichnete das so) die „Intrigue bourgeoise" der Fabel und der Brauch des Gottesgerichts, das angerufen wird, um die Unschuld des schönen Mädchens von Perth zu erweisen — wozu es aber, anders als im „Lohengrin", gar nicht kommt. Dann fanden die Zeitgenossen, die Schotten dieser Oper seien denen der „Weißen Dame" zu ähnlich. Aber dieses Werk von Boieldieu wäre, so wenig es gerade Bizet leiden konnte, auch heute noch eine reizende Oper.

Der Roman heißt übrigens „Saint Valentines Day or the Fair Maid of Perth" und spielt in der Zeit vom 13. Februar bis zum 30. März, dem Palmsonntag des Jahres 1396 (das Datum ist unrichtig, es sollte 1402 heißen). Der Herzog von Rothesay (wie der Name dort geschrieben wird) ist wider seinen Willen verheiratet worden,

und das mag seine Abenteuerlust erklären, wie sie die
Oper voraussetzt. Am Palmsonntag fand die Schlacht zwischen den zwei feindlichen Clans statt, von der nun wieder die Oper nichts weiß; der Herzog fällt. Vier Monate
später heiraten im Roman Henry und Catherine.

„La jolie fille de Perth", Oper in vier Akten, die reizvoll zwischen dem großen tragischen Genre und einer
neuen Art von Opéra comique schwankt — die Franzosen
nannten das „Opéra de demi caractère" —, beginnt mit
einem richtigen Prélude, wenn es auch keine Ouverture
ist. Wir merken uns zwei Motive,

von denen das erste doch wohl ein gewisses Lokalkolorit
zeigt, während das zweite typisch Bizet ist, seine eindringliche und doch nicht aufdringliche Art des tragischen Ausdrucks. Das Stück schließt mit einem Lauf aufwärts, ähnlich dem aus dem zweiten Akt des „Iwan" zitierten, also an „Arlésienne" und „Carmen" erinnernden
Motiv.

Erster Akt. Werkstatt des Waffenschmiedes Henry
Smith. Man ist an der Arbeit, und die Gesellen singen
und hämmern. Dann verkündet der Meister Feierabend,
denn der Carneval bereitet sich vor. Er bleibt allein und
denkt an seine Catherine, die er nun heiraten will, die
Tochter des Handschuhmachers Simon Glover. Da entsteht auf der Straße Lärm. Mab, eine schöne Zigeunerin,
bittet um Schutz; die Kavaliere verfolgen sie. Henry muß
sie verbergen, denn es kommen andere Gäste, Glover mit
seiner Tochter — sie ist das schöne Mädchen von Perth —,
und Catherine wäre erstaunt, eine Frau bei Henry zu
finden. Es kommt auch Ralph, der Geselle Glovers, in

Catherine verliebt. Der alte Glover bringt einen Braten und Whisky mit, denn er möchte hier zu Ehren des Carnevals ordentlich tafeln — und er geht mit Ralph in die Küche, um das vorzubereiten. Catherine aber denkt an andere Freuden und preist den Carneval in einer Koloratur-Arie im Tanzrhythmus; dieses Stück war ursprünglich der Nilsson zugedacht, die eine unvergleichliche Koloratur-Sängerin war, aber die Koloraturen wurden dem armen Bizet so sehr verübelt, daß er sich bei einem Kritiker dafür entschuldigen mußte. Wenn schließlich Smith und Catherine allein sind, gibt es eine sehr hübsche Liebesszene mit allerhand koketten Wendungen für Catherine, und Smith schenkt dem Mädchen als Valentine eine vergoldete Rose: wer einem Mädchen zuerst das Valentine-Geschenk gibt, wird sie heiraten.

Die Szene bekommt aber einen weiteren Teilnehmer — ein Ritter tritt ein, man erkennt ihn nicht, es ist der Herzog von Rothsay, Gouverneur der Stadt. Sein Dolch hat bei einem Streit Schaden gelitten, und der Waffenschmied muß ihn gerade biegen. Der Herzog, der ein wenig an seinen Standesgenossen in „Rigoletto" erinnert, kommt eigentlich nicht wegen des Dolches, sondern wegen der schönen Besucherin, und vielleicht hat er sogar von der Anwesenheit der Mab erfahren. Smith hämmert an dem Dolch und bemüht sich so viel Lärm zu machen, daß die Komplimente des Ritters an Catherine unverständlich bleiben. Dieser lädt Catherine zu einem Carnevalsfest in seinem Palast und küßt ihr die Hand. Da stürzt Smith mit erhobenem Hammer auf den Herzog zu, Mab springt aus ihrem Versteck hervor, schreit ein hohes B und fällt Smith in den Arm. Quartett, in dem Catherine führt: wie, eine Frau hier? Bald erweitert es sich zu einem Sextett. Glover kommt aus der Küche, erkennt den Herzog und bittet gleich um eine Audienz für den nächsten Tag; sie wird gewährt. So soll denn das Mahl beginnen, Glover und Ralph stimmen ein Trinklied an, aber die Liebenden sind außer sich, Catherine, so wenig mundfaul wie ihre Namensverwandte in „Der Widerspenstigen Zähmung", erklärt geradezu, Mab sei die

Geliebte ihres Henry, will von ihm nichts wissen und wirft ihm die Rose vor die Füße. Man hebt sie auf: sie könnte Catherine noch von Nutzen sein.

Zweiter Akt. Hauptplatz von Perth, Beginn des Carneval-Abends. Glover als Anführer der Ronde mahnt die Mitbürger, unbesorgt die Nacht zu genießen, denn die Seinen wachen. Diese Ronde und der Carnevalschor der Bürger ergeben eine ganz reizende Musik, und nicht nur die Zeitgenossen haben diesen Akt für den besten der Oper erklärt. Auch der Herzog ist da. Er verzichtet für diese Nacht auf seine Gewalt über die Stadt und schlägt vor, den zum König des Festes zu wählen, der einen mächtigen goldenen Humpen leeren kann. Die Musik bringt eine vielleicht konventionelle, aber unleugbare Steigerung, die zuletzt doch für Bizet typisch wird. Höhepunkt des Festes ist ein Tanz der Mab und ihrer Zigeunerinnen, und das ist nun ein uns allen bekanntes Stück. Man hat es später überall hingetan: in „Arlésienne", in „Carmen", ja Mahler hat es sogar in „Djamileh" spielen lassen. Hier, in der „Jolie fille", tut es jedenfalls seine Wirkung mit seiner prachtvollen Wendung von Moll nach Dur und seinem hinreißenden Schwung, wobei sich der Chor einmischt. Bei der ersten Aufführung sprang das Publikum förmlich auf und verlangte das Stück zur Wiederholung.

Nun gibt der Herzog Mab heimlich den Auftrag, Catherine in einem schwarzen Domino zu seinem Fest auf sein Schloß zu bringen — Mab hat jedoch einen Streich vor; sie singt ein schalkhaftes Couplet. Sie wird sich rächen, denn der Herzog hat eben noch ihr den Hof gemacht — nur einen Augenblick glaubt man, die Melancholie jener anderen Zigeunerin zu finden, die „Carmen" heißen wird.

Die Menge zerstreut sich, es ist Nacht geworden, und

Smith erscheint, um seiner Catherine eine Versöhnungs-
Serenade zu bringen. Was er singt, ist die Serenade aus
„Don Procopio", die noch einmal ihre Schuldigkeit tut.
Pigot bemüht sich nachzuweisen, daß Bizet nicht den
italienischen Carneval schildere, sondern einen eher nor-
dischen — aber darauf kommt es nicht an; denn diese
„Jolie fille" spielt weit weniger in Schottland als in jenem
unbenannten Land der Oper, das die Konvention mit sich
bringt (während sich die „Weiße Dame" wenigstens um
e i n schottisches Lied bemüht hat). Das Fenster der Ca-
therine bleibt dunkel. Henry will es morgen mit besserem
Glück versuchen und verschwindet in einer Taverne in
der Nähe. An seiner Stelle singt nun Ralph eine Serenade,
aber die klingt ganz anders: Ralph hat sich in seiner
Verzweiflung einen Rausch angetrunken. Ein dämonischer
Unterton kommt auf und zeigt eine für Bizet wohl neue
Note. Vielleicht spielen italienische Reminiszenzen mit.
Die Szene hatte bei der Premiere einen großen Darstel-
lungserfolg für den Sänger Lutz. Ralph sinkt auf eine
Bank und schläft ein. Der Haushofmeister des Herzogs
erscheint mit einer Sänfte und bemüht sich, von Ralph
das Haus der Schönen zu erfahren, die abgeholt werden
soll. Aber Ralph antwortet nicht mehr. Doch da gleitet
auch schon eine Maske vom Haus der Catherine her in
die Sänfte und verschwindet mit dieser. Ralph kommt
zur Besinnung, schlägt Lärm, und Smith, noch immer
nahe, stürzt der Sänfte nach. Zu seiner größten Verwunderung sieht aber Ralph, der zurückbleibt, daß jetzt das
Fenster der Catherine erleuchtet wird. Sie zeigt sich und
singt die Serenade Henrys nach. Ist das eine Geister-
erscheinung?

Vor dem dritten Akt spielt das Orchester ein ganz entzückendes Menuett, dessen Melodie und auch Instrumentation wieder einmal auf „Carmen" hinzuweisen scheinen; die Musik dieses Zwischenspiels

wird später die Liebesszene zwischen dem Herzog und der Maske erfüllen. Wenn der Vorhang aufgeht, sind wir im Spielsaal des Schlosses. Der Herzog gewinnt, und es wird sich sofort zeigen, daß er in der Liebe nicht ebensoviel Glück hat: Die maskierte Dame wird gemeldet, er bleibt mit ihr nebenan im Ballsaal allein; sie hat versprochen, die Maske abzunehmen, sobald niemand anderer dabei ist. Sie tut es auch, löscht aber zuvor das Licht aus. Es ist Mab, wie das Publikum längst bemerkt hat. Der Herzog, der sie für Catherine hält, schwört ihr, daß er noch keine Frau geliebt habe wie sie — genau das hat er Mab vor kurzem beteuert. Es gelingt ihm, die goldene Rose zu erraffen, die Mab trägt, sie selbst aber entkommt in der Dunkelheit. Darüber ist es Morgen geworden, und der Hof hält seinen Einzug in die alsbald taghellen Räume des Schlosses. Sogleich erscheint auch Glover zu seiner gestern bewilligten Audienz. Er kommt mit seiner Tochter Catherine, und der Herzog, der glaubt, daß sie noch eben maskiert bei ihm gewesen ist, hat einigen Anlaß, zu staunen ... Und was wünscht Glover? Der Herzog möge bei der Hochzeit seiner Tochter mit Henry Smith zugegen sein. Aber da ist auch schon Smith. Er will von dieser Heirat nichts wissen, denn Catherine war, wie er glauben muß, die Maske, die den Herzog besucht hat ... Vergebens beschwört Catherine ihren Henry: kennt er sie nicht seit Jahren, weiß er nicht um ihr ganzes Leben? Und Henry hat schon fast verziehen — da sieht er, daß der Herzog die Rose, seine goldene Rose trägt! Auch dieses große Finale ist mit den besten Mitteln aufgebaut und sehr wirksam gesteigert. Wenn man es italienisch nennen will, so sind die meisten Opern von damals italienisch gewesen. Die französische Oper dieser Zeit gehorcht zwei Impulsen: ihrer eigenen nachwirkenden Tradition und der italienischen Gegenwart, die von Rossini bis zu Verdi reicht. Tradition und Gegenwart abzugrenzen, hätte gerade in diesen Jahren schwer gehalten.

Der vierte und letzte Akt, der des Sankt Valentins-Tages, begann ursprünglich irgendwo in der Einsamkeit, wurde dann aber auf den Platz vor Smith's Werkstatt

verlegt. Befreundete Handwerker kommen zu ihm und
verbürgen sich für Catherines Unschuld. Aber er glaubt
ihnen nicht und verlangt ein Gottesurteil. Ralph, der für
Catherine einsteht, nimmt die Herausforderung an und
wird den Zweikampf mit Smith ausfechten. Nun erscheint
auch Catherine, von ihrem Kummer fast zu Tode gemar-
tert, um Henry noch einmal zu sehen. Eine Phrase, die
aus „Carmen" sein könnte,

während man beim Vorschlag des Zweikampfes einen
Anklang an Wagner zu hören glaubt. Smith tröstete Catherine — ihre Unschuld wird zutage kommen, denn
Ralph wird ihn töten, er will es gar nicht anders. Catherine wird ohnmächtig. Das erste und bald auch das zweite
Trompetenzeichen zum Zweikampf am Ufer des Tweed
ertönt. Da eilt Mab herbei, der Herzog folgt, alles wird
erklärt werden ... Zu spät: Catherine ist wahnsinnig geworden und singt denn auch die herkömmliche Wahn-
sinnsarie mit den herkömmlichen Koloraturen. Um sie
zu heilen, stimmt Smith noch einmal seine Serenade an,
und Mab in der Rolle der Catherine tut, als ob sie seine
Huldigungen annähme. Da ruft Catherine: Glaub ihr
nicht, ich bin deine Valentine. Happy-End, und mit dem
Sankt Valentins-Chor endet das Stück.

Was hat Bizet selbst zu dieser „Jolie fille de Perth"
gesagt? An Galabert schreibt er, er halte am meisten von
dem Duett Smith und Catherine im ersten Akt, von der
Ronde, dem Zigeunertanz und der trunkenen Serenade
im zweiten, von der Menuett-Liebesszene im dritten und
von dem Duett Smith-Ralph und dem Valentins-Chor im
letzten Akt. Andere Briefe zeigen ihn zufriedener. Er
schildert den Premierenabend als ausgesprochenen Erfolg, und dabei war, nach seinen Worten, das Haus nicht
nur von Freunden besetzt, und dem Claque-Chef war verboten worden, zu „arbeiten". Mit der Kritik war Bizet

sogar besonders einverstanden. Der „Ménestrel" allerdings, das Blatt seines Verlags, erklärte den zweiten Akt als ein Meisterwerk von Anfang bis zu Ende; der Komponist habe sich nunmehr gefunden, und es seien gewiß weitere Meisterwerke von ihm zu erwarten. Einstimmig war alles in dem Lob seines Könnens, insbesondere der Instrumentation. Aber der „Figaro" meint, ein so ungewöhnlicher Meister alles dessen, was man lernen könne, müsse auch strenger beurteilt werden als der Durchschnitt, und Reyer, der Nachfolger von Berlioz als Kritiker am „Journal des Débats", hält ihm denn auch seinen Eklektizismus vor. Doch sei derlei das gute Recht jedes jungen Menschen, und es sei verständlich, daß er sich auch den Zeitgenossen nicht verschließe — eine Anspielung auf die Vorwürfe, daß Bizet einem Verdi, ja sogar einem Wagner nacheifere. Von diesem letzten Vorwurf spricht ihn Weber im „Temps" frei: dieser Komponist gehe den sicheren Weg der französischen Tradition von Gluck her — aber er opfere auch den falschen Göttern des Publikums, wie seine Koloraturen bewiesen! Bizet dankt Weber in einem Brief, den dieser wenige Tage nach dem Tod des Komponisten veröffentlichen wird, und bekennt, daß er „Konzessionen" gemacht habe — aber Weber hätte nur wissen müssen, unter welchen Umständen ... Von nun an werde es aber, so schreibt Bizet weiter, keine Konzessionen mehr geben.

So ungefähr hat es auch schon in früheren Briefen an Galabert geheißen. An ihn schreibt Bizet mit einem geradezu philosophischen Ernst über Leben und Kunst. Er deutet an, daß er in zwei Jahren heiraten werde, und dann werde es nur noch Arbeit geben und nichts mehr von den täglichen Bemühungen und Zerstreuungen, mit denen er sich noch immer abgeben müsse. An Lacombe: er könne das geradezu sinnliche Vergnügen an italienischer Musik noch immer nicht loswerden, aber er habe jetzt auch den Ernst der deutschen verstanden. Alles deutet auf Vertiefung hin: penser, c'est vivre, schreibt er einmal mit den Worten eines französischen Denkers. Gerade der Partitur der „Jolie fille de Perth" merkt man die

Jahre der Reife seit den „Pêcheurs de Perles" deutlich an: nicht gerade „deutsche" Musik, so wenig wie italienische; nicht das Schwanken zwischen älteren und neuen Gegenständen seiner Verehrung bezeichnet die neue Oper, sondern der größere Ernst, das stärkere Können und ein oft unheimliches Wissen um die Wirkung natürlichen Musizierens.

Die Gelegenheiten, das Werk zu hören, sind heute allerdings selten. 1867/68 blieb das zahlende Publikum, wie im Théâtre Lyrique überhaupt, bald aus, und das, obwohl die Aufführung gerühmt wurde. Die Damen Devriès (Catherine) und Ducasse (Mab), die Herren Massy (Smith), Barré (Herzog), Lutz (Ralph) und Wartel, ein berühmter Schubert-Sänger (Glover), fanden allgemeine Anerkennung. Die Oper wurde 21mal gespielt, und es sollte lange dauern, ehe es zu einer Reprise auf einem französischen Theater kam. Dagegen nahmen sich belgische Bühnen des Werkes an, Brüssel noch in Anwesenheit des Komponisten, der allerdings die Aufführung „scheußlich" fand. Später (Bizet lebte längst nicht mehr) folgten Frankfurt (1884/85) und Wien (1886), die Stadt, die den Welterfolg von „Carmen" entschieden hat. Auch in England wurde die „Jolie fille de Perth" wiederholt aufgeführt, wobei auch hier Sir Thomas Beecham ein großes Verdienst zukommt.

ZWEI OPERETTEN UND MEHRERE WETTBEWERBE

Wenige Tage vor der „Jolie fille de Perth", am 15. Dezember des Ausstellungsjahres 1867, ist im Théâtre Athenée eine Operette aufgeführt worden, deren erster Akt von Bizet komponiert war, wenn auch eher skizziert als komponiert. Wie war das gekommen? Busnach hatte auch in dieses Theater die Operette eingeführt, da sie nun einmal der siegreiche Genius der Zeit war, und so verhüllten verschiedene Musen ihr Haupt (denn in diesem Theater hatte Pasdeloup Konzerte gegeben, hatte Joachim gespielt, seine Frau gesungen und Francisque Sarcey seine conférences gehalten), und es wurde nun eben „Malborough s'en va-t-en guerre" gegeben. Am Text haben drei Verfasser gearbeitet, darunter der Direktor selbst und Siraudin, im Hauptberuf Zuckerbäcker, und je ein Komponist hatte einen Akt übernommen, damals nichts Ungewöhnliches: Bizet den ersten, Emile Jonas, Professor am Conservatoire, den zweiten, Legouix den dritten und Délibes den vierten (und er scheint am meisten Erfolg gehabt zu haben); Délibes hatte auch die Skizzen von Bizet ausgeführt: „rien de plus coquet, de plus piquant et de plus distingué" sagt ein Kritiker. Die Operette hielt sich an die parodistische Note eines Offenbach: Malborough zieht nicht in den Krieg, sondern bleibt, um seine Frau zu überwachen, unbemerkt zu Hause. Er wird totgesagt, und die Frau will schon einen anderen heiraten, überlegt es sich aber, da nun Malborough, entgegen dem bekannten Lied, unmißverständlich zurückkehrt.

Bizet komponierte noch eine zweite Operette, die aber nicht unter seinem Namen aufgeführt wurde; Busnach hatte ihn darum gebeten und den Text geliefert. Das Werk hieß: „Sol-si-ré-pif-pan". Die Aufführung am „Théâtre des Menus Plaisirs", alles 1867, war nach Pigot ein großer Erfolg. Es wird auch berichtet, das Aufführungs-Material des Theaters sei 1884 verkauft, die Partitur Bizets aber nicht gefunden worden.

Tragikomisch ging die Geschichte mit den Weltausstellungs-Festlichkeiten aus. Es waren zwei Preise ausgeschrieben, einer für die Kantate anläßlich der Verteilung der Preise und einer für eine Hymne der Nationen. Bizet und sein Freund Guiraud beschlossen, sich um den Kantaten-Preis zu bewerben. Sie nannten sich Gaston de Betsi (wie der Kritiker Bizet, nur daß er das Pseudonym diesmal mit S statt mit Z, Betzy, schrieb) und Tesern und gaben beide Adressen in Montauban an, wo Galabert wohnte, — dieser hatte gerade um diese Zeit Bizet durch eine Sendung von dem köstlichen Wein der Gegend viel Freude bereitet. Eben wieder einmal in Paris, mußte Galabert die Komposition von Bizet abschreiben, damit man nicht dessen immerhin schon bekannte Handschrift erkenne. Um elf Uhr des Verfallstages für den Wettbewerb, eine Stunde vor Torschluß, erschien Bizet und übergab dem concierge der Ausstellungs-Direktion seine Partitur. Der war sehr schlecht gelaunt: „Kommen denn jetzt lauter Komponisten?" fragte er ungnädig. Bizet beruhigte ihn mit der Versicherung, er sei nur ein Freund des Komponisten, sonst aber ein anständiger Mensch. Es gab 103 Einsendungen, und den Preis bekam ein Mann, der auf „papier anglais" geschrieben hatte, also offenkundig ein geschätzter Ausländer war. Es war aber Saint-Saëns. Bizet war nach seinem eigenen Eingeständnis eine halbe Stunde lang wie verdonnert, erklärte dann aber, sein Freund Saint-Saëns habe den Preis gewiß ehrlich verdient. Die Kantate von Saint-Saëns wurde übrigens bei der Preisverteilung keineswegs auch aufgeführt. Denn der alte Rossini hatte dem Kaiser persönlich ein von ihm komponiertes Stück übergeben, und bei diesem blieb es, trotz Wettbewerb und Preis.

Der allgemeine Festrausch und die glänzenden Kassenerfolge der meisten Theater in diesem Ausstellungssommer führten zu weiteren Preisausschreibungen. Das „Ministerium des kaiserlichen Hauses und der schönen Künste" stiftete am 1. August drei Preise für Opern, eine in der Großen Oper, die andere in der Comique, die dritte im Théâtre Lyrique aufzuführen. Der Text der ersten Oper sollte selbst erst durch einen Wettbewerb bestimmt werden; für die zweite diente „Le Florentin" von Saint-Georges, und für die dritte sollte jeder Komponist einen von ihm frei gewählten Text verwenden dürfen.

Wie anders sah die Welt aus, als die Preisopern dann sechs Jahre später aufgeführt werden konnten! Da gab es kein Ministerium des kaiserlichen Hauses und keinen Kaiser mehr, die Preise zu verteilen. Aber die französische Republik hielt das Wort des Kaisers. Wir greifen vor und berichten: im März 1868 wurde die Jury gewählt, die über das Libretto der Großen Oper zu entscheiden hatte. Sarcey stellte den Antrag, „La Coupe du Roi de Thulé" zur Komposition zu bestimmen. Das war ein Text von Louis Gallet (der uns bei „Djamileh" wieder begegnen wird) und Blau. Bizet ermunterte seinen Schüler Galabert, sich um den Preis zu bewerben, und der tat es, nur um dabei etwas zu lernen, wie er sagte. Aber merkwürdig genug: der Lehrer selbst entschloß sich, trotz allem, was dagegen sprach, dann auch selbst, den nun einmal preisgekrönten Text zu komponieren. Er vollendete den ersten Akt und fand ihn gut, stellte den zweiten fertig — und verwarf das Ganze. In seinen Briefen an Galabert gibt er aber die genauesten Anleitungen, wie die Oper zu komponieren wäre; die Schilderung der Charaktere allein ist meisterlich. Aber keiner von den Konkurrenten war weiser als Bizet, als er die Komposition dieses Textes aufgab.

Die Jury des Jahres 1873, die über die eingereichten Kompositionen zu entscheiden hatte, zog einen Mann, der, man denke, nicht einmal das Conservatoire besucht hatte, sondern nur Privatschüler von Massé war, Eugène Diaz, Sohn des viel besser bekannten Malers, drei Rompreisträgern vor, die mitkonkurriert hatten, Massenet, Guiraud und Bartet. Da das Werk obendrein keinen Erfolg hatte, konnte man wieder einmal sehen, wohin Wettbewerbe führen.

Beim Wettbewerb für die Opéra Comique siegte Lenepveu, der, zu Ehren der Rompreisträger sei es gesagt, wenigstens einer von ihnen war. Sein Werk „Le Florentin" wurde 1874 aufgeführt und verschwand bald. Im Théâtre Lyrique gewann ein Komponist Philipot den Preis mit einer einaktigen komischen Oper „Le Magnifique", die nur viermal gegeben werden konnte.

Bizet hatte noch Zeit und Lust gefunden, sich auch mit dem Wettbewerb für „Le Florentin" zu befassen. Allem Anschein nach ist er über Skizzen nicht hinausgekommen. Die Jury dieses Wettbewerbs (1868) sollte von den Komponisten selbst bestimmt werden: Maillart bekam 34 Stimmen, Gounod 28, Berlioz 14, Auber 11, Saint-Saëns 4, Bizet 3, Offenbach 1, Wagner 1.

KLAVIERSTÜCKE UND „MELODIES"

Die Jahre 1868 und 1869 fanden Bizet reichlich beschäftigt. Klavierstücke, Lieder, hauptsächlich und vor allem die Symphonie, die, Altes und Neues vereinigend, den Titel „Roma" bekam, Opernpläne und daneben die gewohnte Brotarbeit.

Ohne uns genau an die unsichere Chronologie der kleinen Arbeiten zu halten, betrachten wir zuerst die Klavierstücke: „Chants du Rhin", eine Nocturne, eine „Chasse Phantastique" und „Variations Chromatiques". Die sechs Nummern der ersten Sammlung stehen deutlich unter dem Einfluß von Robert Schumann — so wie sich Bizet auf einem neuen Feld vorwärts tastet, hält er sich an ein Muster. Die Einwirkung Schumanns in Frankreich begann frühzeitig; sie ist bis auf den heutigen Tag überraschend groß: die Programme der Pariser Orchesterkonzerte scheinen noch heute viel mehr Schumann zu enthalten als die entsprechenden Veranstaltungen in der Heimat dieses so echt romantischen und daher manchmal zwiespältigen Komponisten. Die „Chants du Rhin" schildern gleichsam einen Ausflug an jenen Rhein, der für Frankreich fast so sehr ein Land romantischer Sehnsucht war wie für Deutschland selber — so hat den Rhein auch noch der frühe Victor Hugo gesehen. Wenn Bizet, nur in seiner römischen Zeit ein Wanderer, eine Wanderfahrt darstellt, so trifft er den Ton so gut, wie er mit seiner facilité, seiner unfehlbaren Sicherheit und seinem nie versagenden Können alles trifft. Mehr ist da aber auch nicht zu suchen. Eine „Rêverie" ist vollends Schumann, und die Begegnung mit einer Zigeunerin ist merkwürdig nur insofern, als es eben eine solche Begegnung ist: denn mit Carmen, ja auch nur mit der Mab der „Jolie fille de Perth", hat diese rheinische Zigeunerin nichts gemein.

Die „Variations Chromatiques" sind weit interessanter, und man muß nicht jenen beistimmen, die auch da durchaus an die „Variations Symphoniques" von Schumann denken wollen. Über einem Orgelpunkt C führt das Thema die chromatische Skala im Dreivierteltakt aufwärts und wieder abwärts. Die ersten (Figural-) Variationen stehen in c-moll, werden immer brillanter, und die vierte nimmt einen ungefähr spanischen Rhythmus an. Die siebente führt eine Folge von gebrochenen Akkorden, Tremolo in beiden Händen, in großer Steigerung bis zum Fortissimo. Dann bekommt das Stück den Charakter eines Scherzo, geht nach Dur, und der Tanzrhythmus wird deutlicher. In der zehnten Variation kommt die zeitübliche Polacca. Das Thema wird gesanglich, träumt ein wenig von Chopin und gewiß auch von Schumann, wird immer lebhafter bewegt und bringt eine virtuose Kadenz, nach der dann das Thema zurückfindet, diesmal mit einem eingestreuten Motiv, das sehr persönlich wirkt:

Weingartner hat die „Variations Chromatiques" für Choudens neu herausgegeben.

Auch die L i e d e r, von denen derselbe Verlag eine posthume Gesamtausgabe veranstaltete, „V i n g t M é l o d i e s" und „S e i z e M é l o d i e s", sagen über Bizet nicht viel Neues (sofern sie nicht sogar mit Opern-Stücken identisch sind). Trotzdem könnten sie in Sänger-Programmen getrost weniger vernachlässigt werden, als das geschieht. Die Sérénade Espagnole „Ouvre ton coeur" (Delâtre) stammt aus der Kantate „Vasco de Gama", die Serenade des Nadir (Carré) aus den „Pêcheurs de Perles", „Je n'en dirai rien" (Saint-Georges) aus der „Jolie fille de Perth", „J'aime l'amour" (Gallet) aus

„Djamileh", „Le Matin" aus „L'Arlésienne" (oft auch in „Carmen" gehört); die beiden Stücke „Pourquoi pleurer?" und „Qui t'aimera mieux?" hat Bizet zur Ergänzung der Oper „Noé" von Halévy verwendet. Für das Ballett dieser Oper verwendete er auch die Walzer-Musik aus dem Lied „La Coccinelle" zu den Worten von Victor Hugo: der junge Mensch von Sechzehn, der eher den Kuß auf den Lippen des Mädchens sehen sollte als das Käferchen an ihrem Hals, das er ihr abstreift — und das Käferchen sagt: „Les bêtes sont au Bon Dieu mais la bêtise est à l'homme".

Von den übrigen Gesängen hört man manchmal das liebenswürdige „Chanson d'avril" und vor allem das orientalisch gefärbte und rhythmisierte „Adieu de l'hôtesse arabe", Dichtung abermals von Hugo: „Junger Wanderer, wenn Du nicht bleiben willst, nimm wenigstens die Erinnerung an unsere Mädchen mit, die dir immer nachtrauern werden..." Fast niemals hört man die „Berceuse" nach Marceline Desbordes-Valmore; sie ist Madame Trillat gewidmet, in deren Salon Bizet öfters spielte, auch vierhändig mit der Hausfrau — es wird berichtet, daß sie besonders das Scherzo aus dem „Sommernachtstraum" reizvoll exekutiert haben. Dann gibt es noch ein „Chanson de la Rose" (Barbier), „Pastel" (Gille), „Absence", bekannter in der Vertonung von Berlioz, ein phantastisches „Chanson du feu" (Hugo) und eine, Christine Nilsson gewidmete „Tarantelle" mit Trillern und virtuosen Läufen. Mitten unter diesen Stücken steht eine Kirchenhymne „L'Esprit Saint".

Wenn auch ein Teil dieser kleineren Kompositionen in die Jahre 1868/69 fällt, so ist das doch nur das Wenigste von der vielen Arbeit, die während dieser Zeit auf Bizet lastete. Er nahm vor allem die unterbrochene Komposition der Symphonie wieder auf und beendete sie nun. Die nachgelassene Oper von Halévy gab viel zu tun, und Bizet widmete sich dieser Arbeit mit um so größerem Eifer, als er inzwischen die Tochter des Komponisten geheiratet hatte (3. Juni 1869). Die Vorbereitungen zur Hochzeit, gesellschaftlicher Verkehr, das Preisrichteramt für den Prix de Rome, alles das nahm ihn stark in Anspruch. Er war zweimal, 1869 und auch 1870, unmittelbar vor dem Krieg, Preisrichter; denn die Jury wurde damals, wie wir schon gehört haben, zum Teil auch aus solchen Künstlern gewählt, die außerhalb der Akademie standen, und es spricht für die Schätzung, die Bizet damals schon zuteil wurde, daß er, nicht viel über dreißig Jahre alt, zu diesem Amt berufen wurde. Es gab übrigens gerade 1870 einen Zwist zwischen der Jury und der Presse, die sich für einen anderen als den offiziell preisgekrönten Bewerber einsetzte. Noch vierzehn Tage vor Kriegsausbruch wurde heftig über die Zusammensetzung der Jury und die Verleihung eines zweiten Preises debattiert. Zu alledem kamen für Bizet in diesem letzten Jahr des Kaiserreichs das Stundengeben — es trug ihm zuletzt doch tausend Francs im Monat ein —, die unausgesetzten Arrangements und neue eigene Opernpläne hinzu. Hier sind wir allerdings lediglich auf ein paar Stellen in der Korrespondenz von Bizet und auf Angaben insbesondere von Pigot angewiesen. Die Arbeit an einer Oper „Calendal" von Paul Ferrier (von dem Bizet auch mehrere Gedichte komponiert hatte), wohl nach der Dichtung von Mistral, gab er auf, als er sah, daß dem Direktor Du Locle von der Opéra Comique — seiner nächsten Stätte, da ja das Théâtre Lyrique seinen unglücklichen Kampf beendet hatte — das Buch nicht gefiel. Eine „Griselidis", opéra comique von Sardou (und Du Locle?) war unmittelbar vor dem Krieg, nach Bizets eigenen Angaben, „très avancé", und eine „Clarisse Harlowe" von Philippe Gille, nach Richardson, skizziert; Pigot behauptet, daß Fragmente daraus nach Bizets Tod „verwendet" worden seien, sagt aber nicht wie. — Wir kommen jetzt zu den Hauptwerken dieser Jahre, der Symphonie und der Oper „Noé".

DIE SYMPHONIE „ROMA"

Wir haben uns schon mit einer Jugendsymphonie von Bizet befaßt, und diese neue wäre eigentlich die zweite. Aber der Verleger Choudens hat sie, obgleich der Komponist immer nur von Symphonie spricht, Suite genannt.

Diese „römische" Symphonie wurde um die Mitte des Jahres 1866 begonnen. Bizet freute sich, nach der Arbeit an der „Jolie fille de Perth" zu seinem „Lieblingswerk" zurückkehren zu können. Erst dachte er an ein Gebilde in der Art von Mendelssohn, dann an eine neue Form, die mit einem Variationensatz beginnen sollte, und zuletzt entschloß er sich zu einer Art von Programm-Musik. Wir erinnern uns, daß er beim Abschied von Rom vor hatte, Italien in vier Sätzen: Rom—Venedig—Florenz—Neapel zu schildern. Jetzt strich er endgültig die Variationen im ersten Satz und behielt nur das Thema, schob als Scherzo seinen envoi de Rome ein — den Trauermarsch dazu hatte er in den „Pêcheurs de Perles" verwendet — und nannte, wenigstens für das Konzertprogramm der ersten Aufführung, den ersten Satz „Une chasse dans la forêt d'Ostie", den langsamen Satz „Une procession" und das Finale „Carneval à Rome".

Das Scherzo blieb bei der ersten Aufführung weg, weil Pasdeloup sein ohnedies empfindliches Publikum nicht mit einem Stück reizen wollte, das ihm 1863 einen richtigen Skandal und Abonnements-Aufkündigungen eingetragen hatte. Fügen wir das Scherzo, so soll er zu Bizet gesagt haben, ein nächstes Mal ein; denn diese Symphonie wird oft gegeben werden, und dann bemerkt es gewiß niemand. Nur kam es zu dieser „nächsten" Aufführung erst Ende 1880, also fünf Jahre nach dem Tod des Komponisten. Dann allerdings hatte das Scherzo, das man 1863 so heftig abgelehnt hatte, einen solchen Beifall, daß es sofort wiederholt werden mußte, und bei einer Aufführung der „Association Artistique" im Théâtre Châtelet 1885 ging es nicht anders.

Die Symphonie hieß bei der ersten Aufführung, zu der es im Cirque d'Hiver, damals Cirque Napoleon, an einem Sonntag nachmittag, dem 28. Februar 1869, kam, „Souvenirs de Rome", und die einzelnen Sätze hatten die vorhin erwähnten Titel. 1880 nannte man das Stück „Roma". Im Druck verschwand die Bezeichnung Symphonie, und die (wenigstens mir vorliegende) Ausgabe der Partitur trägt folgenden Titel: „Roma, troisième Suite de Concert". Die Suiten Nummer eins und zwei waren wohl die nach der Musik der „Arlésienne", und man versprach sich mit der Umbenennung der römischen Symphonie wohl den gleichen Erfolg, den die zwei anderen Suiten hatten. Die einzelnen Sätze haben im Druck keinen Namen. Nur der vierte heißt noch „Carneval".

Besetzung: doppelte Holzbläser, vier Hörner, zwei Trompeten, drei Posaunen, Pauke, Harfe (die eine besondere Rolle spielt) und Streicher. Der erste Satz, die Jagd im Walde von Ostia, heißt jetzt Andante tranquillo — wir werden gleich sehen, daß das nur für den Anfang stimmt.

Vier Hörner beginnen eine getragene Einleitung, Holzbläser übernehmen die Melodie. Sanfte Melancholie in C-dur, Harfe in sons harmoniques. Die Streicher werden allmählich sehr lebendig, es kommt fast zu einem Aufschrei des Orchesters, und ein Allegro agitato beginnt, wenn man will, die Jagd. Dagegen ein ruhiges Natur-Thema, 2/4 gegen die 6/8 der fortgesetzten Bewegung. Rückkehr der langsamen Einleitung und neuer Ausbruch. Zuletzt die Einleitung als Coda. Sehr schöne chromatische Färbungen, meisterhaft leichte und sichere Instrumentation, wobei die Holzbläser besonders virtuos behandelt werden.

In der gedruckten Partitur steht dann das Scherzo als „Allegro vivace". Besetzung ohne Posaunen, dafür mit einer zweiten Harfe. Der Satz beginnt mit einem Streicher-Fugato in As-dur. Ein ernsteres Thema wird gebildet, Holzbläser begleiten es, die Harfe nimmt an der Melodieführung teil. Das Trio, Des-dur, bringt eine melancholische Melodie. Wiederholung des Scherzo, das ein paar kühne Modulationen hat; aber vergebens sucht man, was die Zuhörer von 1863 beleidigen konnte. Cooper wird an Weber erinnert, dessen As-dur-Klaviersonate einen ähnlichen Satz sogar in derselben Tonart hat. Jedenfalls sticht der Satz, so früh er entstanden ist, nicht wesentlich von den übrigen ab; diese Einheit des Stils ist für den früheren wie für den späteren Bizet bezeichnend.

Der langsame Satz, Andante molto, die „Prozession",

fügt zu den zwei Oboen ein Englischhorn. Das erste Thema in F-Dur

deutet wohl auf die Arlésienne hin. Ein zweites Thema

wird ruhig, sanft und feierlich zweimal vorgetragen. In seiner Fortsetzung wird es allerdings sentimental und vermeidet sogar den Doppelschlag Wagners nicht. Eine Wiederkehr des ersten Thema schließt den Satz ab.

Das Allegro vivacissimo, der vierte und letzte Satz, c-moll, fügt als neue Farbe die Piccolo-Flöte ein. Alterierte Akkorde in den Streichern geben sogleich den Tanzrhythmus an — aber dann zeigt sich als Kontrast das zweite, feierliche Thema des langsamen Satzes, hier aber rasch und feurig. Sollte es wirklich, wie eine Auslegung will, eine der großen Kirchenprozessionen sein, die den Tanz unterbricht? Viel eher denkt man wohl an „Benvenuto Cellini" von Berlioz, der auf dem Höhepunkt ein Thema eintreten läßt, wie man es sich nicht großartiger wünschen kann: das Ewige Rom. Bei Bizet geht das Karnevalstreiben weiter, das feierliche Thema kehrt zurück und wird zu jubelnder Ekstase gesteigert — das Werk schließt in Dur.

Auch andere, spätere Werke, die Italien schildern wollen, enden mit solchem Karnevalstreiben. Charpentier, der Komponist der „Louise", führt nach Neapel, nachdem er zuvor eine Serenade, Frauen am Brunnen, einen Ritt in die Sabinerberge, die Mittagsglocken von Sorrent gezeigt hat. Richard Strauss hat ein verwandtes Programm in seinem Werk „Aus Italien", Symphonische Phantasie Op. 16: Auf der Campagna, In den Ruinen Roms, Am Strand von Sorrent, Neapolitanisches Volksleben (wobei er das Lied „Funiculi" als Thema verwendet). Zuletzt sind die Orchesterstücke von Respighi „I Pini di Roma" und „Le Fontane di Roma" viel gespielt worden. Mit allen diesen Werken kann es aber die Symphonie von Bizet noch immer aufnehmen; sie bleibt ein reizvolles, tief empfundenes und prächtig klingendes Stück. Mahler, der Bizet aufrichtig und, wie das bei ihm immer der Fall war, tätig bewunderte, hat einmal „Roma" aufgeführt. Es war vor mehr als vierzig Jahren — aber ich glaube das Werk noch immer so zu hören.

Und die Aufnahme des mindestens für seine Zeit höchst beachtenswerten Stückes? Die Pariser Presse sagte — gar nichts, weder die Tagespresse noch die Musikzeitschriften. Das Publikum war sehr günstig gestimmt, und es gab nur ganz wenig Zischen und vereinzelte Pfiffe. Opposition war nämlich immer da. Gegen Ende des Jahres 1869 wurde nicht nur das Vorspiel der „Meistersinger" mit großem Lärm abgelehnt (worauf es Pasdeloup am nächsten Sonntag wiederholte), sondern sogar ein Stück von Rameau. Mit der Zeit allerdings ist die Symphonie ein Lieblingsstück im Repertoire der Pariser Konzerte und besonders der französischen Radio-Stationen geworden, nur von den beiden Suiten der Arlésienne-Musik überholt.

Die Briefe an Galabert und Lacombe berichten getreulich über Pläne, Arbeiten, Aufführungen und andere Ereignisse dieser Jahre. Mit dem Erfolg der Symphonie ist Bizet sehr zufrieden. Schlimm sind die immer wiederholten Klagen über seine Übermüdung, über Erkrankungen, bei denen es keine Schonung geben darf, über mancherlei Enttäuschung. Die genauen Anweisungen an Galabert hören nicht auf. Von den Kunstereignissen hat es Bizet der Versuch mit „Rienzi" angetan: Pasdeloup hat nämlich das Théâtre Lyrique übernommen und die Jugendoper seines Wagner herrlich ausgestattet, glänzend einstudiert und dirigiert. Obwohl die Opposition in der Minderheit blieb, genügte es, auch die Direktion Pasdeloup zu ruinieren. Bizet hatte die Generalprobe gehört, die von acht Uhr abends bis zwei Uhr morgens dauerte. Er schreibt: welch ein schlechtes, bizarres Werk, stilloses Durcheinander von italienischen Themen — Musik des Verfalls viel eher als Musik der Zukunft. Und doch, welch ein Hauch von olympischem Genie!

Das war im März 1869. Zwei Monate später bekommt Galabert als erster die Nachricht von der unmittelbar bevorstehenden Hochzeit. Im Oktober: Arbeit an „Noé". Zwischendurch immer wieder Anspielungen auf politische Pamphlete der Opposition, die Bizet aus vollem Herzen gut heißt.

Nicht erwähnt werden in den Briefen der Tod Rossinis (November 1868), die ersten Aufführungen der h-moll-Symphonie von Schubert und seiner Opéra Comique „La Croisade des dames" („Die Verschworenen"), der Messe solennelle von Rossini mit berühmten Solisten, darunter der Alboni. Minnie Hauk tritt in Paris auf, eine spanische Operntruppe gastiert, bricht zusammen, und die Pariser Theater veranstalten Aufführungen zu ihren Gunsten; Bizet aber soll Gast dieser Aufführungen gewesen sein und da manche spanische Melodie in sich aufgenommen haben. Offenbach triumphiert bis zuletzt, bis zum Krieg, in der Operette aber auch Lecocq und Hervé. Die Theater haben in goldenen Zeiten ihre goldenste: 17 Millionen Einnahmen, in der Großen Oper allein 642.000 Francs mehr als sonst, die Konzerte des Conservatoire werden verdoppelt, und sechzehn neue Theater- und Musikzeitschriften erscheinen. Welche gute Zeit geht da zu Ende! Ihr genialer Opponent in der Musik, Berlioz, ist 1869 rechtzeitig gestorben.

Von alledem kein Wort. Sind Briefe verlorengegangen? Waren die Briefempfänger gerade in Paris? Was wäre sonst aus Briefen von Bizet alles herauszulesen?

„NOÉ"

Bizet arbeitet nun an der nachgelassenen Oper Halévys „Noé", einer „großen Oper" in drei Akten und vier Bildern, Text von Saint-Georges. Der Klavierauszug nennt Halévy und Bizet als Komponisten und teilt mit, daß Bizet die Musik zum Ballett (Nr. 12) und zu dem Finale (Nr. 19) hinzugefügt hat, Musik aus „Djamileh" und aus

Liedern. Es scheint aber, daß er überhaupt nur Skizzen Halévys vorfand und daß er auch die Instrumentation des ganzen Werkes durchführen mußte. Die Oper würde schon als Vermächtnis einer damals beendeten Epoche an eine neue Generation Beachtung verdienen. Sie enthält Szenen von unleugbarer Wirksamkeit. Sarai, die Frau des Cham, wird von diesem verstoßen. Ein Engel Ituriel, der sie in der Wüste sieht, ist von ihrer Schönheit derart begeistert, daß er den Himmel verläßt und ihr Mann sein will; sie aber hängt noch immer an Cham. Der aber erscheint mit einer neuen Frau, die er geraubt hat und die nun wieder ihm geraubt wird. Er bittet um Gerechtigkeit und hat diese Bitte an die Königin in dem Reich zu richten, das Ituriel Gott zum Trotz in der Stadt der Verdammten errichtet hat — und diese Königin ist Sarai. Es kommt zu gewaltigen Ausbrüchen, in denen alle Gier der Menschen aufeinander losschlägt. Zuletzt flucht Noah, der Stammvater des Geschlechts, ihnen allen und kündigt die Sintflut an. Sie überschwemmt alles, nur Noahs Arche mit den Schuldlosen bleibt übrig, und ein mächtiges Dankgebet beschließt die Oper.

In seiner Ausgabe der Gesänge von Bizet teilt der Verlag Choudens mit, daß das Großherzogliche Hoftheater in Karlsruhe unter Felix Mottl das Werk 1885 mit großem Erfolg gegeben hat — und er behauptet, daß „Noé" bald von allen Bühnen gespielt werden würde, die „Carmen" aufführten. Nicht nur Kritiker, auch Verleger sollten nicht prophezeien. Mottl hat nur ganz wenige Nachfolger gefunden, und der große Apparat, den die Oper erfordert, hätte es den Willigen nicht leichter gemacht. In Paris ist „Noé" bis auf den heutigen Tag nicht aufgeführt worden, und Bizet hat so viel gute Arbeit vergeblich geleistet. Er übergab das letzte Stück der Partitur dem Théâtre Lyrique im November 1869, behielt sich aber vor, bei der Besetzung mitzusprechen. Die Sänger, die er gewünscht hätte, konnten indessen nicht beigestellt werden. Die Aufführung unterblieb, und obwohl der Ruhm eines Halévy noch frisch war, konnte die Familie keine andere durchsetzen.

DER KRIEG VON 1870

Mitten in diese Welt der Geschäftigkeit, des großen Verdienens, der Überklugheit, der Intrigen, der Politik eines Regimes, das um jeden Preis an der Macht bleiben, und einer Opposition, die das Regime um jeden Preis vernichtet sehen wollte, brach der Krieg. Der Anlaß war gleichgültig. Jedermann wußte, daß der Krieg oder doch eine Zeitwende bevorstand; aber die französische Staatskunst unterlag der eines Bismarck, der den Krieg eben brauchte. Es brauchte ihn freilich auch die Kaiserin, die deutlicher als der Kaiser sah, daß nur ein neuer Erfolg Napoleon retten konnte. Sie hätte nicht angefangen, wie Bismarck — aber sie und die Ihren wollten auch nicht nachgeben. So kam es im Juli zum Ausbruch; Frankreich glaubte sich gerüstet und militärisch sogar überlegen, mußte aber sehr bald seinen Irrtum und die Fehler des allgemeinen Leichtsinns einsehen. Mit der Kriegsmaschinerie der Bismarck und Moltke war nicht zu spassen, und die mitgerissenen Staaten des deutschen Südens straften die „Großherzogin von Gerolstein" Lügen.

Noch am 30. Juli 1870 hatte der Ministerpräsident, Olivier, erklärt, nie sei der Friede Europas sicherer gewesen. Drei Tage später kam die Nachricht, daß Leopold von Hohenzollern König von Spanien werden sollte, und aus den Verhandlungen über seinen Verzicht entstand durch Bismarcks Fälschung einer Depesche der Krieg. Der neue französische Botschafter in Washington, der Journalist und Deputierte Prévost-Paradol, tötete sich auf die Nachricht hin, vielleicht auch unter dem Einfluß der ungewöhnlichen Julihitze. Sein Freund Ludovic Halévy, der die Leiche im französischen Hafen erwartete, schrieb in sein Tagebuch: „Der Kaiser ist schuld — hätte er Österreich nicht zerstückeln lassen." Der Pessimismus der Wissenden und Ahnenden war allgemein. Thiers, der mit Gambetta und neun anderen in der Kammer gegen den Krieg gestimmt hatte, erklärte einem Freunde gleich anfangs: wir sind verloren. In den Theatern gab es ein jähes Erwachen, das alsbald in einen Taumel von Begeisterung überging. Überall spielte man „Le Rhin allemand", das von Félicien David vertonte Gedicht von Musset (das aber dreißig Jahre alt war). Die Kassen der Oper wurden gestürmt, als die große Sass die Marseillaise sang: zum erstenmal seit achtzehn Jahren erklang sie in der Oper, denn die Hymne des Kaiserreichs war „Partant pour la Syrie". Eben hatte noch Bizet an Galabert geschrieben, noch in diesem Juni: „ich gehe für vier Monate nach Barbizon mit Noé, Griselidis und Clarissa" — da mußte er einen traurigen Brief folgen lassen. „Unser armes Frankreich! Ich bin Franzose, aber ich kann das Unglück der Menschheit nicht ertragen, das dieser Krieg sein wird — und Frankreich wird eine halbe Million Menschen verlieren und zugrundegerichtet sein." Es verlor mehr. Es ist nicht zugrundegegangen.

Im August gab es Gerüchte von einem großen Erfolg. Bizet schrieb: „In acht Tagen haben wir gewiß ungefähr eine halbe Million Preußen vierzig Meilen von Paris. Aber das ist dann ihre letzte Anstrengung, und dann wird Preußen das sein, was ihm Frankreich zu sein erlaubt." Nur war es eben nichts mit dem Erfolg der französischen Armee. Die Comédie Française wurde ein Spital; in den unterirdischen Räumen der Oper wurden ungeheure Vorräte eingelagert, zu wenig, wie sich alsbald zeigen sollte. Mérimée bewunderte die Haltung der Kaiserin: wären die Männer wie sie, so wäre kein Preuße über den Rhein gekommen.

Am 2. September kapituliert der Kaiser in Sédan. 4. September: die Kammer setzt ihn ab und ruft die Republik aus. General Trochu, Favre und Gambetta übernehmen die Verantwortung. Paris wird belagert und beschossen — in den Briefen von Verdi kann man nachlesen, welches Entsetzen darüber die Welt befiel. Die Nationalversammlung in Bordeaux, ausgesprochen reaktionär, heißt den Frieden mit Bismarck gut, aber ein Fünftel der Abgeordneten ist dagegen. Es dauert bis Mitte Mai (1871), ehe dieser Friede abgeschlossen werden kann. Ein beträchtlicher Teil Frankreichs bleibt besetzt, um die Kriegsentschädigung sicherzustellen, fünf Milliarden

Francs, was Frankreich ruinieren soll. Einen Monat später ist die Summe gezeichnet und nach weiteren fünf Monaten bezahlt. Viel schlimmer wirkt auf das unglückliche Land der Bürgerkrieg. Gegen die Nationalversammlung in Versailles erhebt sich die radikale Pariser „Commune". Paris wird ein zweitesmal, und jetzt von Franzosen, belagert und beschossen. Der unaufhörliche Konflikt zwischen konservativen und radikalen Ideen ist wieder einmal in Aufruhr und Krieg entartet. Die Leidenschaftlichkeit der Commune kennt kein Maß, man tötet Geiseln, darunter den Erzbischof von Paris, aber die Armee mit ihren reaktionären Offizieren hat auch ihrerseits keine Schonung gekannt. Zwanzigtausend Menschen kamen um. Fast die doppelte Anzahl wurde, als die Armee „siegreich" in Paris einzog — Siege gegen mangelhaft bewaffnete Mitbürger waren schon damals leichter zu gewinnen — verhaftet, viele Frauen und Kinder gingen an der Behandlung in den Gefängnissen zugrunde, es gab Hunderte von Hinrichtungen, Tausende von Verbannungen, und noch durch fünf Jahre schleppten sich Prozesse vor den französischen Gerichten hin.

Bizet, der trotz seiner schwachen Gesundheit als Nationalgardist Ordnungsdienst versah, schrieb im Laufe des Jahres 1871: Gibt es denn kein Mittelding zwischen Narren, Plünderern und der Reaktion? Und ein andermal: Werden wir lange genug leben, um zu erfahren, was die Napoleons Frankreich gekostet haben? Verschiedenen Gefahren trotzend, wagte er sich nach Bougival, um festzustellen, daß die Villa der Familie Halévy nicht allzuviel Schaden gelitten hätte. Er sollte am 1. November 1871, als die Theater einen richtigen Betrieb wieder aufnahmen, Chef de Chant an der Großen Oper werden, was auch Hérold und Halévy nicht verschmäht hatten — eine Einnahme von 5000 bis 6000 Francs im Jahre, wie er den Freunden schrieb. Doch kam es zuletzt nicht dazu. Von seinen beiden Brief-Schülern hatte nun Galabert gleichfalls geheiratet und sich entschlossen, seine Besitzung in Südfrankreich zu bewirtschaften und nur nebenher zu komponieren. Bizet hieß das nicht nur gut, sondern beneidete ihn. Lacombe hingegen ist ein durchaus nicht erfolgloser Komponist geworden, der sich später wieder in seine Geburtsstadt Carcassonne zurückzog.

Während der Jahre 1870 und 1871 blieben die Rom-Preisträger, so auch Guiraud, vom Militärdienst befreit, und die besten Schüler des Conservatoire brachte man in den Militärkapellen unter, die auch im belagerten Paris viel zu spielen hatten. Ehe es so weit kam, betätigten sich allerdings etliche von den besonders Kriegsbegeisterten als Francs-Fileurs, wie es der Volkswitz nannte; die weitaus meisten aber blieben tapfer und hielten aus. Die Oper spielte ohne Dekorationen Bruchstücke der gangbaren Werke, vor allem Meyerbeer, Rossini und den „Don Giovanni". Es gab Chor- und Orchesterkonzerte, und auch Pasdeloup nahm die seinen wieder auf, zugunsten einer „Beethoven-Kanone". Als die Sieger des Bürgerkriegs einzogen, brannte außer manchen anderen Gebäuden auch das Théâtre Lyrique ab. Eine große Totenfeier galt Auber, der mit 89 Jahren inmitten der ärgsten Wirren gestorben war (12. Mai 1871). Sein Nachfolger als Direktor des Konservatoriums wurde Ambroise Thomas. Das ergab viele Veränderungen, aber niemand dachte daran, Bizet als Professor zu berufen, obwohl sein Wissen und Können allgemein bewundert wurde und ihm eine solche Stelle viele Sorgen und schlecht bezahlte Arbeit erspart hätte.

Zwei Kunstereignisse gaben dem Jahr 1871 ein besonderes Gepräge. Es war damals, daß Zola den ersten Band des großen Zyklus „Les Rougon-Macquarts" veröffentlichte, der ein so erschreckendes Bild des Zweiten Kaiserreichs geben sollte. Und Saint-Saëns gründete, um die neue französische Musik gegenüber der deutschen zu schützen, die Société Nationale de Musique mit der Devise Ars Gallica. Gegen Ende des Jahres gab sie ihr erstes Orchesterkonzert. Sie hat durch mehrere Jahrzehnte ganzen Generationen der französischen Musik ihr Versprechen gehalten.

„DJAMILEH"

So war das Jahr 1872 herangekommen, als nach langer Pause Bizet sich gleich mit zwei neuen Werken einem alten und doch neuen Pariser Publikum vorstellen sollte: mit der einaktigen Oper „Djamileh" und mit der Bühnenmusik zu dem Schauspiel „L'Arlésienne" von Daudet.

Das Buch zu „Djamileh" war ihm von du Locle, dem Mitdirektor der Opéra Comique, anvertraut worden, der sich mit de Leuven assoziiert hatte; dieser war außer anderem der Textverfasser des „Postillon von Lonjumeau" gewesen. Camille du Locle war ein geschickter und verdienstvoller Mann. Verdi schätzte ihn sehr, schrieb ihm zahlreiche Briefe, hatte sich von ihm (und Méry) den Text zu „Don Carlos" verfassen lassen; für „Aïda" hatte er sich auf Grund eines französischen Prosaentwurfs entschieden, den ihm du Locle nach Italien gebracht. Sicherlich war er als Leiter eines Operntheaters an seinem Platz. Er wollte nun, in der Zeit eines neuen Nationalgefühls, die jungen französischen Komponisten fördern, und da war ihm Bizet längst aufgefallen. Daß anderseits Bizet jetzt zur Opéra Comique überging, erklärt sich schon daraus, daß sein Théâtre Lyrique die Tore geschlossen hatte. Wir werden aber sehen, daß er seinem verunglückten Direktor Carvalho persönlich nicht untreu wurde: denn Carvalho war jetzt der Direktor des Théâtre Vaudeville, das nur wenige Monate nach „Djamileh" die „Arlésienne" herausbringen sollte, und es geht auf Carvalhos musikalische Passionen zurück, daß es zu dem Drama von Daudet überhaupt Bühnenmusik gab und gar in diesem Ausmaß.

Den Text für „Djamileh" verfaßte — nach einer Dichtung des großen Musset — Louis Gallet, dem wir auch die liebenswürdigen Erinnerungen „Notes d'un librettiste" (1891) verdanken. Gallet sollte in der Folge noch zwei Operntexte für Bizet schreiben, einen „Cid", der aber „Don Rodrigue" hieß, und eine „Sainte Geneviève" — mit beiden Werken befaßte sich Bizet in seinen letzten Jahren, und beide wurden unvollendet zurückgelassen. Auch sonst hat Gallet allerhand Operntexte geschrieben. Was „Djamileh" anlangt, hatte er die richtige, das heißt immer etwas derbe Hand für das Theater. Denn die Bühne und gar die Opernbühne schont weder große noch zarte Dichtungen. War Goethe (Faust, Wilhelm Meister) den so klugen und bühnenkundigen französischen Librettisten ausgeliefert worden — wie sollte es da Musset besser ergehen? Zumal Musset in seiner herrlichen Dichtung „Namouna" (von 1832), die drei Gesänge in „Sixains", sechszeiligen Strophen ganz in der Art Byrons enthält, eine Fabel eher angedeutet als ausgeführt hatte.

Musset

Hier tritt nun der erste der drei Dichter, die die letzten Jahre und die reifsten Werke Bizets beschatten, auf. Wenn einer, so ist Musset von den Dichtern des romantischen Zeitalters noch lebendig. Kein französischer Komponist, der nicht eines seiner Gedichte in Musik gesetzt hätte, sorgsam bedacht, die eingeborene Musik dieser Werke nicht zu zerstören — es sind die schönsten, natürlichsten und klangvollsten Verse der französischen Dichtung bis auf Verlaine. Aber Musset beherrschte auch längst und beherrscht noch immer das französische Theater: mit Dramen, wie „Lorenzaccio", mehr noch mit seinen nachdenklichen, melancholischen, vor allem aber wunderbar anmutigen Proverbes. Sie leiten zur Musik über. Aus der Geschichte des jungen Schreibers Fortunio, wie sie im „Chandelier" erzählt wird, ist ein reizendes Frühwerk von Offenbach geworden. Noch heute vergißt man Zeit und Gegenwart, wenn man in den vielen Bänden der Werke von Musset blättert, der mit himmlischer Leichtigkeit Verse in Prosa formte, fast nebenher — denn er hat in den wenigen Jahrzehnten, die es dauerte, ein wahrhaft romantisches Leben geführt. Am bekanntesten war sein Roman mit der Sand, die Romane ebenso virtuos erlebte wie schrieb und dann noch die verehrte Schloßherrin, „La bonne dame", von Nohant wurde, gastfrei die jüngste Generation aufnehmend, mütterlich besorgt, insbesondere um Flaubert. In seinen „Confessions d'un enfant du siècle" hat Musset die „romantische Krankheit" geschildert — in seinen Versen an die große Sängerin Malibran, in seinen Erinnerungen an die Rachel schwebt die Schwermut eines Menschen, der sich bewußt an die Welt verschwendet und dabei seine physische Existenz zum Opfer bringt. „Que fais-tu de la vie?" Seine Dichtung rechtfertigt alles. In dieser Dichtung hat er auch, sehr früh, der Mode voran, Spanien entdeckt, das romantische Land. Er kennt das romantische Deutschland, das für die Franzosen erst 1870 zusammenbrach — und er kennt den Orient; „il est vrai que pour moi je n'y suis point allé".

So heißt es in dem Gedicht „Namouna" — und man muß zugeben, die Oper ist einigermaßen weit davon. Denn der Held bei Musset ist — ein geborener Franzose, seine Sklavin Spanierin. Aber dieser Mann, der jetzt Hassan heißt, hat, sehr romantisch, in jungen Jahren die Sinnlosigkeit eines genießerischen Lebens erkannt und insbesondere die Ziellosigkeit der Liebe, und er weiß auch um die romantische Zweideutigkeit alles Geschehens: „c'est qu'on est innocent et coupable à la fois...". Und was die Frauen anlangt: nach acht Tagen entdeckt jede einen anderen Mann in ihrem Herzen oder wenigstens eine andere Erinnerung. Hassan kommt dem zuvor — er nimmt eine andere Frau, und die Erinnerung bleibt für ihn: „je me prive du corps, mais je conserve l'âme". (Wenn auch dann manchmal nichts übrig bleibt, weil keine Seele da war.) Ist das Don Juan? Musset weiß sehr wohl, daß ursprünglich der spanische Don Juan kein Verführer ist, sondern ein Versucher und jedenfalls ein Sucher, „prêtre désespéré pour y chercher ton Dieu". Der Unterschied ist nur: „Ce que Don Juan aimait, Hassan l'aimait peut-être; ce que Don Juan cherchait, Hassan n'y croyait pas".

Erst im dritten und letzten Gesang der Dichtung „Namouna" kommt Musset auf seine Fabel zurück. Hassan lebt im romantischen Orient als Muselmann; denn da kann man am besten in Weisheit leben. Jeden Monat kauft er zwei Sklavinnen, die ihm abwechselnd gehören, jede nur ganz wenige Male. Am Ende des Monats werden sie reich beschenkt entlassen, und der jüdische Händler bringt neue. Nun geschieht es, daß ein Mädchen aus Cadix, einst von einem alten griechischen Seeräuber entführt, nicht weggehen will: sie liebt Hassan: „n'as tu rien dans le coeur de m'avoir pris le mien?" In einer Maske kommt sie als die neue Sklavin zurück — und Hassan wird sie wieder lieben. Denn eine Nacht entscheidet, wie der Dichter zuletzt sagt, über das Glück der Menschen, ein Tag über ihren Ruhm.

So erzählt Musset. Was ist bei Gallet daraus geworden? Und behalten Bizets Freunde recht, wenn sie ihm selbst bald den Stoff als solchen, bald seine Vergröberung auf dem Theater vorgeworfen haben?

Die Oper

Die Oper heißt „Djamileh — l'esclave amoureuse" und spielt sich in einem Akt ab. Später hat es dann ein Ballett „Namouna" gegeben, und auch die Oper von Bizet sollte erst so genannt werden. Vom ersten Takt der Ouverture an, eines größeren Tonstücks, umfängt uns nun wirklich der Duft jenes Orients, wie ihn wenigstens die spürten, „die nicht dort waren". Diese Ouverture beginnt als Marsch (in c-moll) — es ist dieselbe Melodie, die später, unmittelbar vor der Peripetie, erklingt, wenn die Händler die neuen Sklavinnen zur Auswahl bringen. Er wird unterbrochen durch eine Episode, der man Ähnlichkeiten mit einer Stelle bei Chopin nachsagt, und dann erscheint ein Thema, das viel deutlicher als sonst irgend etwas an die Tradition der Opéra Comique erinnert, — bis zum „Calif de Bagdad" von Boieldieu zurück. Dieses Thema und der Eingangsmarsch machen sich den rasch gesteigerten Schluß der Ouverture streitig, die in hellem Dur endet. Wir sagen uns noch einmal vor: die alte Opéra Comique ist nicht das, was Bizet vorschwebte. Er wollte, wie er ausdrücklich bekennt, „das Genre ändern". Dieses Genre ist indes längst nicht mehr nur heitere Oper. Ihre besten Stücke, auch vor Bizet, gehören dem Genre

„demi caractère" an. Geblieben ist bloß die eingestreute Prosa und die Tradition, nach der das „Große" Ballett zur Großen Oper gehört. Aber es darf schon auch in der Comique getanzt werden, und es wird in diesem orientalischen Stück sogleich geschehen.

Wenn der Vorhang aufgeht, sehen wir Hassan, der hier Haroun heißt, mit Splendiano, seinem Lehrer und Haushofmeister, bei Sonnenuntergang beisammen. Splendiano ist über Rechnungen gebeugt — er versucht, Harouns Verschwendung einzudämmen. Dieser raucht, behaglich hingestreckt, die mächtige Pfeife, die in der Oper jeder Orientale bei sich haben muß. Schiffer auf dem Nil — das Stück spielt in Kairo — summen ohne Worte eine Melodie, Frauen nehmen sie auf, das Tamburin markiert den exotischen Rhythmus; eine exotische Harmonik, für damals oft kühn, häufig zwischen Dur und Moll schwebend, erfüllt das ganze Werk.

Es ist die Siesta des Orients. Aus dem „blonden" Rauch der Pfeife scheinen menschliche Gestalten aufzusteigen, Frauen ... Haroun träumt, Splendiano schläft ein, die Sklavin Djamileh erscheint unbemerkt und wirft heimlich einen Blick schmerzlicher Liebe auf Haroun. Ihre Melodie

steigert sich ins Ekstatische. Der Gesang der Schiffer kehrt wieder und verklingt.

Die Zeit der Djamileh bei Haroun ist um, aber sie weiß es nicht; Splendiano fragt Haroun (gesprochener Dialog), ob er es denn nicht bedauere. Haroun verneint. Aber Splendiano, der gern in die Art des Spieltenors der Opéra Comique verfällt, warnt Haroun: es wird nur wenig brauchen, ihn verliebt zu machen, in welche Frau es auch sei. Haroun leugnet! Sein Herz sei tot, kein Lächeln, keine Träne werde es wecken — da müßte „die Sonne" kommen. Splendiano, lauernd: Aber Djamileh ist schön. Haroun: Ja — doch hat sie eine Rivalin, wie jede Frau: die Unbekannte von morgen. Und er gibt Splendiano die Erlaubnis, Djamileh für sich zu nehmen und ihm eine andere zu suchen. Es folgt ein Lied Harouns, das wir in der Sammlung der „Mélodies" schon gefunden haben: Ich habe keine Vorurteile. Sie möge kommen, woher immer, möge blond oder schwarz sein, Frau ist Frau — je n'aime aucune femme au monde — j'aime l'amour. Nur die Musik verrät, daß es nicht ganz so ist. Sie wird pathetisch, und zuletzt hört man, was Wagner sein könnte:

Die Ansicht Harouns behagt dem Splendiano augenblicklich sehr, nur traut er ihr nicht. Nach seinem Abgang erscheint Djamileh, ihre Melodie erklingt wieder. Haroun sieht sie bekümmert, faßt ihre Hand, küßt sie. Sogleich wird sie heiter. Aber sie erzählt einen Traum: ein Schiff entführte sie, sie war allein, und das Meer übertönte ihre Rufe, ihr Schluchzen. Vielleicht war es ein Vorgefühl... Und abermals melden sich die Geister des Hauses, der Opéra Comique nämlich, wenn sich Djamileh getröstet glaubt. Splendiano kehrt zurück, die Diener bringen Speisen, und sie wollen nun zu dritt das Leben heiter nehmen und seine Freuden nicht verschmähen. Haroun: „Ich will dich heiter sehen. Was möchtest du haben? Die Freiheit?" Djamileh: „Ich bin glücklich in deinem Haus." Haroun: „Vielleicht Wein?" Djamileh: „Ich brauche keinen, brauche weder mehr Glück noch mehr Vergessenheit." Sie singt jetzt, weil es Haroun wünscht. Bizet nennt ihr Lied Ghazel; es hat einen obstinat-exotischen Rhythmus, und der Refrain zweier Strophen ist eine schmerzlich aufseufzende Figur. Was Djamileh singt, ist eine Anrufung des Helden Nour-Eddin im fernen Indien. Er hat das Herz eines Mädchens verwundet, sie weiß nicht, wie ihr ist, aber wenn er vorbeigeht, muß sie weinen — und er achtet ihrer nie... Haroun wird immer unruhiger. Sie trinken, und die anmutige Heiterkeit früherer Zeiten der komischen Oper scheint wiederzukehren.

Melodram, gesprochene Worte: Haroun schenkt Djamileh ein prachtvolles Halsband — doch sie sagt, daß sie am meisten die Hand freut, die es ihr umhängt. Haroun: „Du gehst nun ins Leben, Djamileh. Möge das Glück mit dir sein, das du verdienst — und vergiß mich nicht!" Djamileh will nicht verstehen. Da gibt Haroun dem Splendiano einen Wink — es ist das Ende der Komödie, da ohnehin die Freunde zum täglichen Kartenspiel kommen. Diese Freunde sind erstaunt: welch schönes Mädchen, und sie ist unverschleiert ... Haroun, wie gleichgültig: „Sie heißt Djamileh." Sie gehen alle ins Spielzimmer, nur Splendiano und Djamileh bleiben zurück. Sie hat endlich verstanden. Es wird eine neue Sklavin kommen. Aber Splendiano möge ihr den Gefallen tun, sie selbst, als diese neue Sklavin verkleidet, einzuführen. Es soll ein letzter Versuch sein: glückt er nicht, so will Djamileh zur Belohnung Splendiano gehören. Der ist überzeugt, daß er nicht glücken und das schöne Wesen bald sein Besitz sein wird.

„Lamento" der Djamileh, eingeleitet von einer interessanten Tonfolge, über die sich damals viele entsetzten:

Wir sind am Wendepunkt. Der Marsch der Ouverture kehrt wieder, und die neuen Sklavinnen werden zur Auswahl bereitgestellt. Gesprochener Dialog. Haroun will von Kauf nichts wissen und überläßt alles Splendiano. Doch da tanzt eine Almee.

Ein überaus pikantes Stück, mit Chor, von schönstem exotischen Zauber. Das macht gar keinen Eindruck auf Haroun, der gelangweilt weggeht, die Freunde mit ihm. Abermals ein paar Takte, denen man eine Ähnlichkeit, diesmal mit den „Meistersingern", vorgeworfen hat:

Aber Bizet hat bestenfalls das Vorspiel dieser Oper gekannt.

Folgt ein Lied des Splendiano, abermals echte comique. Und dann ein Melodram mit gesprochenem Dialog: im Dunkel hat Djamileh die Rolle der neuen Sklavin übernommen. Sie ist verschleiert, Haroun hat im Spielzimmer Geld verloren, holt neues, bemerkt die Frau, spricht mit ihr, sie wehrt ihn ab. Ihr Widerstand reizt Haroun. Er wirft Splendiano seine Börse zu und heißt ihn weiterspielen — er bleibt. Die neue Sklavin wehrt sich heftiger als früher. In ihrer Angst bricht sie in Tränen aus. Haroun: „Die Sklavin, die du ersetzen sollst, war weniger spröde, und ich habe sie geliebt." Djamileh: „Warum sie dann verbannen?" Haroun: „Ja, ich habe sie geliebt, aber ich habe mich nicht unterjochen lassen. Nur die Erinnerung an sie ist mir lieb." Djamileh trocknet abermals ihre Tränen. Da trifft sie ein Strahl des Mondes. Sie ist erkannt. Nun ergreift die Verwirrung Haroun: „Liebe kann keine Lüge sein — wie fühlte ich sonst, was ich jetzt fühle?" Noch einmal will er sie wegweisen. Da singt Djamileh das Ghazel von vorhin, eine dritte und entscheidende Strophe. Sie fleht ihn an, wie das Mädchen im Gedicht. Vergebens. Djamileh: „Oh, er hat mit mir gespielt!"

Und hier kann man, wenn man will, einen Tristan-Anklang hören. Die unglückliche Djamileh fällt in Ohnmacht, fällt in Harouns Arm, und nun ist er endgültig gewonnen: „en comprenant ton coeur j'ai retrouvé le mien". Große Steigerung der Musik. Splendiano kommt und macht eine komisch-verzweifelte Geste, die Freunde erscheinen, und wie sie eintreten, bedeckt Haroun Djamileh mit ihrem Schleier, der herabgeglitten war.

„Djamileh" wird von den meisten Biographen so nachsichtig behandelt wie von der zeitgenössischen Kritik. Wenn man sich von den Unsinnigkeiten fernhält, die eine Generation der anderen übergibt, und ebenso von den Überheblichkeiten, die eine kaum vergangene Zeit aus eigenem hervorgebracht hat — und wenn man nur die Oper auf sich einwirken läßt, wie sie geschrieben ist und gelegentlich aufgeführt wird, so muß man wohl zu der Ansicht kommen, daß Bizet hier das erste seiner Meisterwerke hinterlassen hat. Wir sagen hinterlassen — denn es wurde in der Opéra Comique, obwohl der Premieren-Eindruck stark war, nur zehnmal, nach anderen sogar nur viermal gegeben und zu Bizets Lebzeiten — er lebte freilich nur noch drei Jahre — überhaupt nicht mehr. Dagegen fand die Oper immer wieder ihren Weg auf Bühnen in Mitteleuropa, auch nach England, und Weingartner dirigierte sie 1913 in Boston. Gustav Mahler hat diese kleine Oper besonders geschätzt und sie in Hamburg, später, sehr reizvoll, in Wien aufgeführt. Als Bruno Walter 1936, wenn auch nicht mit dem Titel Direktor, die Leitung der Wiener Staatsoper übernahm, plante er sogleich eine Reprise von „Djamileh", brachte aber zunächst eine neue „Carmen" heraus. Doch gelangte „Djamileh", verbunden mit der Premiere eines anderen Werks, gerade noch vor dem Ende des selbständigen Österreich, aufs Repertoire, und damals, am 10. März 1938, hat der Verfasser dieses Buches die kleine Oper zum letztenmal gehört — einigermaßen unaufmerksam, denn während der Aufführung kam die Nachricht von der bevorstehenden Volksabstimmung, die Hitler, weil sie zu deutlich gegen ihn ausgesagt hätte, mit Gewalt verhindern mußte.

Dagegen hat man in Frankreich „Djamileh", seit 1872, bis zur Bizet-Zentenarfeier von 1938 nicht gespielt. Da nahm die Opéra Comique das übrigens arg zusammengestrichene Werk wieder auf und vereinigte es mit den „Pêcheurs de Perles" zu einem seither oft wiederholten Abend.

Man mag das Libretto der Oper schelten, wenn man auf den Vergleich mit Musset nicht verzichten will. Man mag es untheatralisch nennen, wie das Bizet selbst tat und wie es ihm gerade seine treuesten Anhänger, wie Pigot, nachsagen. Es ist gewiß noch immer nicht robust genug — aber es wäre schlimm, wenn das Theater nicht auch für solche Werke Raum hätte. Djamileh ist eine rührende Gestalt, die gewiß niemand, dem sie je gegenwärtig war, vergißt. Und gleichviel, ob der Orient dieser Oper „echt" ist oder nicht — er vermittelt uns jedenfalls die durchaus echten Stimmungen der Ferne, des romantischen Landes. Eine schlechthin entzückende Musik, vom ersten Takt an genial, schafft diesen Zauber und hält ihn fest. Wir kümmern uns wohl heute nicht mehr um die lächerliche Verzweiflung, die manche Kritiker von damals befiel. Die Harmonik dieser „Djamileh" war ihnen neu, zugegeben, aber selbst diese so sachverständigen Beurteiler hätten feststellen können, daß sie nichts enthält, was sich nicht mit den allerdings erweiterten Schulregeln erklären ließe: Alterationen, Durchgänge, festgehaltene und auch frei einsetzende Nebenstufen, sons ajoutés, und dazu einige exotische Fortschreitungen der Melodie. Alles das klingt, vor allem auch infolge der bestrickenden Instrumentation. Bizet macht diesmal keine „Konzessionen", aber er ist noch immer konnivent gegen das Genre der Opéra Comique, das er doch „ändern" wollte — er wird das erst in „Carmen" gründlicher tun. Die Anklänge an Wagner, über die sich diese Kritik nicht beruhigen konnte — sie sprach natürlich von „Nachahmung" —, sind nichts anderes als Fortschreitungen, die damals sozusagen in der Luft lagen. Die französischen Kritiker sahen in allem, was sie nicht verstanden, gleich „Zukunftsmusik", also Wagner.

Ein wenig vor „Djamileh" hat sich Bizet in seinen Briefen über Wagner geäußert: Bewunderung aus der Ferne, aber Bewunderung. Das ist nicht Musik der Zukunft, sagt er, sondern Musik für alle Zeiten. Er ist ein Genie, größer als alle, die jetzt leben, und obendrein die Verkörperung des deutschen Geistes. (Abermals: was würde Nietzsche gesagt haben, der Bizet so oft gegen Wagner ausgespielt hat!). Und damals kannte Bizet vermutlich weder „Meistersinger" noch „Tristan" — aber auch nicht den späteren Verdi, nicht Brahms, nicht Bruckner, nicht Liszt in seinen weiteren Schöpfungen, nicht die Tschechen, nicht die Russen...

Drei Wochen nach der Aufführung von „Djamileh" schrieb er an Galabert: „Djamileh war kein Erfolg. Meine Sängerin war schlimmer als ich befürchtet hatte, aber ich bin zufrieden. Noch nie ist eine einaktige Opéra comique von der Presse mit so viel Ernst, ja Leidenschaft behandelt worden." Tatsächlich schrieb Reyer, obwohl gar nicht mit allem einverstanden, zuletzt: „Mir ist ein Komponist, der Neues will und dabei strauchelt, lieber als einer, der sicher geht, den Weg nämlich, den sie alle gehen." Damit man aber sehe, was der Durchschnitt von damals dachte, sei eine andere Stimme zitiert: „Es gibt bei Bizet ärgere Dissonanzen als bei Wagner. In dem Ghazel könnte einen der Mangel an Tonalität geradezu kopfscheu machen. Bizet ist ein großes Talent, er beherrscht die Form, aber er sucht zu viel Neues."

Mit „Djamileh" ist an diesem 22. Mai 1872 „Le Médecin malgré lui" von Gounod gegeben worden, und das war, da man sich an diese ältere Oper schon gewöhnt hatte, etwas für die Leute von Geschmack. Die Aufführung war nicht recht gelungen. Djamileh war einer Dame der Gesellschaft anheimgefallen, die unter dem Namen einer Madame Prelly durchaus Opern singen wollte und als Zerline in „Fra Diavolo" einigen Erfolg gehabt hatte. Als Djamileh übersprang sie bei der Premiere einmal gleich 30 Takte. Auch der Haroun von Duchesne wurde nicht eben gelobt, wohl aber der Splendiano von Potel, eine vielleicht dankbarere Partie.

In demselben Brief, den wir vorhin zitierten, sagt Bizet schließlich: „Am meisten freut mich, daß ich jetzt auf meinem Weg bin. Und man hat bei mir eine dreiaktige Oper bestellt, Text von Meilhac und Halévy. Sie wird heiter (gai) sein, aber von einer „gaieté qui permet le style". Auch ein symphonisches Werk scheint damals geplant worden zu sein — „doch es wäre möglich, daß mich mein Kind davon angenehm abhielte". Bizet war kurz vor der Aufführung Vater eines Knaben geworden. Eben hatte er noch geschrieben: „Ich muß fleißig sein, das Kind kommt bald."

Was aber die Oper anlangt, die gaieté mit style vereinigen sollte: so war es „Carmen". Sie wurde abermals von du Locle bestellt. Es verdient alle Achtung, daß sich immer wieder ein Theaterdirektor fand, der an Bizet glaubte, obwohl noch keine seiner Opern einen Publikumserfolg gehabt hatte — und auch „Carmen" sollte ihn ja zunächst nicht bringen. Einigen Biographen und Kritikern blieb es vorbehalten, daraufhin zu versichern, es sei Bizet eigentlich nicht gar so schlecht gegangen. Sie bedenken nicht, daß eine so empfindliche Natur wie die seine an der Zeit, an der Teilnahmslosigkeit der Menge, der Unvollkommenheit der Aufführungen, der Unsicherheit der Existenz, an der Überfülle der Brotarbeit, gerade genug gelitten hat.

„L'ARLÉSIENNE"
Daudet

Keine sechs Monate später wird „L'Arlésienne" von Daudet aufgeführt, Bühnenmusik von Bizet — und so tritt uns der zweite Dichter entgegen, mit dem oder mit dessen Werk sich Bizet verbindet. Diesmal aber war es ein unmittelbares Zusammenarbeiten inter vivos, nicht, wie bei Musset und Mérimée, die beide schon gestorben waren, ein Nachschaffen von abgeschlossen und vollendet zurückgelassenen Kunstwerken. Daudet hatte sein Stück für das Théâtre du Vaudeville geschrieben, er war bei den Proben anwesend, er war mit seinem Mitarbeiter einverstanden, er schätzte ihn. In seiner unnachahmlichen Art erzählt Daudet („Trente ans de Paris"): „Es war sinnlos zu glauben, daß auf dem Boulevard, Ecke Chaussée d'Antin, ein Liebesdrama aus der Camargue gefallen würde. Die Aufführung wurde vielmehr **une chute resplendissante dans la plus jolie musique du monde**. Bei den ernsten Szenen lachten diese Pariser! Und ich wußte doch, daß es bei den Leuten dort unten in meiner Provence so zuging. Da kam mir, noch bei der Generalprobe, der Einfall: du darfst also nicht mehr für das Theater schreiben. Nur noch einen Roman, und einen Roman aus der Gegend, in der du lebst, aus dem Paris des Erwerbs. So entstand ‚Froment Jeune et Risler Ainé'."

Der Roman wurde ein Erfolg sondergleichen. Es gab damals — auch das erzählt Daudet selber am schönsten — ein von ihm angeregtes allsonntägliches Diner der durchgefallenen Theaterdichter bei Flaubert. Jedesmal wurde er gefragt: wie groß ist jetzt die Auflage? Und Daudet mußte jedesmal bekennen, daß sie wieder mächtig angewachsen sei. Ja, sagte Zola, damals noch wenig verwöhnt, neidlos, aber traurig: und wir, wir werden unsere Bücher nie loswerden. Ein paar Jahre später, und seine Bücher waren in jedermanns Händen.

Was kennt man heute noch von Daudet? Weit weniger die Romane, die, wie Fromont, Jack, Le Nabab, Les Rois en Exil, Sapho, seine Zeit eindringlich und mit tiefer Schwermut schildern, als „Le petit chose", „Tartarin" und den besondern Schatz der „Lettres de mon moulin". Gerade diese Bücher waren schon erschienen, als man daran ging, „L'Arlésienne" zu spielen. Aber man kannte sie wenig. Nur war damals in Paris auch schon die Liebe zum französischen Süden erwacht, Daudet hatte sie wecken helfen, und wenn wir „Petit chose" mit Dickens vergleichen dürfen, „Tartarin", bei aller Distanz, mit „Don Quixote", so sind die Typen und Begebenheiten, die Daudet von „seiner" Mühle aus sah, von dem Leben erfüllt, das uns jene klassischen Erzählungen so kostbar macht. Die Sprache, die Dezenz, der Takt eines echten und großen Poeten werden immer wieder bewundert werden. Und wenn man der französischen Dichtung auch Gaben von größerer Dämonie verdankt, so gewiß keine, die von gleich vornehmer Menschlichkeit Zeugnis gibt.

Als die „Arlésienne" aufgeführt wurde, war Daudet 32 Jahre alt; er hat, von zarter Gesundheit wie Bizet, nur ein Alter von 57 erreicht. Als armer Junge von 18 war er aus der Provence gekommen, um in Paris Schriftsteller zu werden. Wir folgen seiner Erzählung, wie er mit 40 Sous, zwei Franken, in der Tasche ankommt, im Winter ohne Mantel, und seit 48 Stunden nichts gegessen hat. Zum Glück holt ihn sein Bruder ab und bringt ihn in das nun gemeinsame Zimmer in der rue de Tournon, im Herzen des Quartier Latin. Große und berühmte Autoren sind da auf der Straße zu sehen — aber nicht alle können sich eine Mahlzeit leisten; einer macht einmal eine Erbschaft, ißt tüchtig und stirbt daran. Bald wird Daudet selber gedruckt, es sind obendrein Verse, sie heißen „Les Amoureuses"; er darf im Salon der Schauspielerin Augustine Brohan verkehren und wird Sekretär des Herzogs von Morny, der ihm den Dienst sehr leicht macht. Leider stirbt sein Gönner bald. Daudet heiratet, seine Frau wird ihn noch länger überleben als Mme Bizet ihren Mann. Bald einer der berühmtesten Pariser Autoren, flieht er doch immer wieder in die Einsamkeit, nach seinem Süden.

Die Provence

Das Stück „L'Arlésienne" ist kaum zu verstehen, wenn man nicht ein wenig von der Provence weiß. Am besten ist es, man hat sie selber durchwandert.

Was Provence heißt, darüber streiten Historiker wie Geographen. Für uns hier ist es das Land südlich von Avignon und von da östlich bis Marseille, mit Aix, der Hauptstadt des „Königreichs". Wir folgen der Rhone, die sich bei Arles in zwei Arme spaltet: „Le Grand Rhône", östlich, mündet bei Saint-Louis, das in der „Arlésienne" erwähnt wird; der westliche Petit Rhône mündet in der Nähe des Wallfahrtsortes Les-Saintes-Maries. Zwischen den beiden Armen liegt der große See oder Teich Vaccarès. Halbwegs zwischen Avignon und Arles findet man Tarascon, die Heimat Tartarins. Avignon, im 14. Jahrhundert Stadt der Päpste, mit ihrem mächtigen Palast, erinnert Mérimée an Spanien. Arles, das im 4. Jahrhundert A. D. hunderttausend Einwohner hatte — heute ein Viertel davon —, war durch zwei Jahrhunderte Hauptstadt des Königreichs, dann ein Jahrhundert lang Republik. Das ganze Land war reich und hatte lange eine glückliche Geschichte gehabt. Seine Einwohner, mit phönizischen und griechischen Vorfahren, stehen den Provinz-Römern, die diesen folgten, heute noch nahe, und ihre Sprache ist zu drei Vierteln Latein. Es ist übrigens fast die gleiche Sprache wie das Katalanische — die Pyrenäen waren früher ein Gebirge im gemeinsamen Land, keine Grenze. Der Dichter Mistral und die Seinen haben das Provenzalisch wieder als Schriftsprache gebraucht — und sogleich spielt sie, spielen ihre Dichtungen in die Musik hinüber: Gounod hat aus der vielleicht großartigsten, „Mireio", seine Oper „Mireille" gemacht. Bizet wollte „Calendal" vertonen, die Geschichte des provenzalischen Herkules, eines armen Fischers, der seine angebetete Estrello aus den Klauen des Satans befreien will. Daudet liebte Mistral und war von seinem Werk begeistert. Aber er war Pariser geworden und schrieb weiterhin französisch — den „Félibres", der provenzalischen Renaissance, galt nur seine Sympathie.

Welches Land, welche Städte! Arles mit seiner römischen Arena, seinen Kirchen, seinen Palästen, mit dem Museum der Félibres, dem Krankenhaus, dessen Hof sein berühmtester Patient Van Gogh gemalt hat, seinen schönen Frauen in ihrer besonderen Tracht, schwarze Haube, helles Umschlagtuch: eine davon ist die Arlésienne, das Mädchen von Arles, das in unserem Stück als Schicksal waltet.

Mit Darius Milhaud als Führer, der dort geboren ist wie Cézanne und Zola, habe ich Aix und seine Umgebung durchwandert: die Landschaft eines Cézanne mit den Farben eines Van Gogh. Drüben in der Camargue, dem Land zwischen den beiden Rhone-Armen, brütet großartige Einsamkeit. Lagunenlandschaft, Sumpf, Weide für Herden von wilden Pferden und Stieren, die auch hier für die Kämpfe der „Courses" aufgezogen werden —

aber das sind nur Geschicklichkeitsproben für Menschen, Pferde und für die Stiere selbst, keine Metzeleien. Im Sommer furchtbare Hitze (der Mireille im Gedicht und in der Oper erliegt), sonst, und oft im Jahr, die Stürme des Mistral — der Wind heißt wie der Dichter, der Dichter wie der Wind —, gegen den man den Bahndamm durch Zypressen schützen muß. Gedicht und Oper führen uns auch zum Wallfahrtsort Les-Saintes-Maries. Heilige Frauen aus dem Morgenland sind dort begraben, mit ihnen aber auch ihre schwarze Dienerin aus Ägypten, und so pilgern hierher die Zigeuner aus dem ganzen Land. Auch Mireille und ihr Verlobter treffen hier zusammen, unmittelbar vor dem Tod des Mädchens.

Das ist das Land der „Arlésienne".

In den „Lettres de mon moulin" kommt ihre Geschichte vor; das Schauspiel dramatisiert sie. Daudet kommt auf seinen Wanderungen von der Mühle her zu einem „mas", einem Gehöft, von unheimlicher Traurigkeit. Alles geht dort schwarz gekleidet, und er erfährt folgende Geschichte:

Der Sohn des „Menager", Jan, ein hübscher Bursch von Zwanzig, hat sich sterblich in ein Mädchen aus dem fernen geheimnisvollen Arles verliebt und will sie heiraten. Da kommt ein „gardian", einer der Pferdehüter aus der Camargue herbei und erzählt dem Vater, daß sie zwei Jahre lang seine Geliebte war und daß er sie nicht aufgeben will. Er hat Briefe — hier sind sie. Der Sohn ist tödlich getroffen. So schlimm wird es mit ihm, daß man ihm das nichtswürdige Mädchen doch erlauben will. Aber er nimmt das nicht an und stürzt sich nachts vom Bodenfenster hinab. Weithin hört man die Mutter klagen, die auf dem Hof kauert, die Leiche des Sohnes in ihren Armen.

Manches von diesen Geschehnissen geht wortgetreu in das Schauspiel über. Aber merkwürdig ist, daß in der Erzählung eine Gestalt nicht vorkommt, die im späteren Theaterstück eine Hauptrolle spielt: Vivette, das liebenswürdig-opferbereite Mädchen. Vivette soll die Wunde heilen, die das dämonische Weib aus Arles geschlagen hat. Erkennt man die Gestalt? Sie wird bald Micaela heißen. Und auch Micaela kommt nur in der Oper vor, nicht in der Novelle „Carmen". Es scheint ein Gesetz der Boulevard-Dramaturgen zu sein, daß dem Weibsteufel ein Weibsengel gegenüberstehen muß. Micaela bekommt allerdings die weitere Aufgabe, die Oper „Carmen" dem Familienpublikum der Opéra Comique annehmbar zu machen, dem sonst die Sittenlosigkeit des Werkes bedenklich werden könnte.

Die Arlésienne aber wäre eine Vorläuferin der „dämonischen" Carmen, wenn man irgend etwas Näheres über sie wüßte. Daudet jedoch, der eine so himmelblaue Gestalt wie Vivette brauchte — man muß ihm zugestehen, daß er sie weit glaubhafter und lebendiger hingestellt hat als die berühmten Texte-Zauberer Meilhac und Halévy ihre Micaela —, derselbe Daudet konstruierte in dem Schauspiel „L'Arlésienne" einen dramaturgischen Einzelfall: diese Frau aus Arles, die alles bewegt, um die das ganze Stück spielt, kommt nicht auf die Bühne. Man erfährt nur, daß sie sehr schön ist, daß man sie nicht vergessen kann, und daß sie oder wenigstens ihre Eltern auf Geld aus sind: der reiche Bauer ist ihnen lieber als der Pferdehirt, der im Stück Mitifio heißt.

Das Schauspiel und seine Musik

Jetzt aber zum Schauspiel von Daudet und zugleich zu der Schauspielmusik von Bizet! Man wird fragen, was er in dem kleinen Boulevardtheater für ein Orchester unterbringen konnte. Ein nicht viel größeres als Offenbach in seinen Anfängen: 2 Flöten, Oboe oder Englischhorn, eine Klarinette, 2 Fagotte, ein Alt-Saxophon, 2 Hörner, Pauke, im ganzen 7 Violinen, erste und zweite, eine Bratsche, 5 Celli, 2 Kontrabässe und Klavier statt der Harfe; dazu kam ein Harmonium hinter der Szene, bald von Bizet selbst, bald von Antoine Choudens, dem Sohn des Verlegers, nach andern von Guiraud gespielt, um den Chor zu stützen. Das ist nicht das Orchester der beiden Konzertsuiten aus der Musik zur Arlésienne — übrigens sind auch sie nicht stark besetzt. Alle Berichte über die Musik im Théâtre du Vaudeville stimmen darin überein, daß dieses kleine Orchester zauberhaft klang, und man wird das bei der Instrumentationskunst Bizets gern glauben. Manche sagten, daß es in dem Stück zu viel Musik gäbe. Aber vielleicht war eben das ganze Stück den Boulevardiers zu lyrisch. Und vielleicht werden die Leser finden, was der Zuhörer jedesmal findet, daß dieses Stück, dem seine Herkunft aus einer Novelle trotz allem anhaftet, ohne diese viele Musik nicht das wäre, was es ist.

Es trägt die merkwürdige Bezeichnung: Pièce en 3 actes et 5 tableaux, avec symphonies et choeurs. Es gibt zunächst eine regelrechte Ouvertüre: Marsch mit einem gezackten Thema, c-moll, unisono vorgetragen — wir besprechen später die Herkunft dreier dem provenzalischen Volksgut entlehnten Melodien dieser Arlésienne-Musik. In Variationen nimmt das Thema bald einen marschartigen, bald einen lyrisch-sanften Charakter an, wird vom vollen Orchester gespielt, geht nach Dur und verklingt schließlich. Es folgt ein Andante in As-dur, träumerisch, mit immer neuer Harmonisierung,

das einfältige Kind des Hauses bezeichnend. Dann führt die Musik zu einem wilden Aufschrei (des Frédéri), C-dur, in der Art der leidenschaftlichen Ausbrüche in „Djamileh".

Der Vorhang geht auf. Man sieht die „ferme" Castelet, Hof, Wohnhaus mit einem Turm, vermutlich aus älteren Zeiten des herrschaftlichen Anwesens; der Turm wird als Speicher verwendet, und ein Fenster, das auf den Hof führt, spielt in dem Stück eine verhängnisvolle Rolle. Vorn ein Brunnen. Durch das Hoftor sieht man die Rhone.

Balthazar, alter Schäfer mit mächtigem Bart, Radmantel und Hirtenstock, hat schon dem Großvater des

Besitzers gedient, am Brunnen mit „Innocent" — das ist der jüngere Sohn des Hauses, vierzehnjährig, aber noch ein Kind, geistig zurückgeblieben, sonst lieb und gut. Nach alter Sage gilt er als Schutzgeist des Hauses, von der Mutter vernachlässigt, vom Schäfer gehegt. Das Haus hat keinen rechten Herrn; die Witwe Rose Mamai bewirtschaftet es mit dem Vater ihres Mannes, Francet. Der ältere erwachsene Sohn, Frédéri, 20 Jahre alt, ersetzt ihr den Mann, und sie ist gewiß ein bißchen in ihn verliebt — aber die Psychoanalyse war damals noch nicht erfunden.

Francet fragt Balthazar, was er von der bevorstehenden Hochzeit denke: Frédéri soll die Arlésienne, das Mädchen, das er bei einer course gesehen hat, heiraten — denn seither ist er dermaßen verliebt, daß er nicht ißt und nicht schläft. Balthazar ist nicht zufrieden. Warum? Wenn er durchaus heiraten will, sollte man ihm eine ordentliche Bäuerin aussuchen, die weiß, wie man kocht, wäscht, die Oliven erntet, „quelquechose de fin et de capable" wie die Vivette, die hier bei der Ernte geholfen hat. Francet: gewiß — aber er will nun einmal die Städterin. Balthazar: zu meiner Zeit sagte der V a t e r „ich will". Francet: Der Vater fehlt seit 15 Jahren, und ich kann ihn nicht ersetzen, die Mutter liebt Frédéri zu sehr. Balthazar: Kennt man wenigstens das Mädchen? Francet: Wir haben durch den Bruder von Rose Auskunft einholen lassen. — Man merkt, daß dieser Bruder, der „Patron Marc", Besitzer eines Schiffes, das auf dem Strom auf- und abwärts fährt, dem Schäfer nicht geheuer ist; er hält ihn für einen ungeschickten Schwätzer. Da wird Großvater Francet abgerufen. Balthazar mit seinem Innocent (die Musik spielt dessen Thema) bleiben da, ruhend — seine Schafe werden heute geschoren, er hat frei, aber in zwei Wochen, es ist der 1. Mai, geht es mit ihnen in die Berge. Der alte Mann erzählt dem Kind die Geschichte von der Ziege des M. Séguin: gegen den Rat der Ihren lief sie allein in die Berge, der Wolf kam, die tapfere Ziege wehrte sich die ganze Nacht, aber am Morgen fraß der Wolf sie dann doch. Man versteht, daß die Fabel symbolisch gemeint ist, und in diesem Sinn steht sie auch, oft Wort für Wort gleichlautend, in den „Lettres de mon moulin".

Vivette kommt dazu. Sie ist von St.-Louis auf dem Fluß hergefahren, um bei der Arbeit auszuhelfen. Man spricht über den Innocent, und der Schäfer behauptet, in dem Kind rühre sich etwas, und man werde sich vorsehen müssen. Bisher habe seine Unschuld Haus und Hof behütet (Musik des Innocent), aber jetzt könnten sich „die Planeten" ändern. Und wie geht es der Großmutter der Vivette? Gut, aber nach Castelet will die sonst so rüstige Frau nie mitkommen. Balthazar hat sie wohl schon lange nicht gesehen? Oh, sehr lange... Da verlangt der Innocent ein Stück Gebäck aus dem Korb der Vivette, und weil er es nicht gleich bekommt, droht er dem Mädchen: dann sage ich es Frédéri, daß du in der Stube oben sein Bild geküßt hast. Vivette wird feuerrot. Ist das noch der Innocent?

Nun kommt auch Mutter Rose zu der Gruppe. Sie ist sehr aufgeregt. Frédéri ist dem Onkel entgegengefahren, der die Auskunft über die Arlésienne mitbringt. Nun erst erfährt Vivette, daß Frédéri dieses Mädchen aus der Stadt heiraten soll, und erschrickt heftig. Der Innocent hat die Gelegenheit wahrgenommen, das Backwerk aus dem Korb zu holen, und ist die Treppe zum Boden hinaufgelaufen, dessen Fenster offen steht. Die Mutter ängstigt sich, aber Balthazar hat das Kind leicht eingeholt. Das offene Fenster dort oben ist Rose unheimlich...

Da kommt ihr Bruder mit Frédéri, der schon von weitem ruft, „alles geht gut". In der Tat, der Patron Marc, jetzt Kapitän mit einem ordentlichen Patent, war im Haus des Mädchens und hat herausgefunden, daß sie dort alle, die Eltern und die Tochter, reizende und brave Menschen sind. Sie haben auch einen sehr guten Schnaps gehabt. So, und jetzt bleibt er hier, der Kapitän, bis zur Hochzeit; er wird Schnepfen jagen. Ein Tölpel von einem „Matrosen" bringt seine Gewehre.

Balthazar allein hat einen Blick für die arme Vivette. Es wird ihr gehen wie ihrer Großmutter... Der alte

Mann sitzt schweigend da. Der Chor hinter der Szene singt ein Lied zum Preis des sonnigen Landes. Orchester mit einem klopfenden Thema, darüber ein langsames, sehnsüchtiges und doch drohendes. Das Verhängnis erscheint in Gestalt eines Pferdehüters aus dieser Landschaft. Er läßt den Großvater herausrufen — drinnen stoßen sie gerade lustig auf die baldige Hochzeit an: So ist es wahr, daß euer Enkel das Mädchen aus Arles heiraten will? Das ist unmöglich: seit zwei Jahren ist sie meine Geliebte. Die Eltern hatten sie mir versprochen, aber seit der reiche Frédéri ihr nachgeht, will sie von mir nichts wissen. Hier ist der Beweis, ihre Briefe... Ich bin Mitifio, der Pferdehüter, eure Hirten kennen mich. Und er geht ab, ohne einen Trunk anzunehmen, und läßt die Briefe zurück. Musik wie bei seiner Ankunft. Frédéri erscheint, das Weinglas in der Hand. Der Großvater sagt ihm, daß der Name dieser Frau aus Arles hier auf dem Hof nicht mehr genannt werden dürfe, aus Respekt für die Mutter. Aufschrei Frédéris — und dazu das wilde Thema vom Schluß der Ouvertüre. Der Akt ist zu Ende.

Vorspiel zum zweiten Akt, ein Pastorale, aber eher drohend, mit einem Zwischensatz. Wenn der Vorhang aufgeht, sieht man jetzt auf den großen Teich Vacarres hinaus mit seinen Schilfstauden, in denen sich die Wasservögel verbergen; links eine Schäferhütte. Es ist Mittag. Ein Chor von Landleuten singt den Bolero, der bis auf „Vasco de Gama" zurückgeht.

Rose und Vivette treten auf. Die Mutter vergeht vor Angst, denn ihr Sohn ist ganz scheu geworden. Eine Frau müßte ihn retten: Vivette! Und Vivette würde alles tun, um der Mutter, dem Sohn — und sich selber zu helfen. Dann möge sie doch, meint die Mutter, Frédéri zu sich hinüber ziehn. Rose an ihrer Stelle wüßte schon, wie man das mache.

Balthazar und der Innocent sind in der Hütte gewesen. Der Schäfer mahnt die Mutter — Vivette hat sich entfernt —, auch diesem andern Kind etwas mehr Zärtlichkeit zu zeigen, und sie umarmt den Innocent. Dieser eilt in die Hütte, um irgend etwas zu holen und prallt zurück: im Stroh liegt Frédéri. Balthazar redet ihm gut zu, aber Frédéri möchte nur sterben. Balthazar: Das darfst du nicht. Man muß auch an die anderen Leute denken. Als ich zwanzig Jahre alt war, verliebte ich mich in die Frau meines Herrn und sie sich in mich. Da beschlossen und beschworen wir, uns nie wieder zu sehen. Damals verdingte ich mich bei deinem Großvater. — Ein Chor, man ruft die Hirten zurück, es geht schon gegen Abend. Nur Frédéri und der Innocent bleiben zurück. Dieser bittet Frédéri, doch nicht immer wieder die Briefe zu lesen, wie er das in dem gemeinsamen Schlafzimmer tut; abermals ein Zeichen, daß das Kind erwacht. Doch beginnt nun Frédéri erst recht, sich mit den Briefen abzuquälen, und das Kind erzählt ihm die Geschichte von der Ziege. Dann schläft es ein. Berceuse, angeblich nach einem alten provenzalischen Volkslied.

Es ist dunkel geworden. Vivette kommt. Höchst ungeschickt legt sie es darauf an, Frédéri zu gefallen. Sie gesteht, daß sie ihn liebt und daß sie der Mutter versprochen hat, ihn zu retten. Er antwortet wütend, daß er diese Liebe keineswegs teile, und schickt sie ins Haus zurück: alle Weiber seien gleich, zuletzt komme dann jemand und bringe Briefe... Darüber stürzt er selbst davon. Rose tröstet die unglückliche Vivette. Da fällt ein Schuß. Tödlicher Schreck der beiden Frauen, aber es ist nur der unglückselige Kapitän, der wieder einmal nichts getroffen hat. Die Mutter rafft sich auf: So geht es nicht weiter. Wir müssen anderes versuchen. Der Vorhang fällt.

Eine Zwischenaktsmusik beginnt mit einem Maestoso, dessen zweites Thema später einen kirchlichen Text bekommen hat. Ein drittes Bild (noch zweiter Akt!) führt in die Küche des Castelet. Es ist vor Tag. Komische Szene des Kapitäns, der in seine Jagdstiefel nicht hineinkommt. Vivette erscheint mit Gepäck: sie will weg und eilt, um ihren Platz auf dem Früh-Schiff zu belegen, wird aber noch einmal zurückkommen. Schade, daß sie den Hof verläßt, seufzt der Kapitän, das einzig vernünftige und heitere Wesen in dieser Gesellschaft. Obendrein ist sie hübsch! Mit einem Mal ist trotz der frühen Stunde die ganze Familie da, von Rose zusammengerufen. Die Mutter beschwört Francet, Frédéri doch zu erlauben, daß er die Arlésienne heirate; besser die Schande, als daß er zugrunde gehe. Da erhebt sich der Schäfer: Wenn das geschieht, bin ich zuletzt hier gewesen. Ich kann nur anständigen Herren dienen. Aber Frédéri nimmt nicht an. Die Frau, die er heiraten wird, muß der Familie würdig sein. Und da eben Vivette kommt, um ihr Gepäck zu holen, fragt er sie, ob sie seine Frau sein wolle. Sie ist nur zu glücklich. Begeistert umarmt auch der Schäfer Frédéri. Die Musik des Zwischenspiels vor diesem Bild kehrt wieder, und dann erklingt der Carillon. In der (ersten) Suite ist dieses Stück besonders effektvoll instrumentiert: Hörner, Geige und Harfe markieren den Rhythmus.

Dritter Akt, viertes Bild. Hof des Castellet, wie zu Anfang. Er ist jetzt festlich geschmückt. Der alte Balthazar kommt herbei — er verträgt die Hitze schlecht, um diese Zeit ist er sonst in den Bergen; nun muß man freilich warten, bis die Hochzeit vorüber ist. Die andern kommen aber sehr spät aus der Kirche! Dauert die Messe heute, am Tag St. Eloi, so lange? Nein, antwortet ihm jemand, man wird in St. Louis die Mère Renaude geholt haben, die Großmutter der Vivette. Sie kommt, sie kommen alle. Und die Großmutter — der Zuschauer hat es wohl längst erraten — ist die alte Liebe Balthazars, die er nicht mehr sehen wollte. Jetzt kann es in Ehren geschehen. Mère Renaude sagt ihm selbst, er möge sie nur umarmen, und er tut es, ganz verschämt. Die Musik zu dieser Szene mit ihrer ganz einfachen Instrumentation und dem schlichten Thema gehört zum Schönsten, was Bizet geschrieben hat.

Nun gehen sie alle fröhlich zu Tisch. Dann kommt Frédéri mit Vivette heraus. Er schwört ihr, daß er geheilt ist, er hat die Arlésienne vergessen, und auch die Briefe sind dem Pferdehüter zurückgegeben worden. Musik begleitet die beiden, die sich nun in der Abenddämmerung ergehen wollen. Dann beginnt die Farandole, der festliche Tanz der Provence. Sie gilt dem Tag von St. Eloi und der baldigen Hochzeit. Aber Mitifio erscheint, er hat die Briefe nicht bekommen. Balthazar, der ihn empfängt, hört seine Erzählung an: Mitifio sei jetzt wieder in Gnade bei der Arlésienne, aber nicht bei ihren Eltern. Was tun? Er wird sie heute nacht entführen und mit ihr in die Welt ziehen. Frédéri, der mit Vivette zurückgekommen ist, hat das gehört. Er gerät außer sich, schon aus verletzter Eitelkeit — hat er doch bis jetzt geglaubt, ein reicher Herr habe die Arlésienne verführt, und nun ist es ein Pferdehüter gewesen, ein Bauer wie er selber. Darüber erwacht seine furchtbare Leidenschaft von neuem. Er schreit Mitifio zu: eine Stunde mit ihr hätte mich glücklicher gemacht als mein ganzes künftiges Leben hier an diesem Hof — aber du sollst sie nicht haben! Und er stürzt sich auf ihn, seine Mutter hält ihn gerade noch zurück, so daß Mitifio entkommen kann. Immer noch erklingt die volkstümliche Farandole, und der Chor singt dazu das alte provenzalische Lied, das die Ankunft der Heiligen Drei Könige schildert, wobei zuletzt der Chor den Marsch und das Orchester kontrapunktisch den Tanz übernimmt.

Fünftes und letztes Bild. Ein großes Zimmer mit Treppe zum Dachgeschoß. Es ist Nacht, aber das Morgenlicht des Frühsommers dämmert schon. Rose ist wach, sie glaubt nicht an die so erwünschte Heirat — obwohl Frédéri selbst eben die Farandole geführt hat, die sich, nach altem Brauch, über Plätze und Höfe, ja über die Straße bewegt, alles mitreißend. Aber die Mutter hat ihn vergebens gebeten, den Tanz, wie sonst am Tag St. Eloi, auch mit ihr zu tanzen. Er ist müde, er geht schlafen. Die Mutter bleibt in der Nähe. Wie viel Sorgen hat sie mit diesem Kind gehabt! Die Festmusik klingt immer noch nach. Da stiehlt sich der Innocent zu seiner Mutter. Er weiß alles, was hier vorgeht. Aber die Mutter möge ruhig sein, in dieser Nacht werde nichts geschehen. Und die Mutter möge ihm nicht mehr Innocent sagen:

er heißt doch Jeanot. Rose ist ängstlich — sie denkt an die Rede des Schäfers, daß nun der Schutz des unschuldigen Kindes zu Ende gehe. Die Musik verkündet mit dem leidenschaftlichen Motiv des Frédéri dessen Auftreten. Um diese Zeit wird Mitifio die Arlésienne entführen. Und er — er wird denen hier auf dem Hof sehr weh tun. Aber es geht nicht anders. Er läuft die Bodentreppe hinauf, Rose schreiend ihm nach. Doch er hat schon die Bodentür von innen verriegelt. Einen Augenblick später fällt sein Körper auf die Steine des Hofs. Der Innocent versucht die Mutter zu trösten, alles eilt herbei, und Balthazar sagt dem Kapitän: Siehst du, daß man an der Liebe stirbt... Das Orchester läßt noch einmal das leidenschaftliche Motiv des Frédéri hören, und das Stück ist zu Ende.

Die Suiten

Man findet die größeren Sätze dieser Schauspielmusik, reicher instrumentiert und sehr geschickt angeordnet, in den beiden Orchestersuiten wieder, die den Namen „Arlésienne" so bekannt gemacht haben. Die erste wurde von Bizet selbst für die Konzert-Aufführung zusammengestellt, die unmittelbar nach der Absetzung des Stückes stattfand. Sie bringt als Nr. 1 die Ouvertüre, als Nr. 2 das Menuett, wobei zum Schluß ein Pult der Geigen und der Celli nach dem andern zu spielen aufhört; als Nr. 3 das Adagietto in F (Wiedersehen von Balthazar und Mère Renaude), von den Streichern allein gespielt, und als Nr. 4 den Carillon mit dem reizenden Zwischensatz der zwei Flöten. Die zweite Suite ist erst nach dem Tod Bizets von Ernest Guiraud zusammengestellt worden (was die Partitur nicht sagt). Sie enthält als Nr. 1 das gewichtige Pastorale, als Nr. 2 „Intermezzo", das Maestoso vom Schluß des zweiten Bildes, Es-Dur, hier Andante moderato überschrieben, mit dem sanften Zwischensatz; als Nr. 3 ist das Menuett aus „La Jolie Fille de Perth" eingefügt — es ist merkwürdig, wie gut Stücke aus allen Arbeitsjahren Bizets zueinanderpassen, — und man merkt auch, wie später bei „Carmen", daß es Bizet weniger um Lokalfarbe und Folklore geht als um Musik zu seinem Traum vom Süden. Nr. 4, das letzte Stück dieser zweiten Suite, ist dann die Farandole (hier in d-moll), auf die die erste Suite merkwürdigerweise verzichtet hat. Wie im Stück werden Tanz und Marsch gemischt und zuletzt kontrapunktiert: hier spielen die Blechbläser den Marsch gegen das übrige Orchester aus, und das Stück schließt triumphierend in Dur. Die bei manchen Aufführungen gehörte Temposteigerung ist nicht vorgeschrieben, aber wohl auch nicht zu verurteilen. Die Orchesterbesetzung ist noch immer bescheiden: eine zweite Klarinette mehr, weitere zwei Hörner, dann vier Trompeten und drei Posaunen, die dem Miniatur-Orchester fehlten; in der Farandole auch Tamburin.

Bizet und die provenzalische Volksmusik

Bizet hat die zwei charakteristischen Instrumente der provenzalischen Volksmusik, Tambourin und Galoubet, ersetzt. Das Tambourin, dort eine mächtige zylindrische Trommel mit Schnüren, wird umgehängt und von demselben Spieler bedient wie das Galoubet, eine kleine Flöte mit nur drei Löchern; der Spieler hält sie in der linken Hand und schlägt das Tambourin mit der rechten. Dieser Spieler ist eine wichtige und angesehene Persönlichkeit, und ein provenzalisches Fest ist ohne ihn nicht zu denken. Manchmal kam ein solcher Tambouriraire sogar nach Paris — mit komischem Entsetzen beschreibt Daudet, wie ihm Mistral einmal einen sandte — und erregte dort großes Aufsehen. Einer von ihnen, F. Vidal, hat in einem zum Teil nur provenzalisch geschriebenen Buch „Lou Tambourin" 1862 eine Schule für die beiden Instrumente überliefert. Vidal hat auch den Druck des „Trésor de Félibrige", eines von Mistral mit seinen Helfern zusammengestellten Wörterbuchs der neu erweckten provenzalischen Sprache, besorgt. Er ist alt und blind 1911 gestorben. Sein Buch ist auch darum wichtig, weil es eine Sammlung von Volksmelodien aus der Provence enthält, darunter die drei von Bizet übernommenen; es ist anzunehmen, daß Bizet es gekannt hat.

Vidal leitet das Wort Galoubet von gai, heiter, galéjar, fröhlich sein, ab. Das Tambourin heißt, wie er berichtet, in manchen Gegenden auch Timpanin, was die Ableitung vom griechischen Tympanon stützen würde. Ein anderer Musikfreund aus der Provence, André Geiraud, hat 1908 eine ganze Geschichte der Musik in diesem gesegneten Land erscheinen lassen. Er behauptet, daß die Musik und die Tänze aller Feste, auch die Farandole, auf die Griechen zurückgehe, die ja einst in den Küstenstädten saßen. Spuren aus der Zeit der Troubadours könne man noch in den Noëls finden, in denen sich Volkslied und religiöse Musik vereinige. Gerade diese Noëls hätten ein „je ne sais quoi de local qui se dérobe à l'analyse" — und diese Worte gelten gewiß auch für die Musik von Bizet. Anläßlich des Zentenariums hat J. Clamon, selbst Nachkomme provenzalischer Musiker, in der Revue de Musicologie die Zusammenhänge der Arlésienne-Musik mit dem Folklore nun aber doch genauer untersucht.

Bizet verwendet, wie wir schon sagten, drei Melodien aus dem Volksgut der Provence, Volkslieder oder Melodien, die Volkslied geworden sind:

1. für die Berceuse das sogenannte Er (air) dou G u e t. Guet ist ein Aufzug, der die Dämonen vertreiben soll. Die von Vidal mitgeteilte Melodie, die, wie so viele Musik der Provence, dem „guten König" René zugeschrieben wird, hat aber nicht allzuviel Ähnlichkeit mit der von Bizet.

2. Die Farandole dagegen findet sich notengetreu als D a n s o d e i C h i v a u F r u s (Danse des chevaux fringants). Dieser Tanz der munteren (frisky) Pferde ist nach Guiraud ein Stück aus dem Aufzug der Königin von Saba, der bei den Festen der Provence gern nachgebildet wird.

3. Am meisten Streit gab es über den Marsch der Ouvertüre. Das ist ein N o à l aus Avignon, wie man versichert, aus dem 18. Jahrhundert. Da Bizets Melodie sehr bekannt ist, geben wir die Noëls wieder: man sieht, wie scheinbar unbedeutende und dabei meisterliche Veränderungen hier vorgenommen worden sind:

Das Gedicht lautet: „De grand matin — ai rescountra lou trindes tres grand rei — Ou' anavon en viagi" (Zeitig am Morgen traf ich den Zug der drei großen Könige, die sich aufgemacht hatten...) Die Leibwache geht im Zug, die Pagen, alles in Gold, und auf dem goldenen Wagen stehen die drei Könige in ihrer goldenen Rüstung... Diesen Text singt auch der Chor im vorletzten Bild der „Arlésienne". Darum heißt der Aufzug „Marcho dei Rei", Marsch der drei Könige, oder auch La Bella Estello, weil sie dem Stern folgen.

Die Melodie hieß aber auch Marche de Turenne und wurde Lully zugeschrieben. Clamon nennt einen anderen Komponisten, Baptiste, als Urheber, der aber von Lully „angeregt" worden sei. Das Volkslied übernahm schon damals Kunstmusik, wie noch heute, und hielt sich in unserem Fall an einen Marsch, den die Soldaten Turennes aus dem Elsaß mitbrachten.

„Mireille"

Die „Arlésienne" war schon der zweite Versuch, das Pariser Theaterpublikum für die Provence zu gewinnen, wie sie ihm in den Dichtungen von Mistral und Daudet bekannt wurde. Und der erste war glücklich gewesen. Es war die Oper „Mireille" von Gounod, acht Jahre vor der „Arlésienne" aufgeführt. Gounod, der durchaus kein Südländer war, hatte Mistral 1863 (vier Jahre zuvor war die Dichtung „Mireio" erschienen) um die Erlaubnis gebeten, aus dem Stoff eine Oper machen zu dürfen. Sie wurde nicht nur gewährt — der Dichter lud ihn ein, als sein Gast an Ort und Stelle das Milieu in sich aufzunehmen. Im März 1863 nahm Gounod an. Begeistert schrieb er aus der Provence an Bizet, er möge doch auch hinkommen — Gounod würde ihn dann in sein Zimmer einsperren, und er würde sehen, wie man da unten arbeiten könne, zumal da das Leben fast nichts koste. Aber Bizet kam nicht. Im Mai war Gounod mit der Komposition fertig und spielte sie den ländlichen Zuhörern auf einem alten Harmonium vor. In der zweiten Hälfte des Monats machte er noch die Wallfahrt nach Saintes-Maries mit — hier ist die einzige Stelle in der Oper, in der Gounod eine provenzalische Volksweise, gleichfalls einen Marsch, verwendet. Sonst ist es eine sehr schöne, oft herzbewegende Oper, getragen von der innigen Melodie Gounods, und sie folgt auch dem Gedicht von Mistral, das sie freilich ins Opernhafte umdeutet. So wird es die Geschichte von der reichen Bauerntochter Mireille, der der Vater den armen Vincent verweigert. Die beiden frommen Liebenden wollen einander erst in der Kirche von Saintes-Maries wiedersehen. Vincent wird unterwegs von seinem Nebenbuhler Ourias schwer verwundet, und Mireille erliegt auf dem Weg durch das sommerglühende Land fast der furchtbaren Hitze. Aber sie kommt in die Kirche und findet ihren Vincent; auch ihren Vater, der ihr jetzt die Heirat erlaubt. Nach der ersten Version der Oper ist es zu spät, und sie stirbt, wie in der Dichtung, vor Erschöpfung. Nach einer späteren Fassung, die besser in die Opéra Comique, das Theater des happy end, paßte, kommt sie wieder zu sich, und die beiden können heiraten. Eine sehr effektvolle, erst 1939 in Paris wieder eingeführte Szene schildert zwischendurch, wie Ourias von den Dämonen der Rhone in die Tiefe gezogen wird .

Wir haben die in Frankreich heute noch überall populäre Oper zum Vergleich herangezogen — sie wurde übrigens auch in New York aufgeführt — weil sie eine andere Provence zeigt, in vielem das Gegenbild der „Arlésienne". Aber auch darin Gegenbild, daß „Mireille" die konventionelle französische Oper ist, der man nicht anmerkt, daß sie in einer besonderen Landschaft spielt. Dagegen hat Bizet, der nie in der Provence war (außer auf der Reise nach Rom), nach dem Zeugnis gerade provenzalischer Fanatiker die eigentümliche Stimmung der Landschaft vollkommen wiedergegeben. Bizet hatte sicherlich die feineren Nerven von den beiden, die größere Sensibilität und wohl auch die stärkere Fähigkeit, dieses „je ne sais quoi de local" auszudrücken. Mit noch stärkerer Kraft der Anempfindung wird er sehr bald an eine ihm gänzlich unbekannte Landschaft und ihre Musik herangehen, an die spanische. Im einen wie im andern Fall hat er nichts nachahmen und nichts vortäuschen wollen. Er ist so wenig ein spanischer Komponist gewesen wie ein provenzalischer. Aber er gibt den Traum von der Provence und von Spanien deutlicher wieder als so viele andere ihre Wirklichkeit.

Heute, und längst, ist in Frankreich auch die „Arlésienne" populär, nicht nur die Musik der Suiten, auch die des Schauspiels. Dieses hatte am 1. Oktober 1872 die neue Direktion Carvalho am Théâtre du Vaudeville einzuleiten. Die Aufführung war sorgfältig vorbereitet und gut ausgestattet, und als Vivette trat die damals sehr bekannte Schauspielerin Bartet auf. Von der Musik hat das Richtigste wohl Reyer gesagt. Er rühmt nicht nur die größeren Stücke, sondern bezeichnet auch das Aufleuchten der Musik in oft nur wenigen Takten als meisterlich: alle jungen Musiker sollten sich in das kleine Theater begeben und an den Wirkungen dieses winzigen Orchesters erkennen, wie weit es geniale Begabung bringen könne.
Daß Alphonse Daudet von dem Ganzen einen ungünstigen Eindruck hatte, so weit es auf Wirkung ankam, haben wir schon berichtet. Er sollte Recht behalten. Damals konnte „L'Arlésienne" nur 15mal aufgeführt werden. Aber Bizet appellierte an den Konzertsaal. Dort hatte schon am 10. November desselben Jahres die (erste) Suite bei Pasdeloup einen besonderen Erfolg, und das Menuett mußte wiederholt werden. Am 9. November des

folgenden Jahres 1873 wurde die Suite in den Concerts Colonne mit der gleichen Begeisterung aufgenommen, und am 21. Februar 1875, unmittelbar vor der Premiere von „Carmen", auch in den Konzerten des Conservatoire. An das Stück von Daudet wagte sich erst 1885 wieder ein Theater, das Odéon. Seither aber ist es vom französischen Theater nicht mehr verschwunden: das einzige Werk aus dieser Zeit, sagt Tiersot, das einem halben Jahrhundert standgehalten hat.

Nur einen großen Schritt hatte Bizet jetzt noch zu tun. Oder vielmehr: nur einer war ihm noch vergönnt.

MUSIK FÜR ORCHESTER

Auf diesem Weg begegnen wir noch der Aufführung neuer Orchesterwerke, der Petite Suite d'Orchestre „Jeux d'enfants" und der Ouvertüre „Patrie". Die Suite hatte ihre Premiere am 2. März 1873, also nur ein halbes Jahr nach der „Arlésienne" und fünf Monate nach der Aufführung der Arlésienne-Suite. Die „Jeux d'enfants" waren für Klavier zu vier Händen komponiert worden und enthielten zwölf Stücke. Es ist reizende, einfache, die Miniatur meisterhaft abgrenzende Musik — und wenn sich der Vergleich mit Schumanns Kinderszenen aufdrängt, so fällt er nicht einmal zu Ungunsten Bizets aus. Nicht mit Unrecht ist gesagt worden (Cooper), daß Schumann, eine komplizierte romantische Erscheinung, wohl mit den Kindern fühle und denke, Bizet aber, jünger, einfacher, in seinem ganzen Wesen kindlicher, mit ihnen selbst Kind sei. Man sollte die Stücke gerade in ihrer ursprünglichen Klavierfassung besser kennenlernen.

Orchestriert und zu einer Suite vereinigt wurden daraus: 1. Marsch (Trompete et tambour) mit pikanten Wirkungen, wie sie der Titel andeutet. 2. Berceuse (La poupée), mit der eigentümlichen Liebe dieses Komponisten für Wiegenlieder geschrieben, die vielleicht erst durchbricht, wenn er selbst über einem Kind in der Wiege zu wachen hat. 3. Impromptu (La toupie — das ist ein Kinderspielzeug, der Kreisel). 4. Duo (Petit mari, petite femme), nur für Streicher gesetzt, Dialog zwischen erster Geige und Cello. 5. Galop (Le bal) — hier erscheint, Presto, eine Melodie, die wieder auf „Carmen" hinweist.

Die Orchesterbesetzung ist die gewohnt bescheidene: zweifache Holzbläser, vier Hörner, zwei Trompeten, Schlagzeug und Streicher. Wie immer bei Bizet, ist die durchsichtige, klare Instrumentation ein Labsal. Und wenn auch das landschaftliche und gemüthafte Pathos der Arlésienne-Suite fehlt, so ist es doch schade, daß sich die Kapellmeister ein solches Werk entgehen lassen.

Der Ouvertüre „P a t r i e" fehlt nun dieses Pathos durchaus nicht. Sie entstand, als Pasdeloup, immer wieder bemüht, und in der Nachkriegszeit erst recht, jungen französischen Komponisten zu helfen, bei dreien von ihnen je eine Ouvertüre bestellte; bei den Aufführungen war Bizet mit „Patrie" zuerst an der Reihe, eine Woche später kam Massenet mit „Phèdre" und nach einer weiteren Woche Guiraud mit einer Ouvertüre ohne besondere Bezeichnung. Aber Bizet hatte nicht auf die Bestellung gewartet. Zu mächtig drängte auch bei ihm, dem nicht geradezu fahnenschwingenden Patrioten, die Not der Zeit nach Ausdruck.

Die Ouverture dramatique „Patrie" ist dem Freund Massenet gewidmet. Ein größeres Orchester als sonst wird aufgeboten, mehr Blechbläser, mehr Schlagzeug. Ein mächtiger pathetischer Marsch in c-moll, einer Tonart, mit der Bizet gut umzugehen versteht, geht in Dur über. Ein zweites triumphierendes Marschthema greift auf das volle Orchester über, und ein drittes kommt hinzu. Die Episode des Andantino, ³/₄-Takt, klingt merkwürdig an tschechische Musik an. Die Reprise des Marsches, insbesondere des zweiten Themas, führt zu einem Jubel, der durchaus echt ist. Vielleicht hätte ein solches Programm einem Berlioz näher gelegen als Bizet. Vielleicht fehlte auch eine Dichtung, an die sich der Komponist hier hätte anlehnen können — das Stück „Patrie" von Sardou hat mit dieser Musik nichts zu tun. Musset war tot, Victor Hugo schwieg, Zola verströmte sein Pathos in anklagender Prosa. Wo war damals der Landsmann, der die Tragödie von 1870 in einer großen Dichtung gezeigt hätte? Die Tragödie der Frau dagegen, der Fremden, Ausgestoßenen, Teuflischen und des leidenschaftlichen Mannes war da, und sie war für Bizet schon ausgewählt worden, vom Theaterdirektor, von zwei kundigen Literaten. Die politische Erregung ebbte ab. Die menschliche kam um so stärker zur Geltung. Spielten irgend welche persönliche Erfahrungen mit? Verdrängte Wünsche, Träume? „Ma vie a son secret", hatte ein nicht sehr bedeutendes und in keiner Weise aufschlußreiches Lied von Bizet geheißen: 1938, in einer der Zentenarbetrachtungen, rührte ein französischer Komponist an das, was er „le secret de Bizet" nannte. Hat es das gegeben? Der Erfinder wollte selber kein Finder sein: habe ein solches Geheimnis bestanden, so möge man es, meinte er, lieber nicht enthüllen. Aber bei Bizet, und wie oft sonst noch, ist man manchmal geneigt, aller Biographie zu mißtrauen. Ist die Affinität eines anscheinend so ruhigen, harmonischen Menschen wie es Bizet war, zu so leidenschaftlichen Stoffen, wie „L'Arlésienne" und „Carmen", bloß Bühnenschicksal?

„CARMEN"

Prosper Mérimée

Der Dichter dieses Schicksals, das in der „Arlésienne" noch weniger „poignant" verläuft, heißt Mérimée. Es ist das dritte Dichter-Porträt, das wir hier im Zusammenhang mit Bizet zu zeichnen haben. Und wenn Musset wohl am meisten Dichter war, Daudet die stärkere Wirkung auf seine Zeit hatte, so ist Mérimée, der großen Menge heute in seinen Zusammenhängen fast unbekannt, zweifellos der merkwürdigste dieser drei: Romantiker vor und dann wieder nach der eigentlichen Romantik, Wanderer ins Unbekannte, Archäologe und Kunsthistoriker, beides als Amateur, der die Fachleute beschämt, Übersetzer, erster Vermittler der russischen Literatur in Paris, Politiker fern den Ereignissen, Höfling der Kaiserin — alles das ist Mérimée, und einer der feinsten Psychologen dazu, selber Held nicht weniger Romane. Vieles, was ihn betrifft, ist erst in den letzten Jahren bekannt geworden, und wir werden uns gerade daran und an die große und genaue Biographie zu halten haben, die Pierre Trahard neuestens herausgegeben hat.

Er ist Pariser aus Paris, am 28. September 1803 geboren, und er starb fünf Tage vor seinem 67. Geburtstag in Cannes. Wenn Frankreich seine Geburt und seinen Tod bezeichnet, so ist sonst selten ein Franzose so viel außer Landes gewesen, in Person wie im Geistigen. Der Vater war Maler, aber die Mutter war wohl die begabtere Persönlichkeit. Sie malt den Fünfjährigen, und er lernt bald selber malen, wie übrigens auch Hugo, Musset und Gautier. Der junge Mensch revoltiert gegen den Gewissenszwang der Schulen. Er erlebt die Niederlage Napoleons, aber auch das Werden der Napoleon-Legende. Seine literarische Vorbildung gilt lauter Feinden des Kaiserreiches: den Spaniern, Russen, Engländern. Er erlernt Englisch und Spanisch, etwas Deutsch, fast kein Italienisch, dazu kommt später noch das Russische. Daheim wirken die Staël und Stendhal auf ihn ein, von außen her Byron und Goethe (der die ersten Arbeiten von Mérimée hoch einschätzt).

Die Romantik setzt sich gegen den Widerstand einer älteren Generation durch. Mérimée gehört zu der jüngeren. Die Salons bilden ihn. Bei der Sängerin Pasta lernt er Stendhal kennen, bald auch Delacroix. Mit 21 liest er dem Cénacle um Stendhal Stücke einer spanischen Schauspielerin Clara Gazul vor — die nie existiert hat. Die Stücke sind von ihm. Eines heißt: „Une femme est un diable" und wird als erster Hinweis auf „Carmen" angesehen. Das „Théâtre de Clara Gazul" erscheint gedruckt mit einer Biographie der Dame. Aber bald bekennt sich Mérimée als Autor.

Das ist also sein visionäres Spanien, spanische Romantik noch vor „Hernani". Aber schon besucht der junge Dichter auch England und mystifiziert die Welt mit einem zweiten Buch: als Hyacinthe Maglanovitch gibt er eine Sammlung von jugoslawisch-türkischen Dichtungen heraus, die „Guzla" heißt (man hat bemerkt, daß Guzla ein Anagramm von Gazul ist). Es sind Nachahmungen von Volksliedern aus dem Balkan, wohl versehen mit einer Biographie des Dichters Maglanovitch. Erst 1829 erscheint unter Mérimées Namen die „Chronique du Temps de Charles IX", halb Roman, halb Geschichte, von Meyerbeer für die „Hugenotten" benutzt. Dann Novellen, darunter die „Carosse du Saint Sacrement", im spanischen Peru spielend, Heldin ist die Périchole, von der in der Operette von Offenbach immerhin der Name übriggeblieben ist, während Lord Berners die eigentliche Fabel von Mérimée 1924 für eine Oper verwendet hat.

1830, im Jahre des „Hernani", fährt Mérimée endlich selbst nach Spanien — damals eine Fahrt ins Ungewisse. Er scheut weder die schlechten Straßen und den Schmutz noch die Banditen, und bereist das Land bis in den äußersten Süden. Stierkämpfer und Maultiertreiber werden seine Freunde. Die Stierkämpfer begeistern ihn in Madrid — das ist mehr als Theater. Außerdem gibt es eine merkwürdige, ja für das Leben Mérimées entscheidende Begegnung: in einer Kutsche trifft er einen Grafen Teba, jüngeren Bruder des Grafen von Montijo, dessen Titel er bald danach erhält. Die Gräfin, Maria Manuela, eine geborene Kirkpatrick, schottischer Herkunft, inspiriert ihn geradezu. Sie erzählt ihm viel von Land und Leuten. Und so auch die Geschichte einer Zigarettenarbeiterin aus Sevilla, die Carmen heißt.

Der Graf starb bald — und der Witwe wurden in der Folge allerhand Beziehungen angedichtet, auch zu Mérimée; es gab Leute, die ihn sogar als Vater ihrer zweiten Tochter Eugenie bezeichneten, trotzdem diese vier Jahre vor seiner ersten spanischen Reise geboren war. Mérimée hat wiederholt alles das als Klatsch erklärt, nicht nur soweit es sich auf ihn bezog. Sicher ist nur, daß die Gräfin mit ihren zwei Töchtern wiederholt Spanien verlassen mußte, dann aber wieder in Gnaden aufgenommen und sogar zur Palastdame ernannt wurde. Bei einem ihrer Pariser Aufenthalte lernt Napoleon III. Eugenie kennen und heiratet sie. Als Kind hatte die junge Kaiserin auf den Knien Mérimées gespielt, und er hatte sie einmal in Paris, weil sie ihre Aufgabe brav gelernt hatte, in eine Konditorei geführt.

Aus Spanien schrieb Mérimée 1830 fünf Briefe an die „Revue de Paris", eine Gründung jenes Dr. Véron, der bald Direktor der Großen Oper werden sollte. Der eine schilderte die Stierkämpfe in Madrid, ein anderer die Herrlichkeiten im Museum des Prado, ein dritter eine Hinrichtung, und ein vierter erzählte von dem Banditen José Maria, genannt El Tempranito (der Frühaufsteher, also wohl nächtlicher Räuber), der einen Doppelmord begangen hat und nun zum Tod verurteilt ist — dieser Brief wird als die „Urzelle" der späteren Novelle „Carmen" betrachtet. Im letzten Brief ist von Zigeunern und Hexen in Spanien die Rede, von denen eine Carmencita genannt wird.

Was ist das für ein Spanien, das Mérimée damals sah? Ein wildes, exotisches, hartes Land, in dem man noch leicht zu den Niederungen, aber auch zu den Tiefen der Menschheit gelangte, ein romantisches Land im Gegensatz zu Paris, wo alles psychologisiert und zerredet wird. In der Meisternovelle „Carmen", in der schließlich sein Spanien-Erlebnis gipfelt, schildert er ein Land des Schicksals, erlebt von einfachen Menschen inmitten eines großen, aber würdig getragenen Elends, und es waltet da eine Konvention, gegen die sich selbst Banditen und Zigeuner nicht auflehnen.

Als nun Mérimée 1831 nach Hause kommt, regiert der Bürgerkönig — und er hat keine Ursache, das zu bedauern. Der Minister Thiers verschafft ihm die Stelle eines „Inspecteur Général des Monuments Historiques", die er von 1834 an durch zwanzig Jahre beibehält. Er hat, obwohl nicht gelehrter Archäologe und Kunsthistoriker, für die Erhaltung wertvoller Bauten viel getan und, oft unter großen Schwierigkeiten, fast unausgesetzt reisend, der Kunst Dienste geleistet, die man erst jetzt zu schätzen beginnt. Nebenher ging die Dichtung, manche Liebesleidenschaft, eine große Korrespondenz und die Teilnahme am geistigen und künstlerischen Leben der Hauptstadt. Er schrieb 1834 wieder eine spanische Novelle, aber diesmal über das ewige Don-Juan-Thema; die zwei spanischen Typen des Don Juan, der trotzige und der bekehrte, beide aber eigentlich Sucher und nicht Versucher, werden hier („Les âmes du Purgatoire") zu einem zusammengefaßt. Von einer Dienstreise in den Süden bringt er die Novelle „La Vénus d'Ille" mit, abermals mit einem Don-Juan-Motiv: die Statue, die lebendig wird und eine Herausforderung annimmt, freilich diesmal die Herausforderung einer Frau zur Ehe. Auch diese Novelle hat den Stoff zu zwei Opern gegeben: Die „Venus" von Othmar Schoeck, und „Die baskische Venus" von H. H. Wetzler. Eine weitere Amtsreise nach Korsika (1839—40) läßt die Novelle „Colomba" entstehen, die Geschichte einer korsischen Blutrache. Auch „Colomba" ist im Lauf der Jahre Oper geworden; Mérimée, der zur Musik kaum eine Beziehung hatte, war also ausersehen, ihr immer wieder Stoffe zu liefern.

Eine Rheinreise gibt ihm kein günstiges Bild von der deutschen Kunstpflege seiner Zeit. Er kommt nach Italien und Griechenland, vor allem aber 1840 auch wieder nach Spanien.

1845 entsteht die Novelle „Carmen"; im selben Jahr kommt er zum drittenmal in das Land, das ihn so sehr reizt. In der „Revue des Deux Mondes" bespricht er 1851 eine spanische Literaturgeschichte von Ticknor, die in New York erschienen ist. Nun hat er auch Russisch gelernt und übersetzt drei Novellen von Puschkin. Daß ihn eine seiner Freundinnen, die Frau des Polizeipräfekten Delessert, nach Jahren verläßt, verwundet ihn tief. Er soll Sekretär der jungen Kaiserin werden, wird aber statt dessen zum Senator ernannt, was ihm materielle Sicherheit gewährleistet, ihn aber zwingt, aus dem Dienst im Denkmalamt auszuscheiden. Dagegen unternimmt er weiterhin Reisen nach England, Süddeutschland, Österreich und Böhmen. Hier kümmert er sich aber mehr um das Volk als um Natur und Kunst. Die Tiroler gefallen ihm, sie sind aufrichtig, „das Gegenteil der Deutschen". Zu Hause bekämpfte er den aufkeimenden „Realismus" als Rest der Romantik, die er ablehnt, in seiner Dichtung aber doch bejaht. Seine Stimmung wird immer düsterer. Freundinnen verlassen ihn, Freunde sterben, so der Duc de Morny und Sainte-Beuve. Aber bei der Kaiserin wird er verhätschelt und vergilt das, indem er geradezu als maître de plaisir allenthalben aushilft, „bouffon de Sa Majesté". Noch einmal reist er 1864 nach Spanien und wiederholt nach England. Wiewohl er das Ende des Kaiserreiches voraussieht, erschüttert ihn das Verhängnis, wie es zuletzt eintritt, doch aufs tiefste. Vergebens bemüht er sich, der Kaiserin zu helfen (die ihn um ein halbes Jahrhundert überleben wird). Im September 1870 stirbt er in seinem Zufluchtsort Cannes. Eine Engländerin, mit der er lange befreundet war, Fanny Lagden, damals 74, behütet seine letzten Tage. Auch sie ruht in Cannes, im gleichen Grab wie Prosper Mérimée.

Die Novelle „Carmen"

Über Entstehung und Quellen der Novelle „Carmen" ist sehr viel geschrieben und noch mehr erzählt worden. Als besondere Merkwürdigkeit sei erwähnt, daß zu Beginn unseres 20. Jahrhunderts eine Zigeuner-Tänzerin und -Sängerin, die gern in der Carmen-Maske auftrat, behauptete, eine Urenkelin der historischen Carmen zu sein. Sie nannte sich Nadushka und erklärte, Carmen habe in der Zigeunersprache „Ar Mintz" (klingt wie der Name Carmen) geheißen. Französische Gelehrte lehnen diese Behauptung schon darum ab, weil Carmen, wie Mérimée selbst bezeugt, gar keine Zigeunerin war: sie ist es nur in der Novelle und, wenn man will, in der Oper.

Aus dem Wust vieler widersprechender Angaben versuchen wir folgendes Bild zu gewinnen: Ein Schwager der Gräfin Montijo ließ sich mit 60 von einer Cigarrera, einer Tabakarbeiterin wie Carmen, zur Trauung führen. Um sich in den Genuß des Majorats zu setzen, unterschob sie ihm ein Kind, das weder seines noch ihres war. Die Gräfin deckte den Betrug auf. Sie war es auch, die, wie erwähnt, Mérimée schon 1830 die Geschichte von dem berüchtigten Räuber erzählt hatte, der früher Soldat gewesen war und dann aus Eifersucht seine Geliebte getötet hatte. Ein Freund des gräflichen Hauses war (Mitteilung von Rafael Mitjana, den wir später als Autorität in der Frage der „spanischen" Musik Bizets zitieren werden) Estebanez Calderon, der 1837 Präfekt von Sevilla wurde und wohl amtlich mit dem Kriminalfall zu tun bekam. Im selben Jahr veröffentlichte er sein Buch „Escenas Andaluzas", das sehr viel Lokalfarbe enthält — Mérimée kannte es. An literarischen Quellen wird der „Don Quixote" genannt — der Ritter fällt einmal unter edle Räuber —, die Novelle „Preciosa" von Cervantes (ein von Zigeunern geraubtes Kind!), der „Gil Blas" und Scotts „Ivanhoe". Der Zigeuner-Komplex verführt Mérimée zu immer neuen Weiterungen. Er eignet sich einiges von der Zigeunersprache an, wie sie in Frankreich und Spanien gesprochen wird. Er studiert zwei englische Bücher von George Borrow, der von der englischen Bibelgesellschaft zu den spanischen Zigeunern entsendet wurde: „Zincali" (1841) und „The Bibel in Spain" (1843). Sie berichten viel von Erlebnissen mit Zigeunern, von ihren Sitten, Abenteuern, Festen — die kleine Abhandlung über die Zigeuner, mit der Mérimée seine Novelle schließt, faßt die Einleitung aus dem Buch „Zincali" zusammen. Borrow verweist auch auf die Erzählung „Zincani" von Puschkin, die Mérimée später übersetzt hat, und sagt dabei voraus, Rußland werde die politische und wohl auch die literarische Welt umwälzen. Aber das Wichtigste sagt wohl Mérimée selbst in einem Brief an die Gräfin Montijo vom 16. Mai 1845: „Ich habe mich jetzt für acht Tage eingeschlossen und schreibe an der Geschichte, die Sie mir vor fünfzehn Jahren erzählt haben. Ich fürchte, ich habe sie verdorben... Es ist die von Jacque de Malaga, der seine Maitresse, eine Dirne, getötet hat... Da ich die Zigeuner seit einiger Zeit sorgfältig studiere, habe ich aus ihr eine Zigeunerin gemacht."

Die Novelle „Carmen" erschien zuerst in der „Revue des Deux Mondes" (Herbst 1845); dann als Buch, zusammen mit zwei anderen Erzählungen, darunter „Arsène Guillot", die in derselben Zeitschrift abgedruckt worden war. Während man aber „Carmen" ruhig hingenommen hatte — auch als das Buch erschien, brachten die großen Zeitungen keine Besprechung —, hatte es bei „Arsène Guillot" Skandal gegeben: die Abonnenten beschwerten sich über die Unsittlichkeit dieser Novelle.

Literarische Beurteiler stellten und stellen „Arsène Guillot", „La Vénus d'Ille" und „Les âmes du Purgatoire" ebenso hoch, ja sogar höher als „Carmen". Das Publikum hat ein anderes Verdikt gefällt, vielleicht wegen der Oper, die ja doch wesentlich milder ist als die Novelle. Diese wird von Sainte-Beuve als exquise et dure, von Montherlant, dem Experten der Stierkämpfe, gar als das grausamste Meisterwerk bezeichnet. Taine schätzte sie sehr hoch, Tolstoi aber fand sie geradezu schlecht. Der Leser dieses Buches möge nun selbst beurteilen, wie weit ihn die Novelle „Carmen" vom Sujet einer seiner Lieblingsopern wegführt.

Mérimée wendet ein besonders raffiniertes System der Erzählung und der Charakterschilderung an. Er berichtet in der Ichform von zwei Begegnungen mit Don José und dreien mit Carmen. Das Ganze ist eingebettet zwischen eine archäologische Untersuchung über Cäsars Kämpfe bei Munda in Spanien und eine ethnologische über die Zigeuner dieses Landes. Ein wenig ist das auch Stil der Zeit, die gern Gefühle verbarg, dagegen alle Grenzen zwischen Poesie und Wissenschaft zu verletzen liebte.

Als Motto trägt die Novelle ein Distichon aus der griechischen Anthologie, dem Palladas zugeschrieben, der im 5. Jahrhundert A. D. lebte: Das Weib ist gallenbitter. Doch hat es zwei gute Stunden — eine im Bett, die andere, wenn es einen, sterbend, in Ruhe läßt.

Und nun erzählt Mérimée:

Auf einer Reise in Andalusien wollte ich die Frage entscheiden, wo die Schlacht bei Munda stattgefunden habe. Die gemeinhin beschriebene Stelle scheint nicht die richtige zu sein, und ich denke, in einer gelehrten Abhandlung eine andere zu nennen. (Die Abhandlung ist nie erschienen, aber Historiker haben Mérimée bezeugt, daß er richtig geurteilt hat.) Der Ritt ist heiß und einsam; der Erzähler ist von einem einheimischen Führer begleitet, der Antonio heißt. Sie finden eine Quelle und Gras zum Ausruhen — aber es ist schon jemand vor ihnen da. Dieser andere ist ein merkwürdiger, ziemlich wild aussehender Mann. Widerwillig nur nähert sich ihm Antonio; aber Mérimée bietet ihm von seinen Vorräten an, und der Fremde ißt gierig. Er nimmt auch von den Zigarren des Erzählers, und damit ist dieser nach spanischem Brauch sicher, denn nun gibt es zwischen ihnen eine Art Gastrecht. Der Fremde bietet sich an, Mérimée zu der Venta, dem sehr einfachen Unterkunftsort, zu begleiten, der das Tagesziel ist. Unter fortwährenden Zeichen des Führers, die Mérimée nicht beachtet, beginnt der Ritt. Sie kommen ins Gespräch, und der Franzose, der einen Schmuggler vor sich zu haben glaubt, rühmt zuvorkommend das Räuberhandwerk und den damals berühmten Räuberhauptmann José Maria. Der ist ein Kauz („un drôle"), sagt der Fremde — und Mérimée ist boshaft genug, das Signalement des José Maria herzusagen, das er überall plakatiert gesehen hat. Er vergleicht es mit dem Reisegefährten: es stimmt; aber er respektiert das Inkognito seines Begleiters. Sie kommen in die Venta. Der Fremde singt vor dem Schlafengehen noch ein Lied zur Laute, und Mérimée erkennt, daß er nicht spanisch, sondern baskisch singt. Dann legen sie sich auf den Boden des einzigen und daher allgemeinen Schlafraums; Antonio aber macht sich im Stall bei den Pferden zu schaffen. Unser Erzähler wird bald von Ungeziefer geweckt und geht ins Freie. Da bemerkt er, daß Antonio, der seinem Pferd die Hufeisen umwickelt hat, davon will. Er hat den Banditen erkannt und will den Preis von 200 Dukaten verdienen, der auf dessen Kopf gesetzt ist; vergebens sucht ihn Mérimée zurückzuhalten. So weckt er den Räuber und fragt ihn, ob er mit den Gendarmen zusammentreffen möchte, die hierherkommen würden: und schon ist José Maria weg, sagt aber zuvor, er sei nicht so schlecht, wie man nach allem glauben könnte, und verdiene noch Mitleid (ganz wie die Räuber von Barcelona in „Don Quixote"). Leider könne er sich jetzt seinem Retter nicht dankbar erzeigen, werde aber ihm zuliebe auf die Rache an Antonio verzichten. Die Reiter kommen, Mérimée sagt ihnen, sein Reisebegleiter sei geflüchtet, und begibt sich nach Cordoba, wo er seinen Führer reichlich entlohnt.

Zweites Kapitel: Dort in Cordoba gibt es bei den freundlichen Dominikanern alte Manuskripte über die Schlacht bei Munda. Mérimée bleibt ein paar Tage und wird an den Abenden Zeuge eines merkwürdigen Schauspiels. Wenn es dunkel ist, steigen die Frauen der Stadt, die sich ihrer Kleider entledigt haben, in den Fluß Guadalquivir; die Männer trachten von der Höhe des steilen Ufers aus zuzusehen. Da kommt einmal eine Frau auf ihn zu, schwarz gekleidet wie alle Grisetten — die anderen Frauen tragen Schwarz nur am Morgen —, Jasmin im Haar und in der Bluse, der betäubend riecht. Sie ist jung, klein und zierlich und hat große dunkle Augen. Er bietet ihr Zigaretten an und später ein Eis. Es ist die Zigeunerin Carmencita, und sie will ihm wahrsagen. Mérimée hat sich in seinen Schülerjahren selbst mit Magie befaßt und wird neugierig. Er beobachtet sie: zu hübsch für eine richtige Zigeunerin. Sie will bei sich zu Hause prophezeien. Weit draußen in der Vorstadt Triana öffnet ein Kind ein ärmliches Zimmer; Carmen zieht schmutzige Karten und ein wenig Zaubergerät hervor und beginnt ihre Beschwörungen. Von der höheren Magie weiß sie nur sehr wenig. Da kommt ein Mann in das Zimmer, der mit dem Mädchen baskisch redet. Sie streiten, und dann führt der Mann Mérimée in sein Wirtshaus zurück, wo er merkt, daß ihm seine Uhr fehlt. Er reist weiter und kommt auf dem Rückweg wieder nach Cordoba. Die Patres atmen auf. Sie dachten ihn schon tot, denn man hat seine Uhr gefunden; noch dazu bei einem berüchtigten Räuber, der jetzt gefangen sitzt und von einem Geistlichen auf den Tod vorbereitet wird. Mérimée darf ihn besuchen: es ist Don José. Er bekommt Zigarren geschenkt — nimmt aber nur wenige —, die übrigen braucht er nicht mehr. Wenn aber Mérimée auf der Rückreise nach Pampluna komme, möge er einer alten Frau diese Medaille bringen. „Sagen Sie ihr, daß ich gestorben bin — aber sagen Sie nicht, wie!" Und Don José erzählt (drittes Kapitel):

Ich bin aus Elizondo und heiße Don José Lizzarabengoa, „basque et vieux chrétien" (Don ist ein Adelstitel, und viejo christiano heißt: ohne arabische und jüdische Vorfahren). Ich sollte studieren, kam beim Ballspiel in einen Streit, geriet in Vorteil (das heißt, daß der andere mindestens schwer verwundet war) und mußte fliehen. So wurde ich Soldat, Dragoner, wurde zum Korporal befördert und sollte Wachtmeister werden. Da kam ich zu meinem Unglück — es war ein Freitag — zur Wache vor der Tabakfabrik. Da arbeiten Hunderte von jungen Mädchen, und die sagen nicht nein, wenn ihnen die Herren, die sie vorübergehen sehen, etwas Hübsches versprechen. Ich blieb auf meiner Bank sitzen —, denn ich konnte mir ein Mädchen nicht ohne den blauen Rock und die Zöpfe denken, wie man sie bei uns sieht. Da wird gerufen: „Hier kommt die Gitanilla." (Zigeunerin.) Ich sehe sie noch vor mir. Sie hat einen sehr kurzen roten Rock an, und ihre Strümpfe haben viele Löcher; aber die roten Schuhe sind prächtig. Sie trägt eine rote Cassia angesteckt und hält eine im Mund. Sie wiegt sich in den Hüften und gibt den vielen Männern, die auf sie einreden, kecke Antworten. Ich schaue sie nicht an, aber wie alle Katzen und alle Frauen, läuft sie dem zu, der sie nicht ruft. „Gevatter, willst du mir die Kette geben?" (Ich hatte eine aus Hanf gedreht.) „Du magst nicht — dann mach mir sieben Ellen Spitzen für meine Mantilla!" Alles lacht, und sie wirft mir die Blume zu, die sie im Mund gehalten hat — die Blume trifft mich wie eine Kugel zwischen den Augen. Ich hebe sie auf und stecke sie an — die erste Dummheit. Zwei Stunden später kommt ein aufgeregter Türhüter: Hilfe, im großen Saal liegt Eine ermordet. Der Wachtmeister sagt mir: nimm zwei Mann und sieh nach. Ich finde dreihundert Frauen — sie sind wegen der Hitze im bloßen Hemd —, und alle schreien und gestikulieren auf mich ein. Auf dem Boden liegt eine blutende Frau, mit zwei Schnitten über das Gesicht. Sie brüllt und will sterben — man möge ihr einen Priester senden. Fünf oder sechs andere halten Carmen fest. Es ist endlich herauszubekommen, daß sie mit der nun Verwundeten gestritten und sie zuletzt mit dem Zigarrenmesser geschnitten hat. Höflich, aber sehr bestimmt, befehle ich ihr, mir zu folgen. Es geht auf die Wache, und von dort soll ich sie ins Gefängnis führen. In einer engen, gewundenen Straße bittet Carmen um Gnade. Sie spricht baskisch, sagt, sie sei von dort her, ihrer Mutter von Zigeunern entführt, und sie arbeite jetzt, um das Geld für die Rückreise zu verdienen. Als Baskin ist sie hier beschimpft worden — Landsmann, hilf! Ich werde dich stoßen, du wirst fallen, in der Verwirrung fliehe ich. Versuch es, sage ich ihr; Unsere liebe Frau vom Berge wird dir helfen. So geschieht es — und ich muß gleich auf die Wache zurück. Ich werde degradiert und einen Monat lang eingesperrt. Im Gefängnis mache ich mir die ärgsten Vorwürfe; aber ich muß immer wieder an die durchlöcherten Strümpfe der Zigeunerin denken. Da bringt mir der Kerkermeister ein besonders zubereitetes Brot, von meiner Cousine geschickt. Ich habe doch keine! Beim Anschneiden fühle ich etwas Hartes. Eine englische Feile und ein Goldstück sind darin. Das ist Carmen! Aber ich desertiere nicht. Dafür muß ich bald wieder Posten stehen, diesmal als gemeiner Soldat. Es ist vor dem Haus unseres Obersten, eines lebenslustigen Mannes. Ein Wagen fährt vor, meine Zigeunerin steigt aus — sie wird beim Obersten tanzen. Sogleich erkennt sie mich, und wie sie nach einer Stunde wieder weggeht, sagt sie: bei Lillas Pastia in der Vorstadt Triana gibt es gute Fische...

Sobald ich kann, gehe ich hin. Lillas Pastia ist ein alter Zigeuner. Carmen erscheint und geht gleich mit mir weg. Für das Goldstück, das sie mir gesendet hat, kaufen wir ein Dutzend Orangen, Brot, eine Wurst, Wein und sehr viel Zuckerwerk. In einem alten Haus wird ihr ein Zimmer aufgemacht, und sie beginnt zu tanzen und sagt: Du bist mein Rom (Mann), ich bin deine Romi (Frau). Jetzt zahle ich meine Schuld, das ist das Gesetz der Zigeuner. Oh, dieser Tag! Wenn ich an ihn zurückdenke, vergesse ich den von morgen!

Wir bleiben den ganzen Tag, essen, trinken „et le reste". Sie will immer wieder tanzen. Es sind keine Kastagnetten da, und so zerbricht sie den einzigen Teller im Zimmer und schlägt die Scherben aneinander. Aber der Abend kommt, und ich muß ins Quartier zum Appell. Sie wird ärgerlich. Bist du ein Sklave — aber nein, du bist ein echter Canari (die Dragoner tragen gelbe Uniformen).

Ich gehe nicht. Am Morgen sagt sie: ich habe gezahlt, wir sind quitt. Wiedersehen? Oh, da mußt du weniger musterhaft sein. Ich habe dich beinahe lieb. Aber das darf nicht sein, Hund und Wolf vertragen sich nicht. Du bist mit dem Teufel zusammengetroffen — er muß nicht immer schwarz sein — und er hat dir nicht den Hals umgedreht. Zünde deiner Mutter Gottes eine Kerze an...

Ich gehe den ganzen Tag wie verrückt umher. Nach ein paar Wochen stehe ich Posten an einem Stück Stadtmauer, das ausgebessert werden muß. Es ist ein Posten nötig, wegen der Schmuggler. Da kommt Lillas Pastia: Hast du Nachricht von Carmen? Nein? Dann wirst du bald von ihr hören. Da ist sie auch schon — und bietet mir einen Duro an, wenn ich „Leute mit Paketen" durchlasse. Du willst nicht? Dann komm wieder nach Triana. Wenn du auch das nicht willst, spreche ich mit dem Offizier — er wird gefälliger sein. Das wirkt. Ich lasse fünf Schmuggler durch, Carmen voran, und auch Lillas Pastia. Aber in dem elenden Zimmer in der Vorstadt erscheint Carmen spät und mißgelaunt: Du hast dich bitten lassen, sagt sie mir, und wir streiten lange. Ich laufe wütend weg, komme schließlich in eine Kirche und fange in einem dunklen Winkel zu weinen an. Mit einem Male ist sie da, holt mich, wir schließen Frieden. Ihre Laune wechselt wie bei uns das Wetter. Das nächste Mal bringt sie einen Leutnant mit. Er herrscht mich an und gibt mir einen Säbelhieb; ich ziehe, und der Offizier rennt in die Spitze meines Säbels. Carmen verbirgt mich bei einer Zigeunerin; die beiden pflegen mich wunderbar, sagen aber dann: jetzt mußt du weg. Werde Schmuggler! Ich: Gibt es dort keinen Leutnant? Carmen: Narr, du bist eifersüchtig. Ich liebe dich doch — oder habe ich je Geld von dir genommen? Wie immer — bei einem Schnapsbrenner in Jerez treffe ich die Schmugglerbande des Dancairo; ein lieber Bursch ist dabei, der Remendado (Dancairo ist einer, der mit fremdem Geld spielt, Remendado „der Geflickte"). Carmen ist die beste Spionin. Es geht mir gut, ich habe Geld, ein Mädchen, und die Kameraden behandeln mich mit Hochachtung, denn ich habe schon einen umgebracht. Nur darf ich nicht sagen, daß Carmen meine Geliebte ist. Eines Tages erfahre ich warum: Dancairo erzählt, daß wir einen Mann mehr bekommen werden, einen alten Kameraden, der auf der Galeere saß. Aber Carmen hat ihren Mann befreit — sie hat den Stabsarzt dort richtig behandelt. Wie, fahre ich auf — Carmen verheiratet? Ja, mit dem Zigeuner Garcia Le Borgne, dem Einäugigen also.

Er stößt zu uns. Wir werden von Gendarmen überfallen und können nur die wertvollste Ware in die Felsenklüfte mitnehmen. Remendado wird verwundet, und Garcia gibt ihm einen Gnadenschuß — wir brauchen kein Aas. Aber Carmen tanzt und umarmt mich heimlich. Am nächsten Morgen geht sie in die Stadt, um zu rekognoszieren. Bald darauf kommt eine Kutsche mit einer reichgekleideten Dame auf uns zu. Schon wollen wir sie überfallen — aber es ist Carmen, gerade auf dem Weg nach Gibraltar „pour des affaires d'Egypte". (Die Zigeuner stammen angeblich aus Ägypten — Zigeunergeschäfte, dunkle Geschäfte). Sie signalisiert uns zwei englische Lords, die wir ausplündern. So wird man Räuber... Aber dann hören wir nichts von Carmen. Um auf ihre Spur zu kommen, ziehe ich als Obsthändler verkleidet in Gibraltar ein. Mit einem Mal ruft mich eine Dame, die neben einem stattlichen englischen Offizier am Fenster lehnt — und das ist wiederum Carmen. Ich muß mit meinem Obst hinaufkommen; sie spricht baskisch — ich soll am nächsten Tag wiederkommen, wenn alles bei der Parade ist, und dann steht mir ihr Zimmer offen, ein schöneres als in Cordoba, und sie ist die alte, verliebt und ausgelassen.

Dann aber wird sie sachlich: ich schicke euch den Offizier an eine bestimmte Stelle der Straße — er bringt mich nach Ronda, wo ich eine Schwester habe, die Nonne ist — Carmen lacht sehr herzlich zu dieser selbst erfundenen Geschichte — und ihr werdet ihn überfallen. Garcia möge ihn angehen — der Offizier hat gute Pistolen — und du bist dann meinen Rom los. Ich widerspreche: was ich mit Garcia abzumachen habe, werde ich als fino Navarro erledigen. So geschieht es. Ich gehe zur Bande zurück, wir lauern dem Offizier auf, aber zuvor beginne ich einen Streit mit Garcia, und das Messer soll entscheiden. In diesem ehrlichen Kampf töte ich Garcia. Dann wird der Engländer überfallen. Er wehrt sich tapfer, und wenn ihm nicht Carmen einen Stoß in den Arm gegeben hätte, wäre es um mich geschehen gewesen. Sogleich melde ich Carmen, daß Garcia tot ist. Seine Zeit war gekommen, sagt sie. Deine wird auch kommen. Und ich erwidere: Auch deine, wenn du mir nicht eine gute Romi sein willst. Es ist gut, sagt sie — ich habe im Kaffeesatz gelesen, daß wir zusammen enden.

Wir leben jetzt nur vom Schmuggel, selten von Raub, und auch dann töten wir niemand. Doch sagte eines Tages Carmen: Ich habe dich weniger lieb als früher. Ich will frei sein — sonst suche ich mir einen, der dich tötet, wie du den Garcia. Da überfallen uns wieder die Gendarmen. Diesmal muß Dancairo daran glauben — mich rettet nur mein gutes Pferd. Aber ich bin verwundet; Carmen pflegt mich wieder gesund und versteckt mich dann in Granada, ganz nahe dem Haus des Corregidors, der mich sucht. In meiner Krankheit habe ich aber viel nachgedacht — und ich bitte Carmen, mir nach Amerika zu folgen. Wir beginnen dort ein neues Leben. Sie will es nicht. In dieser Zeit gibt es Stierkämpfe in Granada, und Carmen schenkt einem Picador Lucas viel Aufmerksamkeit (die Picadores haben den Stier zu reizen, ehe der Toreador oder Espada den eigentlichen Kampf durchführt). Carmen rechtfertigt sich; entweder wir bekommen sein Geld oder er stößt zu uns. Ich, Don José, wollte keines von beiden. Der Schmuggel beschäftigte uns damals sehr stark. Übrigens — damals traf ich Sie, mein Herr; es war Carmen, die Ihnen die Uhr stahl, und sie wollte auch Ihren Ring, der ein Zauberring sein soll. Ich prügelte sie dafür, und sie weinte; das erste Mal, daß ich sie weinen sah, und das war schrecklich. Sie ist sehr bös, dann plötzlich wieder gut, wir sind sehr verliebt — und mit einem Mal will sie zu einem Fest nach Cordoba. Ich erfahre, daß es ein Stierkampf ist, folge ihr in den Zirkus und sehe, wie Lucas dem Stier die Kokarde entreißt und sie Carmen überreicht, die sie sofort ansteckt. Dann aber stürzt sich der Stier auf Lucas, und er wird schwer verwundet.

Ich erwarte Carmen, nehme sie zu mir aufs Pferd, wir reiten die ganze Nacht. Am Morgen kommen wir zu einer Venta nahe einer Einsiedelei. Zweimal beschwöre ich Carmen, mit mir nach Amerika zu gehen; wir haben etwas Geld. Carmen will nicht. Sie denkt nur an den Tod: zuerst komme ich, dann du. Da gehe ich zum Eremiten. Ich bitte ihn um sein Gebet für eine Seele in Gefahr, und um eine Messe für eine Person, die vielleicht bald vor ihrem Richter stehen wird. Der Eremit bietet mir seinen priesterlichen Rat an — er liest die Messe, der ich, aber außerhalb der Kapelle, folge. Dann geht es zu Carmen zurück. Wäre sie nur inzwischen weggeritten! Aber sie ist beim Bleigießen... Wieder reiten wir ein Stückchen weiter, wieder frage ich: willst du mir folgen? Zum Tod, sagt sie — aber ich will nicht mit dir leben. Eine einsame Schlucht öffnet sich, wie wir weiterreiten. Ist es hier? fragt sie. Sie springt vom Pferd, stellt sich aufrecht hin, herausfordernd, die Faust in der Hüfte: töte mich, es ist geschrieben, aber ich gebe nicht nach. Als mein Rom hast du das Recht, mich zu töten. Ich: Du liebst also den Lucas? — Ja, ruft Carmen, ich habe ihn geliebt, aber jetzt liebe ich niemand mehr und hasse mich, daß ich dich geliebt habe. Ich werfe mich ihr zu Füßen, bitte, beschwöre, ich will Brigant bleiben, alles, wenn sie mich wieder liebt. Nein, sagt sie, ich kann es nicht, ich will nicht mehr mit dir leben. Ich ziehe das Messer. Hätte sie nur um Gnade gebeten — aber nein, diese Frau war ein Dämon. Zum letzten Mal: willst du bei mir bleiben? Sie: Nein, nein, nein. Sie stampft mit dem Fuß auf und wirft mir einen Ring, den ich ihr schenkte, vor die Füße. Ich treffe sie zweimal, mit dem Messer des Borgne. Beim zweiten Stich fällt sie hin, ohne einen Laut. Ich sehe noch ihr großes schwarzes Auge auf mich gerichtet — dann trübt es sich und bricht. Eine Stunde bleibe ich bei der Leiche, dann erinnere ich mich, daß sie immer im Wald begraben sein wollte und schaufle ihr ein Grab mit meinem Messer aus. Den Ring lege ich dazu und ein kleines Kreuz. Ich steige auf mein Pferd, galoppiere nach Cordoba und gebe mich beim ersten Posten an. Ich sage, daß ich Carmen getötet habe, aber ich sage nicht wo. Es war eine Messe für sie gelesen worden, und ich hatte für sie gebetet. Armes Kind — die Zigeuner sind schuld: sie haben sie so erzogen.

Damit endet die Geschichte von Carmen und Don José. Denn ein kurzes viertes Kapitel der Novelle von Mérimée ist lediglich eine Abhandlung insbesondere über die spanischen Zigeuner — man kann den Eindruck nicht loswerden, daß sich der Dichter dieses Mittels bedient, um seine eigene Erregung über die Begebenheit und die Folgerungen, die man aus seiner Erzählung ziehen mußte, einigermaßen zu bemänteln. Den meisten Zusammenhang mit dem, was wir eben gelesen haben, zeigt vielleicht noch die Bemerkung, daß die Zigeunerinnen in Deutschland sehr hübsch, in Spanien fast immer häßlich sind (sollte also, fragt der Leser, Carmen doch keine gewesen sein?) Und weil sie nicht hübsch sind, sind sie vielleicht, wie Borrow behauptet, tugendhaft und treu; aber Mérimée bezweifelt das. Bezeichnend sei auch, daß sich die Zigeuner andern Völkern überlegen dünkten. Sie sollen aus Indien stammen, die Sprache zeige Verwandtschaft mit dem Sanskrit und enthalte auch griechische Worte. Der Schluß verliert sich in philologischen Konjekturen.

Das ist eine Meisternovelle. Es ist kein Theater, kein Operntext. Für einen solchen gibt es zu viel Einzelheiten, zu viel Wiederholungen, abgesehen von den Abhandlungen über die Zigeuner und über die Schlacht bei Munda. Die Geschichte, wie der Erzähler selbst Carmen kennenlernt, wäre auf der Bühne unmöglich und banal. Auch hätte man wenig Freude an einer so häßlichen Kreatur, wie es Garcia le Borgne ist. Erstaunlich ist immerhin, wie viel die Umwandlung der Novelle in einen Operntext von der Kunst eines Dichters übrig lassen konnte, — viel mehr als andere Librettisten der Zeit von Goethe (Faust, Mignon) und Shakespeare (Hamlet, Romeo) retten konnten oder auch nur wollten.

Die Oper „Carmen" in ihrer Urfasung

Wir erzählen jetzt die Handlung der Oper „Carmen", so wie sie die Librettisten Meilhac und Halévy geschrieben haben — man wird merken, daß es nicht ganz die Oper ist, die man außerhalb Frankreichs aufführt. Unsere Fassung ist zu lesen im 11. Band des „Théâtre de Meilhac et Halévy", und der Titel heißt: „Carmen, Opéra comique tirée de la nouvelle de Prosper Mérimée."

Schauplatz des ersten der vier Akte ist Sevilla, vor der Tabakfabrik. Links der Wachtposten, „mit dem Gestell für die Lanzen der Dragoner", im Hintergrund eine praktikable Brücke. Dragoner vom Regiment Almanza (wie in der Novelle, gesprochen und gesungen wird aber meist Alcalá); auf Wache: der Korporal Moralès (eine erfundene Figur) mit seinen Soldaten. Chor. Die junge Bäuerin Micaela kommt; sie ist gekleidet, wie der José der Novelle die Mädchen von Navarra beschreibt: blaues Kleid, herabhängende Zöpfe. Micaela fragt die Dragoner nach dem Korporal Don José. Er ist nicht da, kommt aber zur Wachablösung. Natürlich möchten die Soldaten, daß Micaela bei ihnen warte, aber sie ist brav und zieht es vor, später wieder zu kommen. Unter den vielen Leuten, die vorbeiziehen, fällt ein alter Mann mit einer jungen Frau auf; der Galan ist nicht weit, und es gelingt ihm, der Frau im Gespräch einen Brief zuzustecken; höflich empfiehlt er sich. Und nun kommt die ablösende Wache, angekündigt von einem Chor von Gassenjungen: Leutnant Zuniga als Kommandant, Don José als Unteroffizier und die Dragoner. Bei der Ablösung erzählt Moralès seinem Kameraden Don José von dem Mädchen, das ihn gesucht hat. José: Das kann nur Micaela sein. Die abgelöste Wache verläßt die Bühne.

Prosagespräch des Leutnants Zuniga — den Namen haben die Librettisten erfunden oder gefunden — mit Don José; der Leutnant ist erst zwei Tage da und erfährt, daß drinnen in der Fabrik mehrere hundert Arbeiterinnen beschäftigt sind. Bei der Hitze ziehen sie sich während der Arbeit bis aufs Hemd aus, besonders die jungen. Leutnant: sind auch hübsche darunter? José: Man sagt es, aber ich habe sie nicht angeschaut. Der Leutnant hänselt seinen Unteroffizier, und José gesteht, daß er an Micaela, die vorhin da war, gerne denkt — das ist seine Ziehschwester; die Mutter, die zehn Meilen entfernt wohnt, eine brave Frau, hat sie als Kind angenommen. Übrigens erzählt José die Geschichte, wie er zum Militär kam, im gekürzten Wortlaut der Novelle. Die Glocke der Fabrik läutet, und die Mädchen kommen von der Mittagspause zurück zu ihrer Arbeit. José beschäftigt sich damit, eine Kette aus Hanf zu drehen, die er zum Reinigen seiner Waffe braucht. Chor der Fabrikmädchen und der mancherlei jungen Leute, die gekommen sind, um ihnen aufzupassen. Da rufen die Soldaten: wo bleibt Carmencita? Sie erscheint: „absolument le costume et l'entrée indiqués par Mérimée", also die rote Blume angesteckt, rote Blume im Mundwinkel, tändelt mit ein paar besonders zudringlichen Verehrern und singt ihnen die berühmten Strophen der Habanera vor, mit dem Refrain: „Liebst du mich nicht, so liebe ich dich gerade — und wenn ich dich liebe, nimm dich in acht!" Dabei sieht sie über die jungen Hofmacher hinweg zu Don José. Was machst du da, fragt sie ihn. Er: Eine Kette — und dann nennt sie ihn scherzhaft „épinglier de mon âme", also einen, der sie fesseln könnte. Sie wirft ihm die Blume mitten zwischen die Augen, wie in der Novelle, er hebt sie auf, steckt sie an, alles lacht. Inzwischen hat der Leutnant mit anderen Arbeiterinnen gesprochen. José bleibt allein, die Mädchen sind in die Fabrik gegangen, und er sagt, was die Novelle von den Frauen und den Katzen sagt: wenn man sie nicht ruft, laufen sie einem nach. Aber — wenn es Hexen gibt, so ist dieses Mädchen eine.

Da kommt Micaela. José versteckt Carmens Blume. Sie bringt einen Brief der Mutter und etwas Geld, und sie soll sagen, daß die Mutter verzeiht und wartet; sie soll ihm auch den Kuß geben, den ihr die Mutter für José gegeben hat, und das tut sie. Duett. José: Selbst von der Ferne her schützt mich die Mutter — wer weiß, welchem Dämon ich zum Opfer fallen sollte (er blickt nach der Fabrik). Sag der Mutter, daß ich für sie brav sein will, und gib ihr auch den Kuß, den ich dir jetzt gebe. Er liest den Brief: Mein Sohn, werde noch Wachtmeister, aber laß dir dann eine kleine Anstellung geben, komm zurück, ich warte und ich weiß dir hier eine Frau, es ist die, die den Brief bringt (Micaela macht sich in der Stadt zu tun, sie wird wiederkommen). José: Ja, ich werde sie heiraten. Und diese Zigeunerin mit ihrer verhexten Blume...

In diesem Augenblick Lärm aus der Fabrik. Die Mädchen stürzen heraus und umschwätzen den Leutnant. Er kann nur erfahren, daß drin etwas passiert ist. Was nur? Ja, die Manuelita hat gesagt, sie würde einen Esel kaufen, und Carmen hat ihr erklärt, ein Besen würde es auch tun, worauf die Manuelita schreit, Carmen werde noch verkehrt auf ihrem Esel reiten (eine uralte Strafe für leichtsinnige Mädchen). Der Leutnant befiehlt José, mit zwei Mann nachzusehen und zu berichten. Die Frauen schwätzen weiter durcheinander. Nach einem Augenblick erscheint in der Tür der Fabrik Carmen, geführt von José. Prosagespräch: José erzählt, genau nach der Novelle, wie drin eines von den Weibern brüllt, sie sterbe, und Mademoiselle Carmen habe sie im Streit durch Messerschnitte im Gesicht verletzt. Er habe Mademoiselle aufgefordert, mitzugehen, und sie habe es douce comme un mouton getan. Der Leutnant fragt nach der Verwundeten. José, dem Carmen immerfort Zeichen macht: eine ganz leichte Verletzung nur, beim Wort eines Navarresen! Carmen verantwortet sich nicht, sie trällert nur vor sich hin: ich habe einen andern lieb und sage es, auch wenn man mich tötet — wie wahr werden diese Worte bald werden! Nun, sie muß ins Gefängnis, José hat sie zu führen; schade, sagt der Leutnant, sie ist hübsch. José muß ihr die Hände binden, und der Leutnant geht in die Wachstube, um die Order auszuschreiben. Szene Carmen — Don José. Sie bittet um Mitleid. Der Strick schneidet ihr in die Hand ein, José lockert ihn, und wörtlich, wie in der Novelle, erzählt sie: sie ist auch aus Navarra, von Zigeunern geraubt, will zur Mutter zurück, — man wird hier für eine payse, eine Frau aus der Heimat, doch etwas tun? Aber gleich darauf: wozu lügen? Ich bin Zigeunerin, und du wirst tun, was ich will, weil du mich liebst. Du hast die Blume behalten, eine Zauberblume. Er ist wütend und verbietet ihr weiter zu sprechen. Gut, sie wird schweigen. Aber sie singt das verführerische Liedchen: „Près de la porte de Séville..." Dort trifft man mich und ich habe eben einen Verehrer weggeschickt; ich bin leicht zu trösten, aber ich bleibe nicht lang allein — also: die Gelegenheit nicht versäumen! José: Du sollst nicht sprechen. Carmen: Habe ich gesprochen? Ich habe nur gedacht — an den Offizier, der mich liebt, und den ich einmal lieben könnte. Und er: Carmen, je suis comme un homme ivre — wirst du auch Wort halten? Sie singt das verführerische Lied noch einmal. Der Offizier kommt mit der Ordre. Carmen, heimlich: auf der Brücke werde ich dich stoßen, du fällst, das übrige ist meine Sache. Und so geschieht es.

Sie flieht, bleibt einen Augenblick stehen, wirft den Strick, der ihr die Hände band, über das Brückengeländer und ist verschwunden. Die Cigarreras lärmen noch immer um den Leutnant.

Zweiter Akt. In der Schenke des Lillas Pastia. Die Zigeunerinnen Mercedes und Frasquita unterhalten die Herren vom Militär, den Leutnant Zuniga, den Korporal Morales. Zigeunertanz, den zuletzt Carmen mittanzt. Gesprochen: Lillas Pastia bittet die Herren, jetzt doch einzusehen, daß er vor zehn Uhr geschlossen haben sollte. Leutnant: Weiß Gott, was dann nachher hier geschieht. Aber es ist noch eine Stunde Zeit bis zur Retraite. Wir laden die Damen ins Theater. Auf ein Zeichen von Lillas Pastia lehnen alle ab. Der Leutnant zu Carmen: Du bist hoffentlich nicht böse, daß ich dich damals ins Gefängnis schickte; den Korporal, der dich hinbringen sollte, hat man degradiert und einen Monat eingesperrt. Gestern erst ist er freigekommen. Carmen schlägt ihre Kastagnetten zusammen, wie in der Novelle, wenn sie etwas Unangenehmes vergessen will. Sie hat sich wohl schon getröstet? Ja — Herr Leutnant, tun Sie es auch und gehen Sie ohne uns ins Theater.

Großer Lärm draußen: ein Fackelzug für den berühmten Torero. Der Leutnant lädt ihn in die Schenke ein, obwohl Lillas Pastia protestiert. (Leser, hast du bei den gewöhnlichen Ausführungen je gewußt, was Escamillo in der Spelunke zu suchen hatte?) Hier kann er es eben nicht abschlagen, weil ihn ein Offizier einlädt. Er singt sein berühmtes Couplet: dem Kämpfer folgt ein schwarzes Auge; Liebe erwartet ihn.

Nun wird das Militär doch hinauskomplimentiert. Escamillo wird auf Carmen aufmerksam: wie heißt du? Ich werde den nächsten Stier in deinem Namen töten. Darf ich dich lieben? Carmen: Ich kann es nicht verbieten, aber ich bin jetzt für dich nicht frei. Escamillo: Dann warte und hoffe ich. Auch der Leutnant spricht zu Carmen. Er will in einer Stunde wiederkommen. Carmen widerrät.

Lillas Pastia, gesprochen: schon warten Dancairo und

Remendado draußen. Sie haben mit euch Frauen von „Affaires d'Egypte" zu sprechen. In Gibraltar soll etwas „gedreht" werden. Die englischen Waren kommen — wörtlich nach der Novelle — ins Gebirge, werden dort versteckt und sollen in die Stadt geschmuggelt werden. Aber dazu braucht man die Frauen (Quintett). Carmen weigert sich mitzugehen. Sie ist verliebt. Alles lacht sie aus. Aber sie bleibt ernst. Sie liebt den Soldaten, der sich ihr zuliebe einsperren ließ — ist es der, fragen die andern, dem du das Brot mit der Feile und dem Goldstück ins Gefängnis geschickt hast? Dancairo: Der kommt jetzt nicht her, der hat Angst. Carmen: Er kommt, ich weiß es. Und schon ist José da. So möge er wenigstens, meint Dancairo, für die Schmuggler gewonnen werden.

Don José und Carmen bleiben allein. Carmen: warum hast du die Feile nicht gebraucht? Er, genau wie in der Novelle: Desertation schien mir schimpflich. Das Geld gebe ich hier zurück. Sofort ruft Carmen den Wirt und bestellt Konfekt und Wein dafür. Dann gibt sie ihm beide Hände und wiederholt immer wieder: ich bezahle meine Schuld. Sie essen und trinken. Carmen erzählt, daß sie hier eben für den Leutnant getanzt hat, und sagt dem eifersüchtigen José: Du bist ein echter Canari. Nun gut, jetzt tanze ich für dich. Wie in der Novelle zerschlägt sie einen Teller, findet dann aber gleich Kastagnetten und begleitet sich damit. Das übertönt die clairons des Zapfenstreiches. Er will zurück, sie ist wütend und schickt ihn schließlich weg. Vergebens zeigt er ihr die Blume, die er noch aufbewahrt. Wenn du mich liebtest, sagt sie, würdest du mit uns kommen und mich auf dein Pferd setzen: kein Zwang mehr, kein Gehorsam, et surtout la chose enivrante, la liberté ... José läuft trotzdem weg, prallt aber in der Tür gegen Zuniga, der, entgegen der Warnung, Carmen besuchen will. Der Leutnant zieht den Säbel, der Soldat auch, und anders als in der Novelle, in der er den Offizier tötet, werden die beiden getrennt. Carmen ruft die Schmuggler zu Hilfe, sie bedrohen Zuniga mit dem Revolver, er hat ein Einsehen und wird in der Schenke eine Stunde warten; inzwischen sind die Schmuggler entwischt. Carmen fragt José: kommst du jetzt mit? José: il le faut bien. Das ist nicht galant, sagt Carmen, aber das freie Leben wird dein Lohn sein.

Der dritte Akt spielt nachts im Gebirge. Steiler Felsenpfad, Schmuggler mit ihrer Last. Dancairo, gesprochen: Wer schlafen will, hat eine halbe Stunde Zeit; ich gehe hinunter, um zu sehen, ob man durch die Bresche in der Mauer hindurchschlüpfen kann; einer der unsern soll dort Wache stehn, aber ich traue der Nachricht nicht. Gesprochener Dialog zwischen Carmen und José. Sie sagt, daß sie ihn jetzt weniger liebe — sie wolle nicht gequält und angeherrscht werden. Ihm wieder will es nicht aus dem Sinn, daß ein paar Meilen von hier eine alte Frau wartet, die ihn für anständig hält. Carmen: dann geh doch! Du gehörst nicht zu uns, Hund und Wolf passen nicht zusammen. José: Du bist der Teufel, Carmen! Und sie bejaht. Wieder bedroht er sie, aber sie sagt: ich habe in den Karten gelesen, daß wir zusammen enden. Kartenterzett: Carmen mit Frasquita und Mercedes. Und die Karten sagen und wiederholen: la mort, d'abord moi, ensuite lui.

Dancairo kehrt besorgt zurück: vor der Bresche stehen drei Mann Posten. Doch schon hat Carmen ihre Laune wieder: quand au douanier, c'est notre affaire. Die drei Frauen werden vorausgehen. Alle ab, nur José bleibt als Wache bei den Waren.

Ein Führer mit Micaela, der er Mut zuspricht. Eben hat sie nicht gezagt, als sie plötzlich unter den wilden Stieren waren, die Escamillo zum Kampf in die Stadt holt. Der Führer zieht sich zurück. Arie der Micaela, dann Prosa: Da ist José. Aber er sieht mich nicht, er blickt anderswo hin, er legt das Gewehr an, er schießt — oh, ich habe doch Angst.

Escamillo auf einem der Felsen. Beinahe wäre er getroffen worden. Gefährlich, aber für seine Liebe muß man das wagen. Er liebt, wie er José erzählt, eine Zigeunerin der Bande, die Carmencita. Sie hat es früher mit einem Soldaten gehalten, der ihretwegen desertierte.

Aber das ist jetzt zu Ende, denn Carmens Liebe dauert nicht länger als sechs Monate. José, der sich zu erkennen gibt: unsere Zigeunerinnen abspenstig zu machen, muß man sich's was kosten lassen, und der Preis sind Messerstiche. Verstanden? Escamillo versteht. Sie kämpfen. Escamillo, überlegen, will José nicht töten. Der Kampf beginnt von neuem, und diesmal gleitet Escamillo aus und fällt. Da stürzt Carmen hervor und hält José beim Arm fest (wie in der Novelle den englischen Offizier). Escamillo geht — man wird noch zusammentreffen. Inzwischen möge alles zum Stierkampf nach Sevilla kommen — qui m'aime y viendra. Schon wollen die Schmuggler weitermarschieren — da zieht Remendado hinter einem Felsen Micaela hervor. Sie mahnt José, zur Mutter zu kommen und Carmen heißt ihn gehen, aber er will ihr den Weg zum Geliebten, Escamillo, nicht freigeben. Auf seine Drohungen erwidert sie, das Schicksal sei ohnehin unabwendbar: erst ich, dann du. Micaela, ein zweites Mal: José, die Mutter stirbt, und sie will dir noch verzeihen! Da folgt ihr José, droht aber Carmen, er werde sie zu finden wissen. Man hört aus der Ferne den Gesang des Toreros. Die Schmuggler ziehen weiter.

Letzter, tragischer Akt. Platz in Sevilla, im Hintergrund die Mauern der alten Arena. Es ist unmittelbar vor Beginn des Stiergefechtes. Auf dem Platz drängen sich Verkäufer und preisen ihre Waren an, Fächer, Orangen, Wein. Offiziere bieten den Mädchen, Frasquita und Mercedes sind drunter, von allem an. Zuniga fragt nach Carmen, und Frasquita meint, man werde sie bald sehen, Escamillo sei ja da. Zuniga: Und Don José? Frasquita weiß, daß er in seinem Dorf fast verhaftet worden wäre, aber entkommen ist. Ich würde mich, sagt sie bedenklich, an Carmens Stelle nicht sicher fühlen.

Jetzt begrüßt der Chor die Quadrilla, den Aufzug des Stierkampfes. Zuerst Alguazils, die Polizei, wenig beliebt, was sich in Zurufen der Menge äußerst; dann die Chulos und Banderillos — die ersten sind die Diener, die zweiten Mitkämpfer, die, nicht ohne Gefahr, dem Stier die Banderillas in den Nacken zu stecken haben, mit Bändern geschmückte Haken, die das Tier verletzen und es wütend machen. Dann kommen die Picadores, die den Stier am Anfang des Spieles mit Lanzen anzufallen haben. Zuletzt tritt der Held des Kampfes auf, Escamillo, mit Carmen, beide prächtig geschmückt, wie denn hier überhaupt alle Farbenpracht und Kostümphantasie aufgeboten werden kann. Vom Kampf selbst wird man nichts sehen. Escamillo zu Carmen: wenn du mich liebst, wirst du jetzt auf mich stolz sein. Und sie versichert ihm, daß sie niemand je lieber gehabt habe. Frasquita warnt Carmen vor José, der in der Menge versteckt sei. Aber Carmen sagt: je ne suis pas femme à trembler. Der Alcalde, Bürgermeister und Präsident des Stierkampfes, geht in den Zirkus, hinter ihm zieht die Quadrilla ein. Carmen bleibt allein draußen, und sogleich erscheint José. Er will nicht drohen, nur bitten. Die Vergangenheit sei vergessen, sie sollten anderswo (die Novelle sagt ausdrücklich in Amerika) ein neues Leben beginnen. Von nun an wird der Dialog in seiner Prägnanz eines klassischen Schauspiels würdig. Carmen: Das ist unmöglich; Carmen lügt nicht und ist unbeirrbar. Zwischen ihr und dir ist alles aus... Er bittet noch einmal. Sie: Ich weiß, daß du mich töten wirst. Aber tot oder lebendig, ich gebe nicht nach. Ich liebe dich nicht mehr. Spare deine Worte. Frei ist Carmen geboren, frei wird sie sterben.

Von innen Jubel des Chors. Mitten ins Herz ist der Stier getroffen worden. Ein freudiger Aufschrei Carmens — sie ist stolz auf Escamillo. Und sie will in den Zirkus. José verstellt ihr den Weg: Du mußt mir folgen. Carmen: Ich liebe ihn. Ja, ich wiederhole es, und wenn ich sterben muß. Wieder der Chor — und nun ist Carmen nicht zu halten. Aber auch José ist außer sich: ich soll das Heil meiner Seele verloren haben, damit du in seinen Armen über mich spottest? Nein, du darfst nicht hinein, du gehst mit mir. Carmen: Niemals. José: Ich habe es satt, dir zu drohen. Carmen: Nun also — stoß zu — oder laß mich vorbei! Chor. José: Zum letzten Mal, du Teufel, kommst du mit mir? Carmen: Nein,

nein — und sie wirft ihm seinen Ring vor die Füße. Jetzt hat José den Dolch in der Hand. Er geht auf Carmen los: Eh bien, damnée... sie weicht etwas zurück, er folgt ihr. Fanfaren aus dem Zirkus. José hat zugestoßen. Carmen fällt tot zur Erde. Die Menge strömt heraus. José: Vous pouvez m'arrêter — c'est moi qui l'ai tuée. Er wirft sich über die Leiche. O ma Carmen, ma Carmen adorée! — Auf den Stufen zum Zirkus erscheint Escamillo.

Die Rezitative

Vielleicht wird man, wenn man diese genau dem Urtext folgende Wiedergabe des Librettos gelesen hat, die Vorgänge der Oper ganz klar verstehen, klarer als bei einer der außerhalb Frankreichs üblichen Aufführungen. Woher kommt das? Weil man überall, auch dort, wo die Oper (wie an der Metropolitain in New York) in der französischen Ursprache gegeben wird, nicht die Prosa bietet, die allein die Handlung verständlich macht, sondern auf das gesprochene Wort verzichtet. Französische Opernsänger haben Prosa sprechen gelernt, anderswo können sie es selten. Um ihnen zu helfen, hat man die Texte musikalisch untermalt und in einen Sprechgesang verwandelt, das sogenannte Rezitativ. Nur muß dieses viel kürzer sein als die Prosa, und so erfährt der Zuhörer nicht alles, was er zum vollen Verständnis brauchen würde. Die Rezitative stammen, wie wir schon wissen, nicht von Bizet, sondern von seinem Freund Ernst Guiraud. Sie sind so trefflich und dabei so diskret eingefügt, daß niemand darauf käme, es mit einer fremden Hand zu tun zu haben. Guiraud ging an seine Arbeit, als die erste Ausführung in einer anderen Sprache bevorstand, die in Wien. Der Vertrag war noch von Bizet selbst unterschrieben worden, und er hätte gewiß die Rezitative selbst komponiert; aber er starb vorher. An sämtlichen Bühnen mit deutscher Sprache, also nicht nur in Deutschland, wurde „Carmen" mit diesen Rezitativen gegeben — nur nicht in Wien selbst. Hier war lange eine Mischung von Prosa und Rezitativen im Gebrauch, erst

Mahler ließ 1899 die Prosa aus. Die in Deutschland hergestellten Klavierauszüge enthielten keine Prosa, nur die Rezitative; ein Klavierauszug der Wiener Universal Edition enthielt wohl die Prosa, durfte aber in Deutschland nicht verkauft werden. Das sind Geheimnisse des Urheberrechts, die in diesem Fall ein großes Kunstwerk entstellt haben. Doch hat in Köln der Regisseur Walter Felsenstein eine Aufführung in der Urfassung versucht. In den Jahrgängen 1936 und 1937 der Berliner „Allgemeinen Musikzeitung" wurde darüber eine Diskussion durchgeführt, in deren Verlauf sich Carmen Studer-Weingartner, die Frau des Dirigenten, lebhaft zur Urfassung bekannte.

In Frankreich wäre eine Aufführung mit Rezitativen, also ohne die Prosa der Urfassung, nicht denkbar. Es kommt nicht nur darauf an, daß der Zuschauer die Worte besser versteht. Er wird auch der Musik intensiver folgen können und einen andern Begriff von der Oper bekommen, die ja nun wirklich „das Genre der opéra comique ändert" und sich der tragischen Oper Schritt für Schritt nähert: Man beachte, daß es im ersten Akt acht Unterbrechungen durch Prosa gibt, im zweiten sechs, im dritten vier, im vierten überhaupt keine.

Die Verfasser des Textbuches: Meilhac und Halévy

Wenn — und das ist gewiß — „Carmen" einer der besten Operntexte ist, die wir kennen, ja geradezu eine Operndichtung — allerdings nur im Original —, so haben wir dafür den zwei Autoren zu danken, die sich in ihrer Zusammenarbeit besonders bewährt haben. Es sind Henry Meilhac und Ludovic Halévy. Beide hatten auch einzeln auf der Sprechbühne, besonders im heitern Genre, ihre Erfolge gehabt. Dann arbeiteten sie, von 1861 an, durch zwanzig Jahre zusammen und gingen nachher wieder, jeder für sich, den eigenen Weg. In dieser Zeit des Alleinseins hat Meilhac sein bestes Stück, das Lustspiel „Ma Cousine" (1890) geschrieben, Halévy seinen Roman „L'Abbé Constantin", der in viele Sprachen übersetzt worden ist. Meilhac (1831—97), ursprünglich Buchhändler, widmete sich seit den späteren Fünfzigerjahren nur noch dem Theater. Ludovic Halévy (1834—1908), ein Sohn des Dichters Léon und Neffe des Komponisten Fromental Halévy, Sekretär des Herzogs von Morny, dann Ministerialbeamter, hat sehr interessante Erinnerungen veröffentlicht, aus denen wir Verschiedenes zitierten. Zusammen haben Meilhac und Halévy fünfzehn Bände Operntexte und Komödien verfaßt, darunter die Libretti La Belle Helène, Barbe - Bleue, La Vie Parisienne, La Grandeduchesse de Gerolstein, Périchole und andere für Offenbach, für Lecocq und Délibes. Aber auch die „Fledermaus" von Johann Strauß geht auf ein Stück dieser Autoren, „Le Réveillon", zurück, und Meilhac schrieb mit Gille das Libretto der Oper „Manon" von Massenet. Nach Meilhac ist auch der Text zur „Lustigen Witwe" geschrieben. Von der „Schönen Helena" bis zur „Lustigen Witwe" — das sind vierzig Jahre Theater!

Der liebenswürdige Enkel Offenbachs, J. Brindejont-Offenbach, erzählt von der Zusammenarbeit der beiden: Meilhac war eher der Mann der großen Linie und des Plans, Halévy der des Details, besonders der Verse und der Couplets. Der Dialog wurde von beiden gemeinsam geschrieben. Gewiß war ihre Verbindung mit den Komponisten sehr eng. Daß ein Offenbach vieles geändert wünschte, ein Bizet manches (wie die Habanera) selbst umdichtete, steht fest — ein Vorgang, der nur bestätigt, was wir über die Mitarbeit von Mozart und Verdi an ihren Texten wissen und was die Briefe von Verdi, die Korrespondenz zwischen Hofmannsthal und Richard Strauss im einzelnen zeigt.

Was hat die Opernfassung von „Carmen" gegenüber der Novelle den zwei Autoren, Kennern der Bühne und Meistern des Wortes, zu danken? Und was hätten wir späteren Bewunderer eines musikalischen Meisterwerkes an ihrem Text auszusetzen?

Es ist uns recht, daß Carmen in der Oper weniger Abenteuer hat und nur zwei Männern zum Schicksal wird, Don José und, weit weniger, Escamillo. Der Stierkämpfer muß für eine ganze Reihe von Anbetern der Carmen als Einzelner aufkommen; es gibt hier keinen Garcia, ein unleugbares Verdienst der Oper; denn auf der Bühne würde man dieses Scheusal nur schlecht vertragen, und man verzichtet gern auf eine verheiratete Carmen. Escamillo wird gegenüber der Novelle im Rang erhoben, indem er, sehr glücklich, zum Espada wird, dem eigentlichen Helden der Stiergefechte, während er in der Novelle nur der Picador Lucas ist, also ein untergeordneter Kämpfer. Von den Schmugglern nehmen nur Dancairo und Remendado Opern-Persönlichkeit an, dieser der komische Naturbursche der opéra comique. Ganz aus ihrem Geist, oder wenn man will aus ihrer Routine, ist Micaela entstanden; Meilhac und Halévy glaubten zu wissen, daß die Bühne ein bürgerlich-tugendhaftes Gegenbild zu dem Dämon Carmen brauchte. Es versteht sich von selbst, daß die Sängerin dieser Micaela — und große Künstlerinnen haben sich mit dieser Partie befreundet — ihre Arie brauchte; aber es ist bezeichnend, daß Bizet diese Arie, ein Stück Konvention, einem schon fertigen Entwurf einer anderen Oper entnahm — der „Griseldis". Man hat den Eindruck, daß er sofort ein paar Stufen hinabsteigt, wenn die Librettisten mit ihrer Routine arbeiten.

Der José der Oper ist ein gutmütiger, ordentlicher Bursche ohne Vergangenheit, und es ist ihm auch im Verlauf der Bühnenvorgänge nichts vorzuwerfen, was an die Untaten der Novelle heranreichen würde. Wir sind nicht gezwungen anzunehmen, daß er während seiner Karriere als Schmuggler mehr als einen listenreichen Krieg mit den Zöllnern auf dem Gewissen hat. Für den Mord an Carmen, den typischen Fall eines crime passionnel, würde ihn kaum ein Gericht unserer Zeit, wenigstens in zivilisierten Gegenden, zum Tod verurteilen.

Carmen muß, wenn man den gesprochenen Dialog nicht kennt, auf manche Rechtfertigung verzichten. Sie ist, nur minder kraß, die Gestalt der Novelle, also ein Wesen jenseits von Gut und Böse, bedenkenlos an den Augenblick hingegeben, Verkörperung des Triebes. Von ihrem Schicksal gejagt und gezwungen, sich aus vielen Fährlichkeiten zu befreien, opfert sie zwar zuletzt einer Leidenschaft ihr Leben — aber sie spielt auch mit der Liebe und gebraucht selbst Liebe als Mittel, wenn es ihr hartes Leben verlangt. Sie weiß, daß ihr Schicksal vorgezeichnet ist, es mag sein, daß sie als Zigeunerin dieses Schicksal unbedenklicher und tapferer bejaht. Ist sie wirklich ein Teufel? Sie hat das Dämonische in sich, aber sie verneint die Menschlichkeit nicht. Zu glauben, daß sie nur Geschlechtswesen ist, wie das hysterische Literaten und Frauenzimmer behaupten, scheint mir irrig. Sie ist kokett, herausfordernd, gefährlich — aber Carmen ist eigentlich selbst ein Opfer ihrer Schönheit und der Macht, die sie ausübt: ganz wie es der José der Novelle sagt. Nur sind nicht allein die Zigeuner schuld, die sie, wie es dort heißt, schlecht erzogen haben. Sondern eine Welt, in der es Zigeuner gibt.

Die Musik der Oper

Sie ist allbekannt, und der Verfasser dieses Buches darf hier gewiß manches voraussetzen — aber er möchte insbesondere auf die Behandlung von Details nicht verzichten und bei der Frage „spanische Musik oder nicht"? sogar länger verweilen. Wir bedienen uns daher der Partitur-Ausgaben, die bei Choudens und bei Peters erschienen sind; wer kann, lasse es sich nicht mit dem Klavierauszug allein genügen! Denn die Kunst der Instrumentation ist hier bis zur Virtuosität gesteigert, bei bescheidenen Mitteln: Bizet verwendet sein gewöhnliches Orchester, zweifache Holzbläser, vier Hörner, zwei Trompeten, drei Posaunen, Pauke, Harfe, Streicher, Schlagzeug, gelegentlich Baskentrommel und Kastagnetten. Damit vermag er eine spanisch gefärbte Musik zu jenen Höhen und Tiefen zu weiten, in denen man Herz und Seele, die überall gleichen, sprechen hört — und da ist weder Dialekt noch Folklore vonnöten...

„Carmen" hat keine Ouvertüre in einer der herkömmlichen symphonischen Formen. Das Vorspiel beginnt mit dem Aufzug zum Stierkampf, A-dur. Hier ist gleich Lokalfarbe und ein Stück vorweggenommene Handlung; aber wenn auch das volkstümlichste, so ist es doch nicht das beste Stück der „Carmen"-Musik. „Prachtvoller Zirkuslärm", sagt Nietzsche in seinen Bemerkungen zu „Carmen", auf die wir zurückkommen. Es ist ein Unisono der Geigen, Flöten, Oboen und Klarinetten mit der Melodie, während das übrige Orchester den Rhythmus markiert. Das Thema wird wiederholt — es kommt zu einer Episode der Holzbläser und der Geigen, und der Aufzug kehrt wieder. Zwei Takte Modulation, und es erscheint, hart nebeneinander, wie die Farben in Spanien, der fast noch mehr bekannte Marsch des Torero, F-dur. Er beginnt ganz leise in den Streichern, steigert sich und führt über einen Lauf der Bläser zum Ausbruch des vollen Orchesters. Über die Melodie, die man in der Oper im zweiten Akt wieder hören wird, wenn sie Escamillo als Refrain seiner Couplets singt, ist viel gestritten worden. Man hat, um ihre „Banalität" zu beweisen, an Bizets Ausspruch erinnert: „Ils veulent de l'ordure, eh bien, ils l'auront." Aber sie kennzeichnet Escamillo, den schönen jungen Mann, den Frauenbezwinger, der, in der Oper wenigstens, durchaus kein tragischer Held ist. Wenn Escamillo seinen Refrain singt, heißt es in der Partitur ausdrücklich „avec fatuité", also mindestens kokett. Selbst wenn Bizet die Melodie im Zorn als gemein bezeichnet hat, so darf man eine solche Bemerkung nicht allzu wichtig nehmen.

Der Marsch des Torero findet wieder nach A-dur zurück, der Aufzug lärmt nochmals einher, bricht aber auf dem Höhepunkt einer Steigerung ab. Pause. Schweigen. Und nun erklingt über einem Tremolo der Geigen und Bratschen ein „Schicksalsmotiv", d-moll, in den Klarinetten, Fagotten, Trompeten und Celli; Harfe, Pauke und Kontrabässe schlagen nach. Die fünf Töne dieser Melodie mit der übermäßigen Sekund der Zigeunermusik sind ein musikalisches Symbol für die Leidenschaft, die Carmen empfindet und ausstrahlt. An die Frage, ob das ein „Leitmotiv" wie bei Wagner ist, wendet selbst ein so kluger Deuter wie Istel mehrere Seiten, während er sich mit Recht über andere Kommentatoren aufhält, die die harmonischen Alterationen Bizets durchaus in den Rahmen einer der üblichen Schuldeutungen pressen wollen. Wir stellen fest, daß dieses Motiv häufig wiederkehrt, wo Vorstellungen und Empfindungen erregt werden — genügt das?

Dagegen gibt eine andere, rein musikalische Deutung, zu denken. Raoul Laparra, der Komponist der Oper „La Habanera", Franzose, Rompreisträger, der lange in Spanien gelebt hat, untersucht in einem Buch „Bizet et l'Espagne" gerade unser Motiv genauer. Er gibt eine (in der Literatur über Bizet schon bekannte) Quelle für das Orchesterzwischenspiel zwischen dem dritten und vierten Akt der Oper an, in dem sich folgende Stelle findet:

Die mit + bezeichneten Töne ergeben — das Schicksalsmotiv. Und das bedeutet, daß dieses Schicksalsmotiv spanischer Herkunft ist: denn die Stelle des Zwischenspiels ist, wie wir später ausführen werden, einem „Polo" von Garcia entnommen, und dieser stammt höchstwahrscheinlich aus der Volksmusik. Die übrige Musik der Ouvertüre und der nun folgenden Szenen hat dagegen gar nichts mit spanischer Volksmusik zu tun, und bis zur „Habanera" werden wir uns mit dem Problem des Folklore nicht zu befassen haben.

Noch eines: wenn Carmen und Escamillo ihre Motive haben, so ist darin keinerlei System zu erblicken wie beim späteren Wagner. Bizet zieht sich niemals auf „Leitmotive" zurück. Er erfindet die ganze Oper hindurch gerade melodisch immer neu. Das Schicksalsmotiv wird aber im Vorspiel auf einen Gipfel geführt, in dem es, nach einer pathetischen Klage, auf einer schrillen Dissonanz plötzlich abbricht — damals vielleicht ein Wagnis. Abermals Pause, der Vorhang geht auf.

Der erste Akt beginnt mit einer ganz und gar unpathetischen Kontraststimmung. Langeweile der wachestehenden Soldaten. Es ist Mittag im Süden, und Nietzsche fühlt sich wohl bei dem „angenehmen Rauschen" des Orchesters. Der Korporal Morales gibt der Stimmung den besten Wortausdruck: „drôle de gens que ces gens là." Denn die ganze spanische Kleinstadt, und das ist die gleiche Kleinstadt überall, zieht da vorüber. Ein kleiner Ruck, eine Modulation, Triolen der Geigen, ein neckisches Thema im Fagott, und es erscheint Micaela, um nach ihrem José zu fragen. Er ist nicht hier, aber er wird mit der Wachablösung kommen. Ein entzückender kleiner Marsch, den Morales singt, der Chor aufnimmt und schließlich auch Micaela, wenn sie recht schnippisch sagt, sie werde dann eben zur Wachablösung wiedererscheinen. Für jetzt geht sie weg, die Eintönigkeit der Wache breitet sich wieder aus, und das sanfte Rauschen ist wieder zu vernehmen: l'oiseau s'envole, on se console. Die Pantomime: alter Mann — junge Frau — Galan, über die Morales Bemerkungen macht, ist von Bizet zwar komponiert worden, fällt aber bei den Aufführungen aus.

Da — eine Fanfare aus der Ferne, ein sehr munterer Marsch, von zwei Piccolo-Flöten geblasen: man beachte, daß die zweite eine ganz selbständige Stimme hat, beachte auch die sehr pikanten Alterationen und den kurzen Trompeteneinsatz:

Auf diese Musik marschieren erst die Gassenbuben ein
und singen ihr Lied, dann die Wache. Bei der Ablösung
spricht Morales von dem Bauernmädchen. Reizende Pizzi-
catostelle der Neugierde, Fanfare, Marsch der abgehen-
den Wache.

Das jetzt folgende Gespräch des Leutnants mit José
ist im Rezitativ 3 bis stark verkürzt (die von Giraud
nachkomponierten Rezitative sind in der französischen
Partitur mit „bis" bezeichnet). Der gesprochene Dialog
motiviert die uns umsonst fast komisch berührende Frage
des Leutnants nach der Tabakfabrik und den Mädchen.
Schon kommen sie, mit einer wiegenden Melodie, sie
rauchen Zigaretten, und der Chor, der alles in Rauch
aufgehen läßt — Glück und Schwüre —, gerade dieser
Chor ist in seiner Erfindung, Harmonisierung und Instru-
mentierung besonders reizvoll. Und da ist auch schon
Carmen, und die Musik bringt das Schicksalsmotiv in
einer besonders prägnanten Umformung:

Ein paar junge Männer umringen Carmen mit ziemlich
plumpen Anträgen, aber sie sagt ihnen: peut-être jamais,
peut-être demain — mais pas aujourd'hui, c'est certain.
Man merkt, wie leicht, ja soubrettenhaft das alles gedacht ist, und es wäre ganz verfehlt, trotz Schicksalsmotiv, hier pathetisch zu werden. Wohl mehr für Don
José, der ihr aufgefallen ist, als für diese gleichgültigen
Menschen, singt sie nun ihre H a b a n e r a. Ist das nun
spanische Musik?

Was zunächst den Text anbelangt, haben Landormy
und Istel nachgewiesen, daß er größtenteils von Bizet
gedichtet ist: von ihm stammen insbesondere die Worte
„L'amour est enfant de Bohème", der Vergleich mit dem
Vogel, der davonfliegt wie die Liebe, die flieht, wenn
man sie halten möchte, und kommt, wenn man sie nicht
will. Das Manuskript des Stückes, in der „Revue Musicale" von 1923 veröffentlicht, zeigt Verse von Halévy,

die Bizet nicht komponiert hat, weil sie ihm zu konventionell waren, und den uns bekannten Text von seiner Hand.

Erste Betrachtung über spanische Musik

Es heißt, daß Bizet das Auftrittslied der Carmen dreizehnmal komponieren mußte, weil es der ersten Carmen, der schon sehr berühmten und anspruchsvollen Galli-Marié nicht gefiel. Das erinnert an Mozart, der seinem Textdichter, Direktor und ersten Papageno dessen Couplet auch nie recht machen konnte. Aber Mozart gab zuletzt eines seiner Meisterstücke, und Bizet — griff nach einer Melodie, die er für spanisch hielt.

Nach Tiersot (Bizet and Spanish Music, Le Ménestrel 1925 und Musical Quarterly 1927) bewahrte ein alter Bibliotheksdiener des Conservatoire den Bestellzettel auf: „Je demande communication des recueils de chansons espagnoles que possède la Bibliothèque. Bizet." Man glaubt, daß er eine 1872 verlegte Sammlung „Echos d'Espagne" bekam — Herausgeber war, nach Istel, merkwürdigerweise Bizets Schüler und Freund Lacombe. Sie enthielt Volkstänze von unbekannten Komponisten; nur ein „Polo" ist mit Sicherheit Manuel Garcia zuzuschreiben, derselbe Polo, der das Schicksalsmotiv enthält; wir kommen noch einmal darauf zurück. Aber die Habanera ist darin nicht enthalten; wohl aber in einer anderen Sammlung, „Fleurs d'Espagne", die auch Daudet einmal zitiert hat. Die „Fleurs d'Espagne" waren schon 1864 mit einer französischen Übersetzung der Texte erschienen; im folgenden Jahr starb der Herausgeber, 56 Jahre alt, Sebastian de Yradier, „maître de chant de l'Imperatrice des Français", wie er sich auf dem Titelblatt der Sammlung nennt — und dieses Titelblatt führt auch an, daß die Malibran, die Viardot, Patti, Alboni, Carvalho und andere berühmte Sängerinnen Stücke daraus gesungen haben. Yradier ist nun freilich ein richtiger Spanier, aber sein bekanntestes Lied ist „La Paloma", das in Mexiko sehr populär geworden ist — und wahrscheinlich von einer mexikanischen Volksmelodie stammt. Denn Yradier ist 1861 nach Cuba gekommen und hat sich um die Musik Latein-Amerikas mit ihren kreolischen und indianischen Elementen ausgiebig bemüht: und so ist auch seine Habanera kein spanisches Stück, sondern eines aus Havanna, wie übrigens schon der Name sagt. Es ist ein langsames, schweigend ausgeführtes Schreiten. Auch Landormy vermutet, daß diese Habanera ein cubanisches Volkslied ist; die Melodie sehr reizvoll, die Begleitung von Yradier sehr steif. Der Text ist dort die übliche Serenaden-Versicherung des Liebhabers, daß er für seine Angebetete sterben wolle; sie mißtraut ihm, und er bietet ihr an, sich mit ihr zu verloben: daher heißt das Stück „El Arreglito". In der Oper dagegen deutet dieselbe Melodie eine fast laszive Flatterhaftigkeit an — ein weiteres Beispiel für die Mehrdeutigkeit der Musik.

Der Unterschied besteht nicht nur in der Harmonisierung, sondern auch in der Verlängerung der chromatischen Melodik, in den Triolen und im Refrain, der die Dur-Stelle ganz anders hervorhebt. Sehr hübsch sagt Landormy, daß Bizet die Armut des Originals geradezu in Reichtum umwandelt.

Abermals eine Mahnung an die Sängerin der Carmen: die Habanera ist ein leichtes, kokettes Lied! Noch immer ist kein Pathos anzuwenden, auch nicht das der „großartigen" Dirne.

Fortsetzung der Oper

Immer noch bedrängen die jungen Leute Carmen. Sie sieht José noch einmal bedeutungsvoll an, will in die Fabrik, zögert, wendet sich um und wirft ihm ihre Blume zu. Er hebt sie auf. Schicksalsmotiv (Klarinetten, Viola, Celli) — und der Chor singt noch einmal den Refrain der Habanera.

In der Seele des Don José (Caruso spielte die stumme Szene unvergleichlich) erhebt sich der Zwiespalt zwischen seiner ehrlichen Vergangenheit, der Erinnerung an Micaela und dem Zauber, dem er jetzt verfällt. Große Orchestermelodie, nur schon leicht „süß", wie die folgende Szene (Duett) mit Micaela. Sie bringt den Kuß der Mutter, er liest den Brief, während sie nicht auf der Bühne ist. Wenn die Musik für ganz Anspruchsvolle nicht auf der Höhe des Übrigen zu sein scheint, dem Opernpublikum ist sie sehr recht — vielleicht gerade weil sie an Gounod anklingt —, und sie ist auch ein wirksamer Ruhepunkt vor dem höchst dramatischen Geschehen im Folgenden. „Wer weiß, welchem Dämon ich zum Opfer fallen sollte", sagt José im Rezitativ 6 *bis*, und das Schicksalsmotiv huscht wie ein Schatten vorüber. Aber er wird (7 *bis*) zur Mutter zurückkehren, Micaela heiraten und sich nicht mehr um die Hexe kümmern.

Da stürzen die Mädchen aus der Fabrik herbei und schnattern durcheinander (hier Sopran, hier Alt). José wird mit zwei Dragonern in das Gebäude entsendet, und mit einer mächtigen Steigerung des Micaela-Motivs erscheint in der Tür Carmen, von Don José geführt. Er berichtet, und der Offizier fragt, was Carmen zu antworten habe. Sie trällert ein Lied. Der Offizier: wenn du weiter nichts weißt, wirst du dein Lied den Gefängnismauern vorsingen. Noch einmal fängt Carmen an:

Und hiezu hat nun Istel von seinen jahrelangen Fahrten in Spanien ein Volkslied mitgebracht, das fast notengetreu dem zweiten Einsatz der Carmen entspricht:

Woher hat Bizet das Lied genommen? Wir können nur vermuten — und darauf wird noch hinzuweisen sein —, daß er mehr spanische Musik gelesen oder gehört hat, als sich nachweisen läßt. Aber noch etwas Auffälliges: Carmen zitiert wörtlich aus Mérimée:

„Coupe-moi, brûle-moi, je ne te dirai rien.
Je brave tout: le feu, le fer et le ciel même."

Mérimée aber übernimmt diese Verse aus der Zigeunernovelle von Puschkin — sie scheinen eine Art Zauberformel darzustellen.

José und Carmen bleiben allein auf der Szene. Sie hat die Hände gebunden. Schicksalsmotiv! Carmen sagt José mit ein wenig Spiel — nicht mehr! — auf den Kopf zu, daß er tun wird, was sie ihm befiehlt. José verbietet ihr zu sprechen. Aber sie nähert sich, berührt ihn wohl — merkwürdige Musik in der Bratsche — und tanzt, immer noch mit gebundenen Händen, die Seguidilla; dabei führt die Partie tief in die Alt-Region hinunter, so daß in der Partitur Aushilfsnoten für Sängerinnen enthalten sind, die dort nicht gern hinabsteigen. Das wird uns trotzdem nicht dazu führen, die Carmen unbedingt einer dramatischen Altistin zuzusprechen, sondern eher einem leichten Mezzo-Sopran.

Die Seguidilla ist ein andalusischer Tanz in einem nicht zu schnellen Dreitakt, meist (aber nicht hier) von Kastagnetten und der Gitarre begleitet. Hier nämlich wird viel mehr Gewicht auf den Text gelegt, die Musik hält sich zurück — José aber merkt nichts oder tut so. Da schleudert ihm Carmen den Anfang des Liedchens forte zu — und findet eine zweite Strophe, obwohl ihr José verboten hat, weiterzusingen: sie denkt nur, denkt an den Offizier, den sie lieben könnte, nein, an den Unteroffizier... Und José spricht die Worte, daß er allem wie ein Betrunkener folgt — wird sie Wort halten? Er lockert ihre Fesseln.

Finale: der Offizier bringt die Ordre, das Orchester nimmt fugato das Motiv der streitenden Arbeiterinnen auf, Carmen singt Zuniga noch einmal ein Stück Habanera vor, ein Nachspiel der Holzbläser biegt die Melodie ins Tragische um und gerät in die nächste Nähe des Schicksalsmotivs. Carmen entkommt, und das Streitthema beschließt, in Dur, den Akt.

Ein Zwischenspiel nimmt Josés Soldatenlied von den Dragonern von Alcala vorweg. Man hört es zuerst von dem trockenen, näselnden Ton des Fagotts, sehr pikant von Trommel und Streicherpizzicati begleitet, dann, nach einem Zwischensatz, von der Klarinette übernommen, mit einem Kontrapunkt im Fagott, absteigende Skala in Achteln, was einen reizvoll-skurrilen Eindruck ergibt.

Dann ist der zweite Akt da und damit die berüchtigte Schenke des Lillas Pastia. Zigeunertanz, in e-moll beginnend, die Melodie von zwei Flöten vorgetragen, mit Harfe und Streicherpizzicati als Begleitung, die Gitarre nachahmend. Es sind eigentlich Carmen, Mercedes und Frasquita, die zu tanzen haben, und die Leidenschaft dieses Tanzes wird immer stärker. Carmen beginnt nun auch zu singen, die beiden anderen stimmen in den Refrain ein. Wir empfinden die Melodie als spanisch, aber eine Quelle ist nicht nachzuweisen. Spanisch wäre auch das Abwärtsgleiten der harmonischen Stufen von der Tonica bis zur Dominante; Bizet eigentümlich aber sind die sehr weit gehenden, von d'Indy als Lehrer häufig analysierten Akkordbildungen. Der Tanz geht nach Dur über, auf dem von den Kontrabässen obstinat festgehaltenen tiefen E. Rezitativ 12 *bis*: Bitte der Frasquita, das Lokal zu verlassen, und abgelehnte Einladung der Offiziere an die Mädchen. Zuniga wendet sich noch zu Carmen: hat sie es ihm vielleicht übelgenommen, daß der Soldat ihretwegen eingesperrt wurde? Da erst fällt ihr José ein — was hat man mit ihm angefangen? Er ist frei? Tant mieux — bon soir messieurs les amoureux. Und die Herren wollen schon weg, da zieht der Fakelzug für den Torero heran. Escamillo erscheint und singt seine Couplets, dazwischen mit den drei Zigeunerinnen auf die Liebe anstoßend. Mercedes und Frasquita sagen ihr „L'amour" in einem Septimenschritt abwärts, bei Carmen aber heißt es:

und die tragische Färbung ist wieder da.

Rezitativ 14 *bis:* Escamillo fragt Carmen nach ihrem Namen und ob er sie lieben dürfe. Carmen: Jetzt nicht;

aber Warten ist süß. Und Zuniga erklärt, er werde trotz
Carmens Warnung zurückkommen. Torero-Marsch, diesmal in E-dur. Dann sind die Schmuggler und die Zigeunerinnen unter sich. Gute Nachrichten, ein fettes Geschäft winkt, aber man braucht die Frauen. Das wirbelnde Quintett ist ein Juwel der Partitur, aber nicht
leicht zu singen. (Interessant die Bemerkung, daß Carmen, wenn ihr die Partie zu tief liege, im zweiten und
dritten Akt den Part der Mercedes übernehmen könne!)
Carmen will nicht weg und läßt sich auslachen, weil sie
vorgibt, in den Soldaten verliebt zu sein; aber vielleicht
will sie nach Zigeunerart nur „ihre Schuld zahlen" und
ihn dann laufen lassen. Wieder Rezitativ (15 *bis*): Dancairo fragt, ob der Mann überhaupt kommen werde. Da
hört man schon sein Lied, José singt es unbegleitet,
g-moll. 16 *bis*: eben war der Offizier da — aber jetzt will
Carmen für José tanzen. Sie singt und tanzt: „mit komischer Feierlichkeit", wie die Partitur vorschreibt, nur
Streicher und Kastagnetten begleiten sie; auf den zerbrochenen Teller wird hier verzichtet, doch ließ sich die
Calvé auch diese Caprice nicht entgehen. Alsbald beginnen zwei Trompeten ganz leise in der Ferne den
Zapfenstreich zu blasen. José will ins Quartier zum
Appell. Carmen: Oh, war ich dumm, dich festzuhalten —
ich war sogar schon in dich verliebt. Und sie drängt ihn
hinaus. J.r beteuert seine Liebe (Schicksalsmotiv im
Englischhorn), er zieht die einst geschenkte Blume hervor und singt die „Romance de la Fleur" mit ihrem harmonisch sehr kühnen Schluß:

Er ist Carmen völlig unterworfen, „une chose à toi", sie
aber: Du liebst mich nicht, sonst würde mich dein Pferd
in die Freiheit entführen. Wir hören den Rhythmus des
galoppierenden Pferdes, die beiden streiten, José läuft

weg und stößt in der Tür mit seinem Leutnant Zuniga zusammen. Beide ziehen die Säbel, und die Schmuggler bringen Zuniga mit ihren Revolvern zur Vernunft. Was nun? Kommt José mit ihnen? Oh, er wird sehen, wie herrlich die Freiheit ist! Der Chor nimmt das auf, und der Akt, eine prachtvolle Mischung von Schmuggler-Humor, Rausch des Tanzes und dem tragischen Pathos des Schicksals, ist zu Ende.

Das Zwischenspiel vor dem nächsten Akt ist aus der Partitur der „Arlésienne" herübergenommen: die Melodie, die dort Ruhe und Frieden verkünden sollte. Das hat sie für jetzt auch hier zu besorgen. Nachdem der zweite Akt vorübergewirbelt ist, zeigt der dritte ein wildes Geschehnis in der harten, tragischen Sierra. Nächtlich zerklüftete Gebirgslandschaft. Im Orchester ein melancholischer Marsch, den Zonen der opéra comique jedoch nicht gänzlich entrückt. Die Tonart ist c-moll, aber immer wieder mit A statt As,

wie es der Skala des provenzalischen Galoubet entspricht. Violinen und Celli steigen von Stufe zu Stufe aufwärts, im Trio chromatisch steigende und dann wieder fallende Synkopen mit einem Chor der Schmuggler, die einander Mut zu machen suchen: nur hinauf und dann hinunter —, dort erwartet uns das Glück. Aber das Folgende, in echtester Carmen-Chromatik, klingt wenig hoffnungsvoll:

Der Marsch kommt wieder, wobei Chor und Solisten Gegenstimmen bilden. Sehr effektvolle Steigerung und zuletzt eine Wendung nach Dur zu den Worten „prends garde".

Rezitativ 19 *bis*: Carmen und Don José; er denkt an die Mutter, der er jetzt räumlich so nahe ist — sie hält ihn für einen anständigen Menschen! Carmen: So geh doch zu ihr! Unser Leben taugt nicht für dich. Er: Von dir weg — sag das noch einmal! Carmen: Würdest du mich töten? Möge es nur geschehen — „le destin est maître". Mit dieser Abkürzung geht wieder viel von der Dichtung verloren, aber man kommt wenigstens rasch zu dem berühmten Kartenterzett, nächst dem Quintett der Schmuggler wohl das prächtigste Ensemble der Oper. Zunächst ein scherzender Teil: Frasquita und Mercedes entnehmen den Karten gute Botschaft: die eine bekommt einen jungen Liebhaber, der sie in die Berge entführt, die andere einen alten, sehr reichen, der sie heiratet, ihr ein Schloß schenkt und rechtzeitig stirbt, so daß sie Erbin wird — höher geht es gar nicht! Doch sogleich bekommt das meisterhaft hingeworfene Stück einen tragischen Akzent, wenn nun Carmen hinzutritt, um ihrerseits die Karten zu versuchen. In der Flöte huscht das Schicksalsmotiv vorüber. Die Karten sagen ohne Umschweif: Pique — la mort — moi d'abord, ensuite lui. Die gute Laune der zwei Gefährtinnen und die tragische Resignation der Carmen mischen sich — Carmen singt ein paar großartige Takte, Wissen um einen traurigen Tod — merkwürdiges A in f-moll, das Ganze vollkommen selbständig gegen die zwei anderen Stimmen geführt.

Kurzes Rezitativ 20 *bis*: der Weg hinunter ist frei, mit drei Zöllnern vor der Bresche müssen wir eben fertig werden. José wird bei den Waren zurückbleiben (vermutlich würde er unten ungeschickt sein und dreinschlagen, während man unbemerkt durchkommen muß). Entzückendes Frauenterzett mit Chor in Ges-dur, wenn die Zigeunerinnen versichern: „quant au douanier, c'est notre affaire" — das heißt, sie werden je einen Zöllner so lange umgirren, bis die anderen durchgeschlüpft sind. Merkwürdig ist, daß Carmen selbst in diesem Scherzando-Stück abermals eine selbständige Stimme hat.

Das nun folgende Rezitativ 22 trägt nicht die Bezeichnung *bis*; es ist auch nicht von Guiraud, sondern von

Bizet selbst komponiert. Micaela ist da — daß ein Führer sie vom Tal heraufgebracht hat, daß sie Escamillo begegnet ist, wissen nur die Leser der Prosafassung. Sie ist da, um José zu suchen, nach Opernbrauch aber, um eine Arie zu singen, wie sie die seconda donna offenbar verlangt hat. Wir wissen bereits, daß es ein für die nur skizzierte Oper „Griselidis" bestimmtes Stück ist, reichlich sentimental den Geistern der alten opéra comique huldigend: prompt wurde sie bei der Premiere wiederholt. Hierauf Rezitativ 22 *bis*: Micaela erblickt José, sagt aber nicht, wie im Prosa-Dialog: er sieht mich nicht an, blickt anderswohin, er schießt, sondern man hört auf einmal einen Schuß, Micaela verschwindet, und gleich darauf ruft Escamillo: Ein paar Zoll tiefer, und ich wäre fertig gewesen. Er gibt sich zu erkennen — „très fat" steht in der Partitur, und Escamillo erzählt, daß er die Zigeunerin liebt, deretwegen ein Soldat eingesperrt wurde, und daß Carmen nun von diesem Menschen genug hat. In der Musik die absteigende Zigeunerskala und ein Anklang an das Schicksalsmotiv. Messerkampf. Wir erinnern uns vom Prosa-Libretto her, daß es zwei „Gänge" gibt, und daß im ersten José unterliegt, im zweiten Escamillo. Finale: Escamillo dankt Carmen, nimmt Abschied und lädt zum Stierkampf nach Sevilla ein — wer mich liebt, der ist dort. Er wiederholt das, mit Blick auf Carmen, und wieder klingt das Schicksalsmotiv an. Zu seinem Abgang der Marsch des Toreador, und es ist ganz merkwürdig, daß die Melodie hier schon tragisch veredelt wird, wenn auch noch nicht so großartig wie im letzten Akt. José droht Carmen, Dancairo begütigt, die Schmuggler müssen weg. Da zieht Remendado, der Komiker des Ensembles, die arme Micaela hinter ihrem Felsen hervor. Ihre Bitten an Don José, Carmens Zureden, die Drohungen des José wie in der Prosa. Zu der letzten das Schicksalsmotiv, dann, von weitem, noch einmal der Refrain des Escamillo: die Liebe wartet auf ihn. Mächtiges Orchesternachspiel, tiefe Instrumente nehmen das tastende Motiv der Schmuggler auf, in den Violinen klingt gleichsam die Erregung ab.

Und nun kommt ein Orchesterzwischenspiel, das nicht nur in der Stimmung, sondern geradezu motivisch zum letzten Akt überleitet. Es klingt wie das Schütteln der Basken-Trommel, ehe eine Tanzmelodie beginnt — man beachte den fortwährenden Wechsel von Cis und C:

und diese Melodie wird sogleich zu hören sein. Es ist höchstwahrscheinlich ein Tanz des sogenannten *Cante Flamenco*, nachzuweisen in einer Art Operette des beginnenden 19. Jahrhunderts, und dort vermutlich der Volksmusik entlehnt. Um diesen sehr aufschlußreichen Zusammenhang zu beweisen, müssen wir etwas weiter ausgreifen.

Bizet und der „Hispanismo"

Spanien ist nicht ein einheitliches Land, sondern eine Vereinigung von Landschaften mit eigenem Charakter, zum Teil eigener Sprache: so ist das Baskische sogar ein rätselhaftes Überbleibsel einer noch unerforschten Urzeit, und das Katalonische fast genau die Sprache der Provence, steht also dem Französischen ungefähr so nahe wie dem Kastilischen, der spanischen Schriftsprache. In dieser Schriftsprache sind die großen Werke der Dichtkunst verfaßt. Wenn man aber von „spanischer" Musik spricht, so denken die wenigsten an die Herrlichkeiten, die die Musikgeschichtsforschung dort ausgegraben hat, wie die Troubadours, oder die große Epoche der Polyphonie, gekrönt von Thomas Luis V i t t o r i a, an die Lautenmusik der Vihuelistas, die Musik für Tasteninstrumente mit ihrem Meister Cabezon (von dem ein Weg zu Bach führt), sondern an eine Kunst, die von der Epoche der italienischen Oper an im 17. und 18. Jahrhundert in Erscheinung tritt. Vom 19. Jahrhundert an nimmt sie bewußt die Volkskunst namentlich Andalusiens auf, und so entsteht jene „spanische" Musik, die in Frankreich,

Latein-Amerika und in anderen Ländern, so auch in
Rußland, wie eine Mode gepflegt wird. Es ist aber ein
eigentümliches Stück Romantik, dessen Wesenszüge, in
die Musik anderer Länder aufgenommen, dort den besonderen
Stil des „Hispanismo" prägen. Daß auch Spanien
seinen besonderen Hispanismo bekommen hat, nach
langen Epochen fremder Einflüsse, ist ein Ergebnis der
Zeit und hängt mit der Renaissance der iberischen Halbinsel
in den allerjüngsten Jahrhunderten zusammen. Der
spanische Hispanismo hat einen eigenen Namen bekommen:
Castizismo. Wir wollen aber hier keineswegs
eine Geschichte der spanischen Musik geben, sondern
vor allem das Wesen und auch den Zauber dessen zu
deuten versuchen, was dem Nichtspanier als spanische
Musik erscheint und was zu dieser Art Musik geführt
hat.

Die großen klassischen Dichter des Landes, Lope de
Vega und Calderon, verschmähten es nicht, Texte für
die ersten spanischen Opern zu schreiben, Calderon auch
für eine besondere Abart der heiter-volkstümlichen
Oper, die Zarzuela genannt wurde, nach einem königlichen
Jagdschloß, in dem diese Art Spiele zuerst aufgeführt
wurden. Aber dann erschien um die Mitte des
17. Jahrhunderts die italienische Oper auch in Spanien,
und es kamen italienische Musiker, wie Domenico Scarlatti
und Boccherini, ins Land, die auf die spanische Musik
italienisch-nivellierenden Einfluß nahmen. Sie selber
aber eigneten sich Melodien und Rhythmen der spanischen
Musik, Volkslieder und Volkstänze, an. Sehr bald
kam es zu einer Reaktion gegen die italienische Oper:
so wie in England die Bettleroper, in Deutschland das
Singspiel, entstand in Spanien die nationale Form der
Tonadilla escenia (tonadilla ist eine kleine tonada, Melodie,
Gesang, meist von der Guitarre begleitet). Im Gegensatz
zur Zarzuela ist die Tonadilla ein einfaches Stück
ohne großen Apparat, in dem auch das niedere Volk auftritt.
Der Komponist Blas de Laserna soll allein tausend
Tonadillas geschrieben haben. Die spanische Tonadilla
gelangte jetzt auch nach Italien. Vor allem Rossini kam

Georges Bizet. Photographie

in Neapel wie in Paris mit der spanischen Musik der Tonadillas in Berührung. Seine Frau Isabella Colbran war Spanierin und hatte in der Tonadilla gesungen, ehe sie zur italienischen Oper überging. Einen besonders starken Eindruck empfing aber Rossini von dem spanischen Sänger und Komponisten M a n u e l   G a r c i a.

Garcia wurde 1775 in Sevilla geboren — angeblich ist er ein von Zigeunern geraubtes Kind gewesen. Mit achtzehn Jahren war er Dirigent und Komponist am Theater in Cadiz, und als er achtundzwanzig war, wurde seine erste Oper in Malaga aufgeführt. Zwei Jahre später, 1805, sind auch schon zwei Tonadillas von ihm vorhanden, die für die spätere Musik eine gewisse Bedeutung erlangen, namentlich für Bizet: „El Criado Fingido" (Als Diener verkleidet) und „El Poeta Calculista" (Der Dichter als Rechner). In beiden Stücken kommt ein Polo, das ist ein Zigeunertanz in Dreiachteltakt, vor: in dem zweiten heißt er „El Contrabandista" (Der Schmuggler), den Garcia, von Theaterintriguen nach Paris vertrieben, dort 1809 im Théatre Italien jeden Abend dreimal singen muß — Paris gerät in einen Taumel über die spanische Musik. Im „Criado Fingido" findet sich der Polo, der im Vorspiel zum vierten Akt „Carmen" wiederkehrt.

Garcia ging von Paris nach Neapel und wurde da mit Rossini bekannt, der für ihn den Almaviva im „Barbiere di Siviglia" schrieb. Nach einer Familientradition der Garcia habe Rossini Garcia sogar aufgefordert, einiges in diesem ersten Akt gleich selber zu komponieren — und das sei auch geschehen. Viel berühmter noch als Garcia wurden seine drei Kinder, Manuel, Maria und Pauline. Manuel wurde der große Gesanglehrer und Erfinder des Kehlkopfspiegels; er lehrte besonders in Paris und starb im Alter von hundert und einem Jahr; zu seinen Schülern zählten Jenny Lind und Stockhausen. Maria Garcia ist niemand anderes als die Malibran, und Pauline die Viardot (sie wurde 89 Jahre alt). Vater Garcia war es auch, der 1825 mit den Seinen in New York zum erstenmal „Don Giovanni" und Rossini aufführte und sogar eine Tournee nach Mexiko unternahm; er starb 1832 in Paris.

Neben die Tonadilla tritt im späteren 19. Jahrhundert wieder die Zarzuela — aber sie ist jetzt nicht viel anderes als eine umfangreiche Tonadilla. Ihr besonderer Meister ist B a r b i e r i, der nicht nur 77 Zarzuelas komponierte, sondern auch alte spanische Musik herausgab, gesammelt in seinem Cancionero. Ein späterer Cancionero greift noch weiter aus — der Mann, der ihn zusammengestellt hat, ist der Katalonier F e l i p e P e d r e l l, Komponist und Vater der spanischen Musikwissenschaft — ohne ihn wäre ein d e F a l l a nicht zu denken.

Es entsteht in diesem 19. Jahrhundert auch eine spanische Oper im mitteleuropäischen Sinn: 1822 wird ein spanischer „Don Juan" komponiert (von Ramon Carnicer), sowie 120 Jahre später einer von Joan Manén, beide Katalonier. Breton und Chapi sind die großen Namen, Pedrell schließt sich mit der nationalen Trilogie „Los Pirineos" an. Alles das tendiert zur Volksmusik.

Die spanische Volksmusik geht auf mehrere Elemente zurück: bis zum 11. Jahrhundert folgt die Kirche in Spanien der byzantinischen Liturgie, und damit prägen sich die griechisch-morgenländischen Skalen auch hier ein; die Mauren halten Spanien mindestens geistig durch sieben bis neun Jahrhunderte besetzt; ein starker jüdischer Einfluß ist lange zu bemerken; später (seit dem 15. Jahrhundert) kommen die Zigeuner ins Land und imprägnieren besonders den andalusischen Süden. Was der Hispanismo spanische Musik, spanischen Tanz nennt, ist die so mannigfaltig schillernde und von manchem Bühnenwerk vermittelte Volksmusik Andalusiens, vor allem also das, was man dort selbst Cante Jondo oder Hondo nennt — beide Worte entsprechen dem lateinischen Profundus, also Musik aus der Tiefe des Volkes. Der Cante Jondo ist gewissermaßen noch die klassische spanische Volksmusik mit den Tänzen Bolero, Sevillana (früher Seguidilla) und Jota, diese dem Fandango des 18. Jahrhunderts verwandt. Eine neue Blüte, nach anderen ein Verfall des Cante Jondo ist der Cante Flamenco; Flamencos aber heißen, angeblich weil sie aus Flandern gekommen waren, die Zigeuner.

Für diese andalusische Musik bezeichnend ist die absteigende Skala, die auf der Dominante endet (das Schicksalsmotiv in „Carmen"!). Die Melodie bewegt sich meist in einem Umfang von sechs Tönen, aber mit mehr als neun Zwischentönen, weil das Portamento geradeswegs zu der Bildung von Vierteltönen führt. Oft wird auch, wie in so mancher primitiven Musik, namentlich orientalischer Herkunft, ein einzelner Ton umkreist oder wiederholt.

Der Reiz dieser Musik, die Mannigfaltigkeit ihrer Rhythmen, die exotische Art des Tanzens, nicht zu vergessen der Zauber der südspanischen Landschaft und Architektur, die morgenländische Vergangenheit, die Nähe Afrikas, alles das hat nun im 19. und 20. Jahrhundert einen starken Reiz auf das Ausland ausgeübt. Daß so Spanien das Traumland der Franzosen werden konnte, nimmt nach der Botschaft spanischer Musik in Paris selbst, vermittelt durch Garcia, nach den Schilderungen der Mérimée, Dumas, Gauthier, nicht wunder. Manches davon entartet zu Salonmusik und Music Hall. Merkwürdig ist die Parallele mit der ungarischen Musik. Auch da sind selbst Liszt und Brahms dem erlegen, was sich, namentlich seit Bartók und Kodály (die die echten ungarischen Volkslieder herausgaben), als Musik aus zweiter Hand erwies — und diese zweite Hand waren nun auch hier die Zigeuner mit ihrem oft so faszinierenden Spiel. Für die spanische Musik haben Pedrell, de Falla und die Späteren die Arbeit der Reinigung geleistet. Und so wie heute noch viele an der „ungarischen Musik" der Zigeuner und ihrem Niederschlag bei Liszt und Brahms hängen, während Bartók und die eigentlich ungarische Volkskunst dem Publikum nur langsam nahegebracht werden kann, sind auch gewisse Nachahmungen der spanischen Musik immer noch en vogue — und de Falla hat dem gegenüber einen schweren Stand.

Was das Ausland, dem romantischen Hispanismo folgend, an „spanischer" Musik reproduziert hat, sind vor allem die zwei Spanischen Ouvertüren von Glinka. Dieser, der „Vater der russischen Musik", bereiste von 1845—47 Spanien und war von der Volksmusik begeistert. Sein Landsmann Rimsky-Korsakoff war nur wenige Tage in Spanien (als Marineoffizier), und sein „Capriccio Espagnol" (1887) hat denn auch mit der spanischen Musik wenig zu tun. Die „Spanischen Tänze" des Geigers Sarasate trugen spanische Musik, ein wenig zum Salongebrauch gemildert, durch die ganze Welt. Sarasate war in den Fünfzigerjahren Schüler des Pariser Konservatoriums, zugleich mit Bizet, und es gilt als gewiß, daß er ihm für „Carmen" Ratschläge gegeben hat — und so auch dem Komponisten Edouard Lalo für seine „Symphonie Espagnole", die, Sarasate gewidmet, im gleichen Jahr wie „Carmen" erschien. Chabrier, dem, als er 41 war, mit der Reise nach Spanien ein Traum in Erfüllung ging, komponierte seine Rhapsodie „Espana" 1883. Für de Falla wurde er damit geradezu ein Vorläufer von Debussy. Dieser selbst war nur einmal und für einen Tag gerade über der spanischen Grenze, er hat von der Volksmusik nichts entlehnt, und eine bunte Ansichtskarte genügte, „Puerta del Vino" anzuregen. Dennoch hat er wunderbar den Traum von Spanien Gestalt annehmen lassen, namentlich in dem Orchesterwerk „Ibérie". De Falla bezeugte, hier sei Spanien.

Es war noch mehr und ganz anders bei Ravel. Denn Ravel war halb baskischer Herkunft, die Eltern hatten in Spanien gelebt, er war oft hingekommen. Von seiner Habanera von 1895 bis zum Bolero von 1928 und zu den Drei Gesängen aus Don Quixote, seinem letzten Werk, zog es ihn zu der spanischen Wirklichkeit. Aber sie wurde auch bei ihm französische Musik.

Sollten die spanischen Komponisten selbst weniger empfänglich sein für die Reize ihres Landes, einer großen Tradition, einer lebendigen Volksmusik und gar der bezaubernden Tänze? Es war um so weniger möglich, als sich ja Spanien auch sonst auf seine Eigenart besann und auf seine Ausstrahlung in die Neue Welt stolz wurde. Pedrell war vielleicht noch Vorläufer, Manuel de Falla aber verkörperte nun vollkommen die Seele Spaniens und gab gleich vom Besten, was eine „neue" Musik zu bieten hatte. Albeniz und Granados, beide Katalonier, Esplâ und andere standen an seinem Weg oder gingen ihn mit, und um de Falla sammelte sich ein Kreis, der in der Atmosphäre eines echten und volksnahen Spanien lebte. Eine jüngere Generation in Barcelona nahm durch Roberto Gerhard und den Historiker Pater Anglês mit der großen Welt Fühlung, ein Internationales Musikfest in dieser Stadt brachte dort und auf Montserrat starke Anregungen. Weiter im Süden wirkte Adolfo Salazar auch als Zeitbeobachter, und von den Schülern de Fallas bekamen vor allem die Brüder Halffter wachsende Bedeutung. Heute allerdings lebt de Falla nicht mehr, er ist in Lateinamerika gestorben; Salazar wohnt in Mexiko, Rodolfo Halffter gleichfalls, sein Bruder Ernesto in Lissabon, Gerhard in England.

Der Hispanismo, Traum von Spanien für die, die so oft von Spanien nur träumen sollten, wird nicht vergehen. Weit im Osten wurde man daran erinnert, daß die Familie der Walzerkönige Strauß wohl spanischen Ursprungs war und daß Hugo Wolf in einem spanischen Liederbuch die harten Farben der spanischen Landschaft merkwürdig richtig gesehen hat. In Frankreich erreichte Laparra mit seiner Oper „La Habanera" und mit andern „spanischen" Werken starke Wirkungen. Die Zahl „spanischer" Komponisten und Werke war und ist aber viel größer. In Nordamerika werden spanische Rhythmen, wird der bloße Name Spanien immer elektrisieren; und das romantische Land beginnt hier gewiß am Rio Grande.

Vergebens hat man sich bemüht, den Zauber des Hispanismo zu definieren. Man hat an die Größe, die Strenge, die Unerbittlichkeit, die Sonne, die Farben, die Landschaft, die Tradition gedacht, an die Mischung der Kulturen im historischen Spanien, die uns den Orient in nächster Nähe bringen, ohne ihn fremd scheinen zu lassen, auch an die Anmut und Vornehmheit namentlich der Tänze, die etwas anderes zu sein scheinen als Tänze sonst, ein Rest mimischer Hingabe und einer sonst verbotenen Seelenenthüllung. Aber alles das ist nur ein Teil dessen, was zählt. Das Spanien, an dem wir hängen und das auch Bizet schon gesucht hat, ist zum geringsten Teil Wirklichkeit. Es ist, man muß das immer wieder sagen, romantischer Traum.

Ist dabei Bizet der spanischen Musik unbewußt oder gar bewußt näher gekommen? Hat sein Hispanismo für die spanische Musik Folgen gehabt? Bevor wir diese Fragen beantworten, wollen wir aber nun zum Vorspiel des vierten Aktes „Carmen" zurückkehren und zu der spanischen Melodie, die wir darin aufgespürt haben. Sie verläuft, wie hier das Beispiel zeigt:

Diesen „Polo" singt bei Garcia ein Liebhaber, der sich als Diener verkleidet hat, als Serenade — daher der Titel der Tonadilla „El Criado Fingido". Alle Kenner des spanischen Folklore stimmen darin überein, daß Garcia die Melodie aus dem Cante Flamenco übernommen hat. Sie sind noch in anderer Hinsicht einig, daß das Motiv bei Bizet „spanischer" geworden ist als bei Garcia. Denn hier heißt es:

Ja selbst die figurierte Flötenstelle, die folgt („Vocalise instrumentale", sagt Laparra), findet sich als der typische Ausruf der Ekstase, das „Ay" des Polo. Bizet hat den Polo, in dem auch, wie wir schon wissen, das Schicksalsmotiv der Carmen verborgen ist, in der Sammlung „Echos d'Espagne" gefunden. Nach anderen soll Pedro Gaillard, der mit der Familie Viardot-Garcia befreundet war, Bizet auf das seinerzeit in Spanien sehr populäre Stück hingewiesen haben (Mitteilung von Paul Vidal an Laparra).

Es ist nach dem bisher Gesagten klar, daß Bizet an drei oder vier Stellen ausdrücklich spanische Volksmusik, oder was ihm damals als solche galt, bewußt verwendet. Ein Garcia gab ihm den Cante Jondo vielleicht aus zweiter Hand — aber für uns deutlich erkennbar. Bizet wollte nicht selbst nach Spanien gehen wie Glinka und Chabrier. Man hatte ihm den Vorschlag gemacht — aber er gab die sehr bezeichnende Antwort: cela me gênerait. Die Versuche einiger Biographen, ihm dennoch eine spanische Reise zu imputieren, sind völlig haltlos. Es genügt auch, daß Bizet, wie später Debussy, Spanien intuitiv erfaßt hat, das Land, wie es Mérimée schildert. Wollte er mit dieser Intuition „Realist", „Naturalist" oder, wie man das später in der Oper nannte, „Verist" sein? Durfte sich der in den Neunzigerjahren grassierende Folklorismus der Opernwelt, der mit so krassen Rezepten aus dem Alltagsleben ferner, meist südlicher Völker operierte, auf Bizet berufen? Ich glaube nicht. Bizet hatte nicht nur viel zu viel Kultur — er hätte auch als Denker seiner Kunst derlei abgelehnt. Denn er war Romantiker in dem Sinn, daß er für seine Musik jedesmal ein fernes, nicht alltägliches Land suchte. Schon in seinem „Vasco" hatte er begonnen, seinem Traumreich jeweils Lokalfarbe zu geben, hatte es in den „Pêcheurs de Perles" und in der „Arlésienne" mit steigendem Können zuwege gebracht, und wenn er für „Carmen" spanisches Kolorit suchte, so wollte er doch keine spanische Oper schreiben, sondern eine für die Pariser „Opéra comique". Sein Spanien war ein „spanisch" gefärbtes, sonst aber der ganzen Menschheit zugängliches Traumland der ausgehenden Romantik — und wenn es dafür noch eines Beweises bedürfte, so wäre es der, daß „Carmen" in einem einzigen Land nicht so populär ist, wie sonst überall: in Spanien. Dort wird die Oper meist nur von ausländischen Truppen gegeben. Erinnert sich eigentlich jemand daran, daß auch „Don Giovanni", „Figaro", der „Barbiere di Siviglia", „Fidelio" in Spanien spielen?

Möge also, wie mir der verehrte Adolfo Salazar in einem Briefwechsel versichert, Bizet höchst wahrscheinlich der spanischen Musik stärker verpflichtet sein, als wir bisher nachweisen können, so zeigt das nur, daß die intuitive Genialität seiner Auswahl eben noch größer gewesen ist. Übrigens ist, wenn man Romantik als das erkennt, was wir in diesem Buch festgehalten haben, nämlich als den zeitbestimmten Ausdruck der ewigen Menschheits-Sehnsucht nach dem fernen Land der Unwirklichkeit, der ganze Streit müßig. Es gibt „ewige" Stoffe der Oper: der getäuschte Alte, dem ein junges Wesen entgeht; die getreuen Gatten (Orpheus-Fidelio); der Verführer aus ungestillter Sehnsucht und die Statue, die lebendig wird; die Eifersucht; der gewandte Mensch, der den Großen dieser Erde eine Nase dreht — und einige andere. Zu diesen ist nun, mitten im 19. Jahrhundert, ein neuer gekommen: die schicksalhafte Frau, die mit einem ihrer Opfer zugrunde geht. Wir werden von der spanischen, der russischen Carmen noch hören. Vorerst bleibt uns übrig, dem letzten Akt der Opernmusik von Bizet zu folgen.

Der vierte Akt

An das Zwischenspiel oder Vorspiel schließt sich eine Szene vor dem Platz in Sevilla, in dessen Hintergrund der Eingang zur Arena zu suchen ist. Istel behauptet, daß es besser wäre, die letzte Szene, den Tod der Carmen, in den Zirkus selbst zu verlegen, in den engen Raum zwischen Pferdestall und der eigentlichen Arena; denn dort könne Carmen dem José nicht entkommen, während ihr das auf dem großen freien Platz sehr wohl möglich wäre. Mir scheint das falsch. Nur auf dem großen Platz kann sich José, der ja von der Behörde verfolgt wird und fürchten muß, in einem geschlossenen

Raum erkannt zu werden, Carmen unbemerkt nähern, und es ist ihm ohne weiteres möglich, Carmen mit ein paar Schritten den Weg zu verstellen. Hier haben wir uns das lebhafte Treiben bei einem spanischen Volksfest zu vergegenwärtigen, eine gute Aufgabe für den Regisseur, — weshalb so manche kleinere Bühnen die Szene streichen! Die Partitur läßt Verkäufer von Orangen, Fächern und dergleichen zu Wort kommen; insbesondere tritt Zuniga mit Frasquita und Mercedes in den Vordergrund, für die er alles das ersteht — seine üblen Erfahrungen in der Schenke sind vergessen. Die reizende Musik scheint das Vorspiel fortzusetzen.

Hier schiebt die Partitur ein Ballett ein; denn der Akt ist kurz und muß „gefüllt" werden — aber es ist fraglich, ob der Tanz nicht zu sehr ablenkt, und es ist Tatsache, daß bei der Premiere kein Ballett getanzt wurde. Die Musik besteht aus drei Nummern: Farandole aus der „Arlésienne" in D-dur; Zigeunertanz mit vokalisiertem, den Rhythmus markierenden Chor — es ist die Melodie, die von „Vasco" an durch das ganze oeuvre von Bizet hindurchgeht —; schließlich die „Danse bohémienne" aus „La jolie fille de Perth". Wenn man aber schon an Ballettmusik denkt, so müßte jedesfalls die Farandole an den Schluß gerückt werden. Denn nach diesem Stück gibt es keine Steigerung mehr.

Und nun folgt der Aufzug der Cuadrilla. Bei den Banderilleros ertönt eine Figur, die das Flattern der Bänder symbolisiert. Wenn Escamillo erscheint, bricht der Marsch des Toreador auf dem Höhepunkt ab, und es kommt zu einer kurzen Liebesszene — epigrammatische Kürze ist die Signatur dieses tragischen Aktes: Escamillo singt, nur von geteilten Bratschen und Celli begleitet „Si tu m'aimes, Carmen, tu pourras, tout à l'heure, être fière de moi". In ihrer Antwort scheint schon der Tod neben der Liebe zu stehn. Es kommt zu keinem Gefühlsausbruch, keinem der üblichen langen Duette. Wenn die Cuadrilla in den Zirkus eingezogen ist, tändelnde Musik mit tragischem Unterton. Frasquita und Mercedes warnen Carmen: Er ist da. Sie tut gleichgültig und fragt: wer? Nun, Don José. Siehst du nicht, daß er sich dort in der Menge verbirgt? (Es müssen also noch Zuschauer da sein, vielleicht Zaungäste des Stiergefechts, die auf dem Platz geblieben sind.) Carmen: ich bin nicht die Frau, vor ihm davonzulaufen. So kommt es zum Gespräch mit José. Drei Takte des Einzugsmarsches aus dem Vorspiel. Dann Streicher, unisono. Noch zweimal unterbrochen, das zweitemal zum Schicksalsmotiv hin. José fleht nur, er droht nicht. Wir wollen vergessen, anderswo ein neues Leben beginnen. Carmen: Du verlangst Unmögliches — zwischen uns ist alles aus. Zweite Beschwörung Josés. Die Tonarten wechseln während dieser ganzen Szene, sie werden hart nebeneinander gestellt, die Situation schlägt immer wieder jäh um. Carmen weiß, daß es ihr Ende ist, aber sie bleibt unbeugsam. José: „Il est temps encore" — ein unheimlicher Gesang in den Streichern,

Rede und Gegenrede, sehr knapp, und wenn die beiden zusammen singen, ist die Stimme der Carmen ganz selbständig — es wird abermals kein „Duett". Er will ihr zuliebe Bandit bleiben: Rhythmus des Galopps aus dem zweiten Akt. Ein lyrischer Ausbruch bei der Stelle „mais moi, Carmen, je t'aime encore". Höhepunkt der Aufschrei Carmens „libre elle est née et libre elle mourra". Hier beginnt der Aufzugsmarsch vom Zirkus her: der Stier ist getroffen, die Menge jubelt. Carmen kann zuletzt einen Ausruf des Triumphs nicht unterdrücken; dazu eine fast beethovensche Streicherfigur. Und nun will Carmen in den Zirkus, José verstellt ihr den Weg, immer wieder unterbricht der Marsch, der Siegeslärm, den furchtbaren Wechsel. José ist jetzt außer sich vor Wut, und sie hat, immer wieder, nur ein bald kaltes, bald rasendes Nein. Das Schicksalsmotiv erhebt sich. José: Ich bin es müde, dir zu drohen. Und Carmen: So stoß zu — oder laß mich gehn! Fanfare aus dem Zirkus. Carmen schleudert José den Ring vor die Füße. Und er: Eh bien, damnée... Neue Fanfaren, fast schreiend, Fis-dur, und in derselben Tonart singt aus dem Zirkus der Chor das Lied des Torero. Dazu ein unheimlicher, erschütternder Einsatz der Streicher

Man überhört diese großartige Stelle zumeist, gefesselt durch die Bühne: denn Carmen hat nun doch zu fliehen versucht, nicht auf der Bühne umhergejagt, wie man das bei schlechten Regisseuren sieht, sondern zum Zirkus hin — aber bevor sie eintreten kann, auf dem Ces des Orchesters, ersticht sie José. Fortissimo des Orchesters auf Fis, mit dem Schicksalsmotiv, und die ergreifenden Schlußworte des José, mit denen — nur vier Takte Nachspiel des Orchesters — die Oper endet.

Man beachte, daß es in diesem vierten Akt keine nachkomponierten Rezitative gibt. Das Gewebe ist vollkommen dicht, die höchste dramatische Wirkung ist erreicht.

Die Premiere — ist „Carmen" durchgefallen?

„Carmen" wurde, wie die meisten früheren Werke von Bizet, in unglaublich kurzer Zeit komponiert. Und wer etwas vom Handwerk des Instrumentierens versteht, wird kaum glauben wollen, daß ein Wunderwerk der Orchestrierung wie diese Partitur in zwei Monaten durchgeführt werden konnte — Richard Strauss zitiert sie in seinem Nachtrag zu der Instrumentationslehre von Berlioz — ein Werk, auf das Bizet selbst seine Schüler zu verweisen pflegte.

Dann begannen allerdings die allen Praktikern wohlbekannten Kämpfe mit den Theaterleuten. Obwohl du Locle, der eine Direktor der Opéra comique, das Werk bestellt hatte, kamen ihm, als es nun fertig war, Bedenken. Dabei hatte er den überkonservativen und überängstlichen Mitdirektor de Leuven zu beschwichtigen. De Leuvens Argument war, daß die Opéra comique nun einmal nicht gut ging und daß man auf die Abonnenten Rücksicht nehmen müsse, ein bürgerliches, um nicht zu sagen spießbürgerliches Publikum, das auch nichts von Wagner und Zukunftsmusik oder was dafür gehalten werden konnte, zu hören wünschte. Immer wieder verwies Halévy, der die diplomatischen Verhandlungen führte, auf die hochmoralische Micaela, auf die Schmuggler, die man halb komisch behandelt habe. Wenn es doch wenigstens zu keinem tragischen Ende käme, seufzte de Leuven — und irgendwer scheint tatsächlich vorgeschlagen zu haben, daß Carmen nach der Kartenarie bereuen und das Ganze doch noch eingerenkt werden sollte. Dafür ließ es sich du Locle als Regisseur nicht nehmen, echt spanische Kostüme ausfindig zu machen und schöne Dekorationen zu bestellen (wovon die Zeitschrift „L'Art" von 1875 Proben gibt). Dann streikte der Chor, der böse war, weil man von ihm zu viel Aktion verlangte, und versicherte, daß man diese Musik nie werde singen können. Eine merkwürdige Geschichte von dieser Vorbereitungszeit erzählt Daniel Halévy, der literarisch sehr begabte Sohn des Librettisten Ludovic. Das Couplet und der Marsch des Torero waren noch nicht vorhanden. In der Mitte des Stückes fehlt etwas, sagte Ludovic zu Bizet — und eines Tages spielte dieser den Freunden die seither berühmte Melodie vor. Ludovic war begeistert: das hat gefehlt, rief er aus. Bizet gab die resignierte Antwort: „Tant pis." Wenigstens sagte er nicht „ordure", was andere behaupten. Tatsache ist, wie Daniel Halévy aus unveröffentlichten Tagebüchern seines Vaters zitiert, daß der Marsch an manchen Orten sogleich den Erfolg entschied — so in Brüssel, wo ihn alsbald die ganze Stadt sang. Hat nun Bizet, so fragt Daniel Halévy, ein „banales" Thema verwendet und es dann später zu tragischer Größe erhoben, oder hatte er von vornherein diese Größe im Sinn und sie dem Hörer absichtlich erst nach und nach enthüllt?

Aus derselben Quelle stammt das Bekenntnis des Librettisten, daß ihm die so neue Musik anfangs etwas Angst eingeflößt habe. Bald freilich habe er sie schätzen gelernt — aber dem Publikum sei es ebenso ergangen: es habe sich vor dieser Musik zuerst gefürchtet.

So kam der Abend der Premiere heran. Und wie es mit biographischen Daten über Bizet zu gehen pflegt: ganz gewiß läßt sich von den Umständen dieser Aufführung nur sagen, daß der Komponist am Morgen desselben, 3. März 1875, die Ehrenlegion bekam. Er erschien mit dem roten Band im Theater, und ein Kritiker behauptete, das sei trotz allem die schönste „Dekoration" gewesen. Sonst erfahren wir aus Berichten, Memoiren, Briefen, Zeitungen nichts mit Gewißheit, und vor allem ist nicht herauszubekommen, ob „Carmen" bei dieser

Premiere durchgefallen ist, wie Augenzeugen behaupten, oder nicht, wie dieselben Augenzeugen geraume Zeit später erzählten. Wahrscheinlich ist weder das eine noch das andere richtig. „Carmen" dürfte lau und mit allem schuldigen Respekt hingenommen worden sein.

In der Biographie von Delmas erzählt ein Zeitgenosse der Premiere: Das Theater war dicht besetzt — es war alles da, nicht nur die Musikwelt, vor allem ihre jüngere Generation, sondern auch die große Gesellschaft, die Familie Rothschild, die Herausgeber der großen Zeitungen, wie Hébrard und Villemessant, von der Literatur Alphonse Daudet, zahlreiche Theaterdirektoren, darunter Offenbach, seine Diva Hortense Schneider und überhaupt die ganze und die halbe Welt von Paris. Und was sagt dieser Zeuge von dieser Aufnahme? Man war gleichgültig. Als am Schluß der Name des Komponisten genannt wurde, wie das bei Pariser Premieren Brauch ist, gab es spärlichen Beifall. Dagegen erzählte Rochefort drei Jahrzehnte später im „Figaro", man habe bei dieser Namensnennung so stark gepfiffen, daß der Name gar nicht gehört wurde.

Man vergleiche noch folgende Angaben: am Tag nach der Premiere schrieb Ludovic Halévy, der erste Akt habe gut gewirkt, die Habanera sei wiederholt worden, in der Pause viele Glückwünsche für Bizet. Im zweiten Akt hätten der Tanz in der Schenke und das Lied des Torero großen Eindruck gemacht. Aber dann sei das Publikum erstarrt. Im Zwischenakt wenig Gratulanten, nach dem dritten noch weniger, und nach dem letzten sei überhaupt niemand mehr gekommen. In dem unveröffentlichten Tagebuch Halévys dagegen heißt es nach Angaben seines Sohnes Daniel: Zwiespältiger Eindruck der Premiere, nicht schlecht und nicht gut. Das Publikum war betroffen von der Musik und vom Realismus des Sujets. Bizet war nicht verzweifelt, aber traurig, weil ihm eine Hoffnung fehlgeschlagen war. Und 1905 schreibt Halévy: nach der Aufführung seien sie, Bizet, Meilhac und Halévy, schweigend nach Hause gegangen. Bizet sehr ernst, wenn auch nicht deprimiert... Dagegen erzählt nun wieder Ernest Guiraud: Scheinbar gefaßt, verließ Bizet mit mir das Theater. Als wir allein waren, brach sein Schmerz hervor. Bis zum Morgen irrten wir durch die Stadt, und seine Reden wurden immer bitterer... Vincent d'Indy: In der Orgelklasse des Conservatoire, bei César Franck also, lernte ich Bizet kennen — schon ein berühmter Meister, kam er dahin, um noch zu lernen. Am Tag der Premiere erschien Bizet in der Orgelstunde mit drei Karten für die Opéra comique, die verlost wurden. Ich bekam eine. Nach dem ersten Akt beglückwünschte ich den Meister. Er: es sind die ersten guten Worte, die ich heute höre, und es werden wohl auch die letzten sein. Am Tag der zweiten Aufführung kam Bizet abermals und bat um eine Assistenz hinter der Szene, da sein Don José bei dem unbegleiteten Stück „Dragon d'Alcala" gestern um zwei Töne zu tief geendet habe. D'Indy stützt den Sänger auf einem Harmonium — und da kann er sehen, wie das ganze Theater Bizet den Rücken dreht, vom Direktor an bis zum Concierge.

Aber bald blies ein anderer Wind, und nun bekam Bizet wieder freundliche Blicke. Denn von der fünften Aufführung an hob sich der Besuch — die Leute kamen, um das unmoralische Stück zu sehen. Ein Minister bat das Theater um eine Loge für seine Familie — man sagte ihm, er möge doch zuerst allein kommen und sehen, ob „Carmen" auch passend sei. Von d'Indy ist noch zu sagen, daß er als Lehrer immer wieder mit seinen Schülern gewisse Harmonien der Oper analysiert hat, besonders den Chor der Mädchen im ersten Akt, die Seguidilla und den Anfang des dritten Aktes; regelmäßig erklärte er dann, die übrigen Partituren aus dieser Zeit seien gegen Bizet ein halbes Jahrhundert zurück gewesen.

Die Sängerin Céleste Galli-Marié, die erste Carmen, überlebte Bizet um dreißig Jahre — lang genug, daß sie sich gar nicht mehr vorstellen konnte, die Oper, längst ein Welterfolg, sei einmal abgelehnt worden. „,Carmen' ein Durchfall?", sagte sie zwei Jahre vor ihrem Tod zu Pougin — „welch eine Unmöglichkeit! Welch eine Legende!" Sie wollten es dann nämlich alle nicht wahrhaben. Es war gleichsam eine nationale Schande, daß man in Paris „Carmen" verkannt hatte und daß ein solches Werk erst vom Ausland her Frankreich wieder erobern mußte.

Aber es ist Zeit, von den Ausführenden dieser Premiere zu sprechen. Carmen war also die Galli-Marié, die rechte französische Soubrette, mit der leichtbeweglichen, nicht pastosen, aber tief hinabreichenden Stimme, die gut Prosa sprach, gut tanzte und — ihren Mérimée gelesen hatte, zur Verzweiflung der Direktion: denn sie war keine Salon-Carmen, sondern die arme Zigeunerin, die durchaus nicht helfen wollte, die Gestalt zu „frisieren". Die Librettisten sollen eine Zeit lang an Zulma Bouffar gedacht haben, eine der Darstellerinnen um Offenbach; aber sie sahen davon ab und erinnerten sich des Erfolges, den die Galli-Marié als Mignon gehabt hatte.

Die Galli-Marié war damals 35, und nach den Bildern, die sie zeigen, ein eher mütterlicher Typ — keineswegs die Hetäre, wie sie gewisse Schwärmer für das Lasterhafte wünschen mochten. Die Rolle machte sie berühmt, auch über Frankreich hinaus. Sie sang sie in Italien, in Belgien, in England. Emma Calvé rühmte sich, für ihre eigene Carmen die besondere Zustimmung der Galli-Marié empfangen zu haben. Aber diese Carmen der Premiere trat auf, wie sie Mérimée beschrieben hat, im kurzen Rock, der die zerrissenen Strümpfe sehen ließ — und die Calvé trug die reichere spanische Mantilla. Für vier Monate war das Engagement der Galli-Marié gedacht; sie sollte jeden Abend 208 Francs bekommen, verlangte aber bald 300, und bekam in Brüssel und in Antwerpen noch im selben Jahr 1000. Das ist damals viel Geld gewesen!

Don José war Lhérie, ein Sänger, der in der Folge gleichfalls nach Italien gelangt ist. Er starb 1937! Escamillo war der belgische Bariton Bouhy, in den Achtzigerjahren Direktor des Konservatoriums New York; auch er erreichte ein hohes Alter und starb 1929. Lhérie und Bouhy hatten für Bizet bald in der Kirche zu singen,

Entwurf zu dem Bild im Musée de l'Opéra in Paris von Doucet
Mme. Galli-Marié, die erste Carmen, im Kostüm des letzten Aktes

als die Leiche des Komponisten eingesegnet wurde. Micaela endlich war Mlle. Chapuy, die nicht lange darauf den Kriegsminister André heiratete, so daß ihr also der Charme des braven Mädchens auch im Leben folgen sollte. Das Publikum und die Kritik war mit allen Mitwirkenden sehr zufrieden.

Und was hat die Kritik zu „Carmen" gesagt?

Der getreue Biograph Pigot, der vor siebzig Jahren noch so viel Zeugnisse sammeln konnte, hat es sich nicht verdrießen lassen, auch die Kritiken über „Carmen" zusammenzustellen. Die einen erschraken über das Sujet, die andern fanden es unmoralisch, undramatisch, unmöglich. In einem „Dictionnaire des Opéras" werden bizarrerie und incohérence über den Tag hinaus festgehalten. Einem andern ist absence de lumière aufgefallen. Für die Musik mußte Wagner herhalten — denn gewagte Harmonisierung, das war allein schon Wagner. Dafür gab es dann wieder „Fortgeschrittene", denen alles zu wenig konsequent war. So fand Jullien: „cette opéra comique n'est qu'une longe suite de compromis, aussi bien dans le poème que dans la musique." Dabei haben diese Kompromisse, nach Jullien, nicht geholfen — sie versöhnen das Publikum nicht und bringen die Kenner auf. In der „Gazette Musicale" klagt man über das schreckliche Frauenzimmer, das in der Novelle „poetisch" sei, auf der Bühne aber abstoßend wirke. Der Komponist, so heißt es, weiß nicht recht, ob er sich seiner melodiösen Vergangenheit zuwenden soll oder einer nebelhaften Zukunft. Er ist ein ausgezeichneter Mann, der das Métier weg hat („avoir de la main", sagen die Maler), aber er bringt kein einheitliches Werk zustande. Es gibt zu viel spanische Rhythmen, die Chöre sind überladen, aber der Schluß ist ausgezeichnet und versöhnt. (Wir erfahren dabei, daß der vierte Akt der Oper erst nach Mitternacht anfing.) In der „Presse" erklärte jemand, Können und Wissen seien anzuerkennen, aber es fehle die Inspiration. Nur E. R e y e r kam zu einem ermutigenden Schluß: „Carmen ist nicht tot", heißt es da, „und man hat an der Opéra comique andere Werke fröhlich weiterleben sehen, die von ebenso weither gekommen sind" („qui sont revenus d'aussi loin"). Das sagt man im Französischen von einem Menschen, der nach einer schweren Krankheit genesen ist — und so wäre wieder ein Beweis erbracht, daß „Carmen" bei der Premiere trotz aller Beschwichtigungsversuche kein Erfolg war.

Vom 2. März bis zum 13. Juni gab es 37 Aufführungen, von denen allerdings manche angeblich nur angesetzt worden waren, um die Oper „zu halten". Aber die Opéra comique hatte auch sonst wenig Glück, und wenn ein Theater schlecht besucht wird, so helfen ihm manchmal auch Erfolgstücke nicht. Am 18. Juni schloß die Spielzeit, und als du Locle im Herbst seine letzte Saison eröffnete, gab man „Carmen" noch dreizehnmal. Dann aber wurde die Oper in Paris durch fast acht Jahre nicht mehr gespielt.

„Carmen" außerhalb Frankreichs

Inzwischen war Bizet, auf den Tag, drei Monate nach der Premiere, gestorben; der Vertrag, den ihm die Wiener Hofoper gesendet hatte, ist seine letzte große Freude gewesen. Der auch sonst sehr findige Wiener Direktor Jauner gab „Carmen" schon am 23. Oktober 1875 in der heute noch auf deutschen Bühnen üblichen geradezu sinnstörenden Textübersetzung von Hopp und mit den inzwischen von Guiraud für Wien komponierten Rezitativen — jedoch so, daß er sie nicht alle verwendete, sondern auch Prosa sprechen ließ; und so blieb es in Wien bis 1899. Die Wiener Premiere war sogleich ein Erfolg, aber wenn sich die Pariser Kritik einem solchen Werk gegenüber schon nicht mit Ruhm bedeckt hatte, so gab ihr die Wiener nichts nach: Ludwig Speidel sprach von einer Operette mit Tanz, Hanslick, der nicht nur Wagner ablehnte, sondern auch der „Traviata" seinerzeit nicht mehr als drei Aufführungen prophezeit hatte, fand, „Carmen" sei „Halbkunst", weder die Tat eines schöpferischen Genies noch die Arbeit eines fertigen Meisters, aber immerhin eine interessante Produktion voll Geist und Talent. Nur Ambros, ein solider Gelehrter, begrüßte

„Carmen" mit großer Anerkennung. Die erste Wiener Carmen war Bertha Ehnn — der Verfasser dieses Buches hat sie Jahrzehnte später noch einmal die melodramatischen Verse in Schumanns „Manfred" sprechen hören; singen konnte sie nicht mehr. Escamillo war der berühmte Bariton Scaria, den man später in Bayreuth bewundert hat. Trotz der Kritik blieb „Carmen" in Wien ständig auf dem Repertoire. Bei dieser Gelegenheit soll mit einem Wort einer der interessantesten Opernsängerinnen aller Zeiten gedacht werden, die gerade als Carmen (zuerst unter Mahler) einen viel bewunderten Typ schuf: Marie Gutheil-Schoder. Auch Pauline Lucca, eine international berühmte Carmen, hat diese Rolle zuerst in Wien gesungen. Jedenfalls ist die Karriere der Oper „Carmen" von Wien ausgegangen sowie, seit 1892, die der „Verkauften Braut" von Smetana und ungefähr gleichzeitig der „Manon" von Massenet.

Nach Wien kam Brüssel (Februar 1876) — ein großer Eindruck, obwohl die Kritik auch da ihre Bedenken hatte. Dann die französische Provinz (Marseille, Lyon), und 1878 lernten fast gleichzeitig St. Petersburg, London und New York das Werk kennen. In St. Petersburg wurde es auf dem Italienischen Theater gegeben, und etwas später prophezeite Tschaikovsky, das werde in einem Jahrzehnt die populärste Oper sein. In London waren es gleich zwei Compagnien, die „Carmen" ankündigten: eine mit der Amerikanerin Minnie Hauk als Carmen (Her Majesty's Theatre), eine andere mit der Patti (Covent Garden). Aber die Patti fand dann die Partie zu tief und verzichtete, so daß es bei der Aufführung in Her Majesty's Theatre blieb. 1883 versuchte sich die Patti trotzdem als Carmen, auch in New York, drang aber nicht durch. Minnie Hauk hatte die Partie zuerst für Brüssel studiert und eigens spanische Tänze erlernt. Ihr Erfolg war dort so groß, daß sie darauf von Colonel Mapleson sogleich für London verpflichtet wurde. Der Tenor Campanini, den sie selbst für London ausgesucht hatte, weigerte sich anfangs, zu singen, weil er keine richtige Arie und ein Duett nur mit der seconda donna hatte! Unter dem gleichen Management und in der gleichen Besetzung der Partien Carmen und Don José, dirigiert von Arditi, dem Komponisten des Parla-Walzers, kam „Carmen" am 23. Oktober 1878 in New York zur Aufführung; sie fand in der Academy of Music statt, und der Erfolg war sehr groß. Die glanzvolle Diva, die eine Zeit lang Wagners Haus in Triebschen bei Luzern bewohnte, starb hochbetagt in der Schweiz; eine Geldsammlung, die Geraldine Farrar (später selbst eine berühmte Carmen) veranstaltete, hatte ihr während ihrer letzten Jahre die sehr nötige Hilfe gebracht. Minnie Hauk sang die Partie in Brüssel französisch, in London und New York aber italienisch.

Die Galli-Marié sang die Carmen mit italienischem Text in Neapel und in anderen italienischen Städten. Dabei hatte sie 1881 in Genua einen besonderen Zuhörer, den pensionierten Professor Friedrich Nietzsche, der nun endlich die Musik gefunden zu haben glaubte, die ihn von Wagner befreien würde.

Pauline Lucca kam mit ihrer Carmen von Wien nach Berlin. Dort war „Carmen" schon in der Saison 1880/81 mit 23 Aufführungen die am häufigsten gespielte Oper — und das ist sie für alle Bühnen des Deutschen Reiches, wie es bis 1938 bestand, auch geblieben. In den USA. gab es zu Beginn der Achtzigerjahre nicht weniger als vier Truppen, die „Carmen" gaben. Und der dritte Erdteil wurde 1882 erobert, als „Carmen" in Kairo gegeben wurde.

„Carmen" wieder in Paris

Unter diesen Umständen fand man in Paris, wo der tote Bizet längst ein großer Mann, ja ein Märtyrer der französischen Musik geworden war, daß es nun doch Zeit sei, sich eines Meisterwerkes der heimischen Oper wieder zu erinnern. Und so hörte man am 24. April 1883, nach fast acht Jahren, „Carmen" wieder an der Opéra comique. Ein junger Kritiker, Maurice Lefèvre, hatte zuerst angeregt, „Carmen" wieder aufzunehmen — aber der Direktor der Opéra comique hatte geantwortet: ein so unmoralisches Werk, das die Schenke eines Lillas Pastia auf die Bühne bringe, könne in seinem Theater nicht gespielt werden. Und das war Carvalho, einst Bizets großer Gönner! Übrigens sollen bei dieser Gelegenheit sogar Meilhac und Halévy gegen die Galli-Marié protestiert haben: sie dürfe bei einer Reprise nicht mehr mittun, denn ihre undezente Art sei an dem Mißerfolg schuld gewesen. Sie habe die „Carmen" der Novelle gespielt, nicht die des Textes. So wurde also „Carmen" schließlich wieder gegeben, aber nicht mehr mit der Galli-Marié, sondern mit Mlle. Isaac. Es war eine Aufführung, die niemand schockieren, aber auch niemand ins Theater locken konnte. So blieb nichts übrig, als die anstößige Galli-Marié wieder herbeizurufen und das Werk ordentlich einzustudieren. Diese Aufführung fand dann am 27. Oktober statt — und das war der Triumph. Schon zwei Monate später, am 22. Dezember 1883, feierte man die hundertste Aufführung; somit war „Carmen" in diesen zwei Monaten fünfzigmal gegeben worden. Bei dieser Feier wurde eine Büste von Bizet (angefertigt von Paul Dubois, wie sie auch das Grabmal des Komponisten zeigt) in der Opéra comique angebracht und blieb dort bis zum Brand des Hauses, 1887. Von nun an gab es an der Opéra comique jährlich ungefähr 40 Aufführungen der Oper; am 21. Oktober 1891 die fünfhundertste. Im Dezember 1890 hatte die Pariser Presse, die ja mancherlei gutzumachen hatte, eine Aufführung zugunsten eines Denkmals für Bizet veranlaßt — die Galli-Marié, als José Jean de Reszke, als Micaela die Melba wirkten mit, Einnahme 42.000 Francs. Am 14. Dezember 1892 sang die Calvé zum erstenmal die Carmen. In ihren Memoiren schreibt sie, daß sie das Werk gar nicht sehr mochte, aber immer gezwungen wurde, es zu spielen, besonders in New York, wo jede ihrer Carmen-Aufführungen ein ausverkauftes Haus ergab. Carmen habe, meint die Sängerin, nur zwei gute Eigenschaften: ihre Wahrheitsliebe und ihren Mut. Im Gegensatz zur Galli-Marié trug sie in der Rolle ein langes Kleid, das keine zerrissenen Strümpfe sehen ließ, und die spanische Fransen-Mantilla.

Doch kannte sie, die aus Südfrankreich stammte und als Kind in Spanien gelebt hatte, die Tänze der Zigeuner, besonders die eigentümlichen Hand- und Armbewegungen, und kannte das „niedere Volk". Als sie das erstemal in Paris auftrat, begrüßte die Galli-Marié ihre Leistung; aber ein Kritiker schrieb, sie gehe in ihren Gewagtheiten zu weit. In New York sollte sie, nachdem sie 1893 debutiert hatte, die Carmen mit italienischem Text singen — aber sie weigerte sich; Coquelin, der gerade in New York war, half ihr, und sie setzte eine französische Aufführung durch, mit Jean de Reszke als Don José; es war am 20. Dezember 1893.

In Paris wurde im Dezember 1898 das neue Haus der Opéra comique mit einer Festvorstellung eröffnet, deren Hauptteil der zweite Akt von „Carmen" war. Georgette Leblanc, damals Madame Maurice Mæterlinck, sang zum erstenmal die Carmen. Bei der 1000. Aufführung, am 23. Dezember 1904, sang die Calvé, und sie bekam von der Galli-Marié, wenige Monate vor deren Tod, noch ein Begrüßungstelegramm; Julia Bartet, einst die Vivette der ersten „Arlésienne"-Aufführung, sprach einen Epilog von Richepin. Damals veranstalteten die Zeitungen Umfragen, Erinnerungen wurden hervorgesucht — und mit einem Male hielten es auch die Überlebenden von 1875 für unmöglich, daß „Carmen" nicht gleich ein großer Erfolg und Bizet nicht sofort ein Stolz der französischen Musik gewesen war. Eine Abstimmung des „Excelsior" von 1911 über die beliebtesten Werke der Opéra comique ergab, daß „Carmen" obenan stand; es folgten „Manon" und „Louise". Zum Zentenarium von Bizets Geburt, 1938, gab die Opéra comique abermals eine Festvorstellung mit Renée Gilly als Carmen und veranstaltete im Foyer eine „Carmen"-Ausstellung. An einem anderen Abend wurden „Les Pêcheurs de Perles" und „Djamileh" vereinigt, die seither zusammen im Repertoire geblieben sind.

An der „Metropolitan" fand (nach I. Kolodin) die erste Aufführung von „Carmen" — nicht die erste in New York, von der wir schon gesprochen haben — am 25. November 1886 statt: mit deutschem Text und Lilli Lehmann als Carmen, Seidl dirigierte, und man gab nicht die Rezitativ-Fassung, sondern die mit gesprochenem Dialog. Ein Jahr später hörte man die Patti, 1893 die Calvé. Am 3. Dezember 1908 dirigierte Toscanini eine Aufführung mit Maria Gay als Carmen, Caruso als Don José und der Farrar als Micaela, 1914 übernahm die Farrar die Rolle der Carmen. Sie hatte inzwischen große europäische Erfahrungen gesammelt; sie spielte mit so viel Temperament, daß es einmal beinahe zu einem Konflikt mit Caruso gekommen wäre, und im ersten Akt stürzte sie sich so heftig auf eine Choristin von der Gegenpartei, daß auf der Bühne geradezu eine Panik entstand. Sie übertrug später ihre Carmen auf den Film und hatte sich, wie sie in ihren interessanten Memoiren erzählt, für ihre Konzert-Tournéen eine Art Verkürzung der Oper anfertigen lassen, in der ihre Szenen vereinigt waren.

Was war das aber alles gegen die Begeisterung der Stadt Sao Paulo in Brasilien! 1907 gastierten Maria Gay und Zenatello mit einem Carmen-Ensemble, und bei der ersten Aufführung fanden 8000 Personen keinen Einlaß. An den Kassen entstand ein solches Gedränge, daß es Tote und Verwundete gab...

Weiterbildungen und Umbildungen

Wir haben schon gesagt, daß „Carmen" zu den „ewigen" Opernstoffen zu gehören scheint, also zu jenen, die sich mit der Zeit von einer wenn auch noch so vollendeten Erscheinungsform lösen. So schwer wir das heute glauben können: es wäre möglich, daß einmal eine andere Oper „Carmen" entstünde — und wenn wir unsere Blicke über die Welt internationaler Theatergemeinschaft lenken, so waren solche Opern sogar schon da. Dabei ist zu bedenken, daß sich heute Film und Radio des Stoffes bedienen können, entweder mit der Musik, wie wir sie kennen, oder mit einer neuen — und auch das ist schon geschehen.

Die englischen Übersetzungen scheinen weit eher dem Sinn des französischen Textes zu entsprechen als etwa die deutsche, und es soll vermerkt werden, daß die Ausgabe von Ditson auch die Prosa enthält, die jeder Klavierauszug außer den Rezitativen bringen sollte. John Galsworthy, der Verfasser der Forsyte-Saga, hat zusammen mit seiner Frau Ada eine neue Übersetzung veröffentlicht.

Die deutsche Übersetzung, die fast allgemein gebraucht wird, ist ein einziger Mißgriff. Sie fälscht geradezu den Sinn der Operndichtung, so daß Sänger und Publikum eine unrichtige Vorstellung von den Vorgängen bekommen und behalten. Darüber hinaus korrumpiert sie die reizvolle, knappe und treffende französische Diktion zu einer schwülstigen Opernsprache. Der Versuch einer Übersetzung, den Carmen Studer-Weingartner unternommen hat, geht sehr vernünftig von der Prosafassung aus und nimmt auf hergebrachte Redensarten keine Rücksicht. Denn ein paar Phrasen des deutschen ‚Carmen'-Textes haben sich geradezu in Zitate für Spießer verwandelt, wie „Auf in den Kampf, Torero", wovon das französische Libretto nichts enthält. Aber der Verfasser dieses Buches bleibt bei seiner Ansicht, daß Opern so viel wie möglich in der Sprache der Urtexte gesungen werden sollen. Für Europa war und ist diese Forderung etwas ziemlich Neues: als Bruno Walter in Salzburg „Don Giovanni" und „Figaro", beide auf italienische Texte komponiert, mit diesen italienischen Texten aufführte, war die österreichische Kritik nicht durchwegs einverstanden. Und das, obwohl die Übersetzungen der Texte auch bei den Werken von Mozart, so oft sie auch versucht worden sind, niemals so recht gelangen.

Eine Umbildung des Stoffes für das Radio oder ein „Carmen"-Film sind mir aus Ländern mit deutscher Bühnensprache nicht bekannt geworden. Dagegen hat es ein Wiener Autor, Sil Vara, dessen Theaterstücke in mehreren Sprachen gespielt worden sind, während des ersten Weltkrieges unternommen, ein Schauspiel des „Carmen"-Stoffes zu schreiben. Es heißt „Die Gitana" und ist 1916 in Wien als Buch erschienen, aber wohl kaum je aufgeführt worden. Wie fast alle Bearbeitungen, folgt es mehr der Novelle als der Oper.

Unter den Bearbeitungen älterer Stücke für das Moskauer Künstlertheater, die in New York übersetzt erschienen sind, findet sich auch einer, „Carmencita und die Soldaten", von Constantin Lipskeroff. Was man darüber in Berichten aus Rußland gelesen hat, war so unrichtig, wie viele andere Meldungen aus diesem verschlossenen Land. So hieß es, man habe den Stoff „antimilitaristisch" bearbeitet und gegen die Offiziere und die spanische Frömmigkeit „aufgehetzt". Das ist ganz unwahr, wenigstens soweit der gedruckte Text in Frage kommt. Dagegen behauptet der Herausgeber des Bandes, daß der Regisseur und Direktor des Künstlertheaters, Nemirovitch-Dantchenko, die Stücke von der gewohnten Theaterform befreien wollte, die nichts mit ihrem Gehalt zu tun habe. Was „Carmen" anlangt, so habe man die tragische Oper schreiben wollen, die Mérimée, Bizet und Nietzsche vor Augen gehabt hätten, die Oper von Liebe und Tod. Der Bearbeiter Lipskeroff, 1899 in Moskau geboren und „Erbe der lyrischen Tradition, die bis zu Puschkin zurückreicht", habe daher vor allem die Micaela wegbringen müssen. Sie wird ersetzt durch drei Frauen aus dem Volke, die „für Josés Mutter sprechen". Es treten ferner auf: die alte Vermieterin der Carmen, Dorothea, der Oberst und sein Adjutant, der die Rolle des Zuniga übernimmt, und der Stierfechter, der hier Lucas heißt, wie bei Mérimée. Merkwürdig ist der Anteil des Chors, fast wie in der alten griechischen Tragödie.

Der Verfasser dieses Buches hat keine Aufführung dieses Textes erlebt, aber auch die beste Aufführung wird nichts daran ändern können, daß diese Neufassung keine Verbesserung dessen darstellt, was Meilhac und Halévy ersonnen haben. Ihre Sprache ist weniger pathetisch, aber wirkungsvoller. Es ist auch fraglich, ob man aus „Carmen" geradezu eine tragische Oper machen soll und darf; denn das Werk bleibt seinem ganzen Charakter nach zwiespältig („demi caractère"), eine Mischung von Ernst und Skurrilität, im Sinn der französischen Romantik.

Das Drama von Sil-Vara, der Operntext von Lipskeroff, sie wollen Mérimée gegenüber der Oper verteidigen. Das will ein Radio-Drama („Hörspiel") gleichfalls, und wir werden sehen, daß auch der Film gegen Meilhac und Halévy an Mérimée appelliert. Das Hörspiel heißt bezeichnenderweise „La vraie Carmen", verfaßt von der Schauspielerin Cora Laparcerie-Richepin, die auch selbst die Rolle der Carmen sprach; Radio Paris gab am 9. Juni 1935 die erste Aufführung. Im Stück tritt Prosper Mérimée selbst auf, so wie er ja auch die Novelle als eigenes Erlebnis erzählt.

Aber in Spanien...

Welche Carmen ist nun die wahre? Alle zusammen ergeben sie die Wahrheit dieser Gestalt. Denn Carmen hat überall und zu verschiedenen Zeiten eine andere Wahrheit. Aus Spanien stammend, ist die französische Carmen in Spanien, einem freilich ganz anderen Spanien, nicht mehr so recht „wahr". Diese Carmen ist keine Spanierin und keine Zigeunerin — behaupten die Spanier.

Zwar, die spanische „Zarzuela" „Carmen" unterscheidet sich wenig von der Oper. Ein paar Worte des Textes sind geändert, wobei das gesprochene Wort beibehalten ist — nur ist im Spanischen der Dialog gereimt, wenigstens in dem mir vorliegenden Textbuch (Barcelona 1890). Lillas Pastia verwandelt sich ohne ersichtlichen Grund in einen Curro Flores. José sagt Carmen am Schluß des ersten Aktes nicht, daß er „un homme ivre" ist, sondern begnügt sich, ihr Mitleid anzurufen. Auch behauptet Escamillo bei der ersten Begegnung mit Don José nicht, daß Carmens Liebe nur sechs Monate währt (in der deutschen Übersetzung sind es gar nur sechs Wochen!), es heißt nur, diese Liebe sei niemals von Dauer. Im Lied des Torero wird auf die schwarzen Augen, die ihm leuchten, verzichtet, und nur von seinem Kampf gesprochen. Beim Aufzug des vierten Aktes gibt es, offenbar vorsichtshalber, auch keine Äußerung des Mißfallens, wenn der Bote der Obrigkeit erscheint. So geringfügig diese Änderungen sind, so bezeichnend scheinen sie. Don José verliert selbst in der Liebesbetörung seine Haltung nicht, Carmen ist zwar unbeständig, aber doch nicht so flatterhaft, und Escamillo geht dermaßen in seinem Beruf auf, daß er den Sport wohl höher stellt als die Liebe...

In den Memoiren der Calvé wird erzählt, daß sie 1897 in Spanien die Carmen singen sollte. Man rät ihr ab: die Spanier lieben das nicht. Gut, erklärt sie, dann trete ich überhaupt nicht auf. Das Theater will sie mit Gewalt an der Abreise verhindern, aber ein französischer Diplomat bringt sie ungefährdet zur Bahn.

„Carmen" im Film

Dafür erzählt eine andere Carmen, Geraldine Farrar, wie Hollywood sie immer wieder zu einem „Carmen"-Film einlädt und wie auch sonst Versuche zu einem solchen Film nicht ausbleiben. Ich glaube nicht an den Film. Was an „Carmen" packt und erschüttert, ist nicht das Visuelle, sondern das Drama, dessen Prägnanz dem Film widerstrebt — und das Zusammenwirken mit einer Musik, die, wie sie in Bizets Partitur steht, nicht verzettelt, ja nicht einmal auf andere Bilder aufgeteilt werden kann. Der Film kann — das muß man heute nicht mehr sagen — große Kunst geben: aber nicht in Imitationen. Möglicherweise finden sich Künstler, denen die Umschmelzung doch einmal gelingt — aber dann werden sie wohl auch eine andere Musik dazu brauchen, und die läßt sich durchaus denken: der Fall, daß ein Meisterwerk ein zweites, ähnliches anregt, ist schon dagewesen.

Jacques Feyder hat 1926 in Paris einen „Carmen"-Film begonnen. Um allen Vergleichen aus dem Wege zu gehen, hat auch er sich der Novelle zugewendet, und was es dort an Kämpfen und Überfällen gibt, wird dem Zuschauer vor die Augen geführt. Die Musik wurde von Ernesto Halffter-Escriche komponiert, dem schon genannten Meisterschüler de Fallas. Dieser spanische Musiker stand, noch sehr jung, vor schweren Problemen. Von Mal zu Mal hatte er so und so viel Musik zu liefern. Einiges aus der Musik zu diesem Film wurde dann für eine Oper, „La Muerte de Carmen", Text von Adolf

Spaak, verwendet. Die Oper war aber keineswegs als ein Auftrumpfen gegen Bizet gedacht. Im Gegenteil: als Ausdruck des Denkens der spanischen Komponisten an einen längst verewigten französischen, und die Komposition wurde ausdrücklich dem Andenken Bizets gewidmet. Szenisch sollte die Oper nur enthalten, was die von Bizet nicht enthielt, also nicht verwendete Vorgänge der Novelle. Einige Stücke, in Lissabon zu Beginn des Jahres 1941 aufgeführt, sind mir als besonders schöne Musik von tragischer Größe und wunderbarer Feinheit im Gedächtnis geblieben. Das Werk ist bisher nicht fertig geworden, und auch die vollendeten Stücke sind Manuskript geblieben.

Das deutsche Mißverständnis: Friedrich Nietzsche

Man kann sich nur darüber freuen, wenn die vielen Operntheater Deutschlands „Carmen" auch während der letzten Jahrzehnte so oft gespielt haben, und daß nicht einmal der Librettist Halévy dem Abbruch getan hat. Aber eine gewisse deutsche „Carmen"-Schwärmerei ist dennoch ein Mißverständnis, und es ist keine Frage, daß es Nietzsche hervorgerufen hat. Friedrich Nietzsche hatte während seiner Schweizer Zeit, Mitte der Sechzigerjahre, die Freundschaft Richard Wagners und seiner Frau Cosima gewonnen und war einer der Begeisterten für Wagners Kunst gewesen, aber bitter enttäuscht worden, als der Wagner-Glaube 1876 mit den ersten Bayreuther Festspielen in Erscheinung trat.

Am 27. November 1881 hörte er in Genua „Carmen". Das Weitere sagt er selbst in einem Brief an seine Schwester: „Manchmal kommt etwas Gutes von außen zu mir. Vorgestern hörte ich eine Oper „Carmen" von einem Franzosen Bizet und war erschüttert. So stark, so leidenschaftlich, so anmutig und so südlich. Hast Du zufällig davon gehört?" Nietzsche hatte einen Musiker-Freund, der sich Peter Gast nannte — er hielt ihn für einen großen Komponisten. Diesem schrieb er viele Briefe über Bizet und „Carmen". Gleich der erste lautete: „Hurra!

Freund! Wieder etwas Gutes kennengelernt, eine Oper von Georges Bizet (wer ist das?!): ‚Carmen.' Hörte sich an wie eine Novelle Mérimées, geistreich, stark, hie und da erschütternd. Ein echt französisches Talent der komischen Oper, gar nicht desorientiert durch Wagner, dagegen ein wahrer Schüler von Hector Berlioz. So etwas habe ich nicht für möglich gehalten! Es scheint, die Franzosen sind auf einem besseren Wege in der dramatischen Musik; und sie haben einen Vorsprung vor den Deutschen in einem Hauptpunkte: die Leidenschaft ist bei ihnen keine so weithergeholte (wie zum Beispiel alle Leidenschaften bei Wagner)."

Ein weiterer Brief: „Daß Bizet tot ist, gab mir einen tiefen Stich. Ich hörte ‚Carmen' zum zweiten Male, und wieder hatte ich den Eindruck einer Novelle ersten Ranges, wie etwa von Mérimée. Eine s o leidenschaftliche und s o anmutige Seele! Für mich ist dies Werk eine Reise nach Spanien wert — ein höchst südländisches Werk! — Lachen Sie nicht, alter Freund, ich vergreife mich in meinem Geschmacke nicht leicht so ganz und gar."

Und ein dritter Brief: „Sehr spät bringt mein Gedächtnis (das mitunter verschüttet ist) heraus, daß es wirklich von Mérimée eine Novelle ‚Carmen' gibt, und daß das Schema und auch der Gedanke und auch die tragische Konsequenz dieses Künstlers noch in der Oper fortleben. (Das Libretto ist nämlich bewundernswürdig gut.) Ich bin nahe daran zu denken, ‚Carmen' sei die beste Oper, die es gibt; und so lange w i r leben, wird sie in allen Repertoiren Europas sein."

Und noch anderthalb Jahre später: „Es bewegt sich bei dieser Musik irgend ein tiefer, tiefer Grund in mir, und ich nehme mir immer wieder dabei vor, es auszuhalten..."

Schon bald nach der Entdeckung „Carmens" hatte Nietzsche seinem Peter Gast einen Klavierauszug der Oper gesandt — es war einer mit italienischem Text — und dazu sehr bezeichnende Randbemerkungen geschrieben. Merkwürdigerweise glaubte er, es müsse eine große Ouvertüre zu der Oper geben, die bei den Aufführungen nur weggeblieben sei... Das Schicksalsmotiv nennt er: ein Epigramm auf die Leidenschaft, das beste, was seit Stendhal sur l'amour geschrieben worden ist. „Ein glücklicher Gedanke, einen Soldatenmarsch... zu umgehen durch eine Parodie darauf" (den Gesang der Gassenbuben). Zum Chor der Arbeiterinnen: „Wie ein Hauch aus den Gärten Epikurs. Erwägen Sie, was hier idealisiert ist!" Zum ersten Auftreten Carmens: „Eros, wie die Alten ihn empfanden, verführerisch, spielend, boshaft, dämonisch, unbezwinglich,... zum Vortrag gehört eine wahre Hexe." „Das Duett (mit Micaela) ist einen Grad unter meinem Geschmack — zu sentimental, zu tannhäuserartig." Aber immerhin: „Das war es, was Wolfram von Eschenbach zum Lob der Liebe singen wollte — aber er fand die Weise nicht." Wenn Carmen das freie Leben der Zigeuner preist: „So wohl wird einem nicht bei Schillers Räubern im Walde." Zwischenspiel vor dem vierten Akt: „Ach, wie das Herz klopft! Was gibt Ruhe vor dem einzigen Gedanken!" Escamillos Liebeserklärung an Carmen: „Unbeschreiblich ergreifend — eine himmlische Simplizität der Erfindung." Letzte Szene: „ein dramatisches Meisterstück — zu studieren auf Steigerungen, Kontraste, Logik!" (Die „Randglossen zu Bizets ‚Carmen'" sind zusammengestellt von Dr. H. Daffner.)

Wagner ist fünf Jahre tot — da erscheint Nietzsches Abrechnung „Der Fall Wagner" (1888). Nietzsche ist hellsichtig geworden, nicht sehr lange vor der Katastrophe, die diesen großen Geist dem Wahnsinn preisgeben wird (er sollte erst 1900 sterben). Die Schrift beginnt mit den Worten: „Ich mache mir eine kleine Erleichterung. Es ist nicht nur die reine Bosheit, wenn ich in dieser Schrift Bizet auf Kosten Wagners lobe... Wagner den Rücken zu kehren, war für mich ein Schicksal; irgend etwas nachher wieder gern zu haben, ein Sieg... Ich hörte gestern — werden Sie es glauben? — zum 20. Male Bizets Meisterstück... Wie ein solches Werk vervollkommnet! Man wird selbst dabei zum ‚Meisterstück'... Darf ich sagen, daß Bizets Orchesterklang fast der einzige ist, den ich noch aushalte? Jener andere Orchesterklang, der jetzt obenauf ist, der Wagnerische, brutal, künstlich und ‚unschuldig' zugleich, und damit zu den drei Sinnen der modernen Seele auf einmal redend — wie nachteilig ist mir dieser Wagnerische Orchesterklang! Ich heiße ihn Scirocco. Ein verdrießlicher Schweiß bricht mir aus. Mit m e i n e m guten Wetter ist es vorbei.

Diese Musik scheint mir vollkommen. Sie kommt leicht, biegsam, mit Höflichkeit daher. Sie ist liebenswürdig, sie schwitzt nicht! ‚Das Gute ist leicht, alles Göttliche läuft auf zarten Füßen', erster Satz meiner Ästhetik. Diese Musik ist reich. Sie ist präzis. Sie baut, organisiert, wird fertig: damit macht sie den Gegensatz zum Polypen in der Musik, zur ‚unendlichen' Melodie..."

„...Ich werde ein besserer Mensch, wenn mir dieser Bizet zuredet. Auch ein besserer Musikant, ein besserer Zuhörer..."

„...Auch dies Werk erlöst; nicht Wagner allein ist ein ‚Erlöser'. Mit ihm nimmt man Abschied vom feuchten Norden, von allem Wasserdampf des Wagnerischen Ideals. Schon die Handlung erlöst davon. Sie hat von Mérimée noch die Logik der Passion, die kürzeste Linie, die harte Notwendigkeit; sie hat vor allem, was zur heißen Zone gehört, die Trockenheit der Luft, die limpidezza in der Luft. Hier ist in jedem Betracht das Klima verändert."

„Endlich die Liebe, die in die Natur zurückübersetzte Liebe! Die Liebe als Fatum... Die Liebe, die in ihren Mitteln der Krieg, in ihrem Grund der Todhaß der Geschlechter ist..." Denn die Liebe ist nach Nietzsche ein egoistischer Trieb. Die meisten wollen jenes andere Wesen besitzen. Und wenn es ihnen nicht gelingt, ist ihr Ehrgefühl getroffen, und sie verlieren jede Generosität.

Das sind gewiß Einsichten von großer Feinheit. Man kann sich freilich eine andere Art von Liebe denken — und dabei doch die Novelle Mérimées und die Oper „Carmen" bewundern, die sich nicht scheut, einen tragischen Fall mit seiner ganzen Umwelt als Fatum zu schildern. Das Mißverständnis, von dem wir ausgegangen sind, ist anderswo zu suchen. Eigentlich sind es gleich zwei: das Mißverständnis der Leser Nietzsches, vor allem der deutschen, und jenes andere Mißverständnis, dem der einsame Dichter und Philosoph selbst erlegen ist.

Es läßt sich nicht leugnen, daß unter den Nachwirkungen des fin de siècle und seiner Verzerrungen ein Teil der fanatischen Liebe, die man in Deutschland „Carmen" entgegenbrachte, von den Quellen herzuleiten war, auf die Nietzsche hinwies. Man vergötterte das „Natur-Ereignis" Carmen, man erhob die Verantwortungslosigkeit zur Maxime, und man sehnte sich nach einem Süden, in dem derlei offenbar alltäglich vorkommen durfte. Aber war das „Carmen"? War das Bizet? Gewiß, die Oper wie die Novelle bewegt nicht nur bei Nietzsche selbst Tiefen, die sonst verborgen blieben. Nur war nicht das der Zauber des Werkes und dieser Musik. Eine Dichtung in einer besonderen Traumlandschaft hält uns gefangen, eine Musik hat uns vom ersten Takt an erobert: was aber darunter und dahinter zu suchen ist, bleibt besser unberührt. Nietzsche hat nur für eine Elite geschrieben, wie er selbst immer wieder betonte. Sowie er an die große Menge gerät, ist es um die Größe seiner Lehren geschehen.

Das andere Mißverständnis, das Nietzsche selber widerfuhr, war sozusagen ein historisches. Er liebte „Carmen" und Bizet, weil er hier den Gegenpol nicht nur Wagners, sondern der reflektierenden Musik gefunden zu haben glaubte, und darin hatte er recht. Es ist der Kampf des 20. gegen das 19. Jahrhundert, den er voraussah und vorauskämpfte. Wir wenden uns der Kunst eines Mozart zu, eines Verdi, eines Smetana. Wir geben uns dem Zauber einer Melodie gefangen, und wenn sie so „leichtfertig" wäre wie die eines Rossini. Diese Melodie, diese Klarheit und Einfachheit, die wir suchen, ist eine Sache des Südens oder derer, die in einem Süden des Geistes leben — und in diesem Sinn müssen Nietzsches berühmte Worte aus dem „Fall Wagner" verstanden werden: „Il faut méditerraniser la musique". Das Gegenteil alles dessen war für Nietzsche die Kunst

Wagners, den er als Schauspieler der Musik, als einen bewußten, nicht mehr naiv erfindenden Umdeuter empfand. Aber Nietzsche war viel zu gerecht, als daß er übersehen hätte, was trotzdem den Zauber auch Wagners erklärt. In seiner letzten Bekenntnis-Schrift „Ecce homo" sagt er: „Die Welt ist arm für den, der niemals krank genug für diese Wollust der Hölle gewesen ist." Er meint die Hölle, in die Wagner geführt hat... Und das Mißverständnis? Nietzsche hielt Bizet und Wagner für Einzelfälle. Er konnte wohl nicht anders. Wir haben vor ihm zwei Erfahrungen voraus, die uns ein richtiges Bild geben: den ersten Weltkrieg (um nicht vom zweiten und seinen Ursachen zu sprechen) und die sogenannte Neue Musik. Dieser erste Weltkrieg hat uns vor einer pathetischen Kunst und vor alledem gewarnt, was die Franzosen damals „colossalisme" nannten: denn so war der Machtrausch und die nationalistische Romantik entstanden und damit schon dieser erste Krieg. Als er vorbei war, wurde eine Welt, eine Kunst der Klarheit, wurde Form, Stil, „klassischer Aufbau" wieder erkannt und geschätzt. Die andere Erfahrung war die einer vorwärts rasenden „neuen" Musik, die über Abgründe hinwegsetzte — eben jene Abgründe, die sie alsbald von ihrer Hörerschaft trennen sollten. Kunst ist aber nicht die Sache der Künstler allein — es gehören dazu auch die, für die sie geschaffen wird. Wenn sie sich ausgeschlossen fühlen, so kommt es zuerst zu einer „Renaissance" der „alten" Melodie, etwa der eines Verdi und selbst eines Händel, dann aber zum Kampf eines totalitären Pöbels gegen die „entartete" Kunst: und da ereilt einen Alban Berg dasselbe Schicksal wie irgendeinen cabotin — sie werden beide vom Erdboden hinweggefegt. Der Verfasser dieses Buches, lange für die Avant-Garde der Musik tätig und ein aufmerksamer Widersacher jeder Reaktion, hat wohl ein Recht, zu warnen.

Zur Darstellung

Wenn man darauf verzichtet, Carmen als eine Priesterin des Bösen und das Spanien dieser Oper als reali-

stisch photographiertes Land zu betrachten, so wäre zu
sagen, daß sich das Werk von selbst spielt. Wie — soll
es nicht das „wirkliche" Spanien sein? O doch! Man vergesse
nur nicht, daß das Personenverzeichnis sagt: Spanien
um 1820 — und daß Spanien, wie wir gehört haben,
nicht ein einheitliches Land ist. Andeutungen spanischer
Motive in Landschaft, Architektur, Kostüme sind willkommen
und genügen. Bunte Farben? Gewiß — aber
Spanien ist kein Kostümfest, und manchmal wird gerade
das (echt spanische!) Schwarz seine Wirkung zu tun
haben. Aber was einer Aufführung an Intuition fehlt,
wird keine Lokalfarbe ersetzen. Das Spiel und der Tanz
Spaniens, gerade wenn sie das echte sein sollen, gehen
von innen nach außen — „Todo espectaculo está —
dentro del espectador", sagt eine alte spanische Theaterregel.

Ob Carmen den kurzen Rock mit den herausfordernd
durchlöcherten Strümpfen trägt oder die Mantilla, ist
gleichgültig, wenn die Carmen sonst Carmen ist. Den Don
José hat Caruso, der zu allem andern auch ein bedeutender
Schauspieler war, mit den großartigsten Nuancen
gerade des stummen Spiels ausgestattet. Wenn man ihn
aber fragte, wie er das alles „gemacht" habe, wußte
er nicht einmal, wovon die Rede war. Schaljapin bedauerte,
daß der José keine Baß-Partie abgeben konnte
— wie gern hätte er die gespielt. Escamillo ist keine
tragische Erscheinung, weit eher der „schöne Mann" —
aber wie spielte das ein Baklanoff, der aus der Natur
des russischen Theaters kam! Und welche Sängerin wird
die Micaela verderben können? Sie muß sich nur von
ihrer Stimme tragen lassen. Aber für welche Stimme
ist die Partie der Carmen gedacht? Da hat man nun so
viele Sängerinnen gehört, dramatischen Sopran, Mezzo,
Alt — und gibt zuletzt der französischen Soubrette den
Preis, die nicht Primadonna sein will — nichts als eine
Frau, der man ihr tragisches Wesen glaubt. Freilich auch
im Gesang ... und einige Anmut im Sprechen und Tanzen
müßte auch da sein!

BIZETS TOD UND BEGRÄBNIS

Möge nun die Premiere der Oper „Carmen" gar kein Mißerfolg oder nur ein halber oder auch ein ganzer gewesen sein — gewiß ist, daß sich Bizet in die Stille von Bougival zurückzog; er sollte sie nicht mehr lange genießen. Es heißt, daß er krank war, als die jährliche Übersiedlung auf das Land stattfinden sollte, und seine Frau wollte sie hinausschieben. Er lehnte ab und behauptete, die Luft von Paris vergifte ihn (was vielleicht eher von der Atmosphäre galt). Sicherlich aber litt er an dem Halsübel, das immer wiederkehrte, vielleicht kam auch anderes hinzu, wovon wir nicht unterrichtet sind. Am Vorabend des Umzugs, also noch in Paris, besuchte ihn Guiraud, den Bizet als Musiker wie als Freund ganz besonders schätzen gelernt hatte. Guiraud spielte ihm aus seiner neuen Oper „Piccolino" vor, und Bizet äußerte nach jedem Abschnitt Zustimmung oder gab seine von aller Welt so gern angenommenen Ratschläge. Selbst ältere und erfahrene Musiker suchten, wie übereinstimmend berichtet wird, den Rat eines Künstlers, auf dessen unfehlbare Kenntnis des Metiers und auf dessen Gedächtnis man sich verlassen konnte. Leider hat uns dieses Gedächtnis so manche Komposition von Bizet vorenthalten, da er immer nur Andeutungen des Verlaufs zu Papier brachte und das Stück, und so auch ganze Opern, nach solchen Notizen auswendig vorspielte... Etwas sehr Merkwürdiges aber hatte sich bei diesem Besuch von Guiraud gleich zu Anfang begeben: Bizet, der das Bett nur verlassen hatte, um den Freund zu empfangen, setzte sich neben ihn ans Klavier. Aber dann stand er auf und sagte, er höre auf dem andern Ohr besser — und setzte sich auf die andre Seite des Flügels. Guiraud sah den Freund erstaunt an und hatte einen Augenblick des tiefsten Schreckens, als er merkte, wie hinfällig sich Bizet bewegte und wie schlecht er aussah. Aber er verscheuchte das böse Bild, sie gerieten in ein sehr angeregtes Gespräch, und erst um Mitternacht verließ Guiraud das Haus. Bizet leuchtete ihm, weil das Gas auf der Treppe schon ausgelöscht war, mit einer Kerze hinab. Unten jedoch fiel Guiraud noch etwas ein, was er nicht vorgebracht hatte, und das Gespräch ging weiter, wohl noch durch zwanzig Minuten, Guiraud am untern Ende der Treppe, Bizet oben, trotz der warmen Witterung in einen Schlafrock gehüllt, die Kerze in der Hand. Endlich trennen sie sich. Guiraud hat den Freund nicht wieder gesehen.

Andere Besucher bekamen noch schlimmere Eindrücke. Ohne Zweifel wirkte auch die Depression nach dem Opernabend nach. Obwohl Bizet eine Art Zusammenbruch gehabt zu haben scheint und um diese Zeit kaum viel komponieren konnte, klagte er über die Große Oper, die zögerte, seinen „Cid" („Don Rodrigue") anzunehmen; nach anderen habe sie geradezu abgelehnt. Denn zwischen „Arlésienne" und „Carmen", zum Teil gleichzeitig mit dieser Oper, hatte Bizet am „Cid" gearbeitet — und auch an „Grisélidis", „Clarisse Harlope" und angeblich noch an einer dritten Oper „Les Templiers". Immer wieder soll Bizet von der Haltung der „grande boutique" (das ist die Große Oper) und von der verständnislosen Presse der Carmen-Premiere gesprochen und gefragt haben: „Hätten sie vielleicht recht?" Und um dem Theater zu entgehen, habe er sich, so wird berichtet, auf einen Oratorien-Stoff verlegt, eine „Sainte Geneviève patronne de Paris". Denn auch daran arbeitete er zur selben Zeit — so unglaublich das scheinen könnte.

Dieser Umzug nach Bougival wird wohl erst gegen Ende des Monats Mai erfolgt sein. Pigot, der das Folgende geradezu unter dem Diktat von Guiraud und Madame Bizet berichtet, teilt mit, daß ein Spaziergang, an dem die Frau und der Pianist Delaborde, ein Freund und Nachbar, Bizet begleiteten, wohltätig wirkte — aber in der gleichen Nacht fand der Kranke kaum Atem. Man holte einen Arzt und auch Delaborde. Aber der Arzt versicherte, es sei keine Gefahr, der Kranke brauche nur Ruhe, und wenn in der nächsten Nacht ein weiterer Anfall käme, müsse man ihn gar nicht holen. Der nächste Tag war wohl der, an dem der Vertrag aus Wien eintraf. Welche Freude! Denn Bizet wird wohl geahnt haben, was es bedeutete, wenn eine Bühne mit großen Mitteln, vor allem aber ein Milieu, in das die Pariser Intrigen und Medisancen nicht reichten (schon weil man dort seine eigenen hatte) dem Werk eine andere Wirkung sichern würden.

Um so schlimmer war die Nacht. Man sandte wiederum nach dem Arzt und auch nach Delaborde. Sie kamen, aber sie ließen sich mehr Zeit als am Tag zuvor. Bizet lag ruhig auf seinem Kissen. Seine Frau glaubte, daß er schlafe, dann, daß er ohnmächtig geworden sei. Er war aber tot.

Es war Mitternacht (vom 2. zum 3. Juni), und in Paris ging die 33. Aufführung von „Carmen" zu Ende. Über einen merkwürdigen Vorfall im Theater wird berichtet: die Galli-Marié konnte, als sie an diesem Abend auftreten sollte, das Weinen kaum verhalten. Du Locle fragte, was sie denn habe, und ob es vielleicht eine Liebesgeschichte gegeben habe. Sie versicherte, daß es nicht das sei, und brach nun erst recht in Tränen aus... Und drei Tage vor dem Umzug nach Bougival hatte die alte Bonne, die Bizet schon als Kind gepflegt hatte, mit ihrem Herrn, dem sie regelmäßig ihre Ersparnisse übergab, gleichfalls ein sonderbares Gespräch gehabt. Bizet hatte vergessen, ihr eine Bestätigung einzuhändigen und wollte das nachtragen — es könne ihm auch einmal etwas zustoßen. „Aber M. Georges!", rief die alte Frau...

In den ersten Vormittagsstunden des 3. Juni flogen in Paris, man weiß nicht wie, Gerüchte auf. Alles eilte an die Opéra comique. Dort war ein Telegramm an du Locle angeschlagen, aufgegeben in Bougival, 3. Juni $1/_2 11$ Uhr vormittags: „La plus horrible des catastrophes: notre pauvre Bizet mort cette nuit. Ludovic Halévy."

Die Bestürzung nicht nur der Freunde war groß. Es scheint, daß auch die Leute, die Bizet das Leben schwer gemacht hatten, nun tief betroffen waren. Auf einmal erschienen Nachrufe, die von einer Hoffnung der französischen Musik, einem frühzeitig abberufenen Genie sprachen, und auch von dem Menschen Bizet war nur

Gutes zu berichten. Von den törichten Schulmeistereien war nicht mehr die Rede — und bald wollte keiner von den Besserwissern je dabei gewesen sein. Die ehrlichen Freunde der Jugend und alle, die an Bizet geglaubt hatten, meldeten sich erst recht zu Worte. Der Komponist Victor Joncières schrieb: „Wir alle hätten kaum den Mut gefunden, einen neuen Weg zu gehen, wenn uns Bizet nicht vorangegangen wäre."

Dabei wußte man nicht einmal, wie dieses Ende so plötzlich hereingebrochen war. Es ist sehr bezeichnend, daß Vincent d'Indy noch viel später betonte, Selbstmord sei es gewiß nicht gewesen. Pigot hat das Gutachten eines anscheinend sehr klugen und feinfühligen Arztes, Dr. Lefèbvre, eingeholt: er wies auf die Halskrankheiten des jungen Komponisten hin, auf das Übermaß an Arbeit, der das Herz nicht standgehalten habe, aber auch auf die Kränkungen namentlich nach dem so geringen Erfolg von „Carmen". Es war nicht der behandelnde Arzt, der das sagte, sondern nur einer, der sich sein Bild von dem Fall gemacht hatte. Aber Madame Bizet bestätigte es.

Sie war mit dem Kind übrigens sogleich zu ihrem Vetter Ludovic Halévy nach St. Germain gebracht worden. Die Opéra comique und Pasdeloup, der eigens nach Paris reiste, bereiteten das Begräbnis vor, das von der Kirche Trinité aus stattfand. Es war am 5. Juni. Viertausend Personen sollen in der Kirche gewesen sein. Das musikalische Programm der Feier begann mit einem Orgelvorspiel von Bazeille über Motive aus den „Pêcheurs de Perles" — solche Opernreminiszenzen kann man in französischen Kirchen auch heute noch bei jedem Anlaß hören. Es folgte die Ouvertüre „Patrie", gespielt vom Orchester Pasdeloup, und ein „Pie Jesu", das Guiraud nach dem ersten Männer-Duett der „Pêcheurs de Perles" rasch eingerichtet hatte, gesungen von Duchesne und Bouhy; dann ein „Agnus Dei", gleichfalls ein Arrangement. gesungen von Lhérie; Andante und Adagio aus der Musik der „Arlésienne", gespielt vom Orchester —, und während der letzten Einsegnung phantasierte Bazeille über „Carmen". Dann wurde der Sarg aus der Kirche getragen — nach altem Brauch hielten Gounod, Ambroise Thomas, Doucet und du Locle die Enden des Bahrtuches. Als erster Leidtragender erschien der alte Vater Bizet mit Ludovic Halévy, dann Guiraud, Massenet, Delaborde und der Komponist Paladilhe. Es gab Kränze über Kränze — darunter einer von den Bewerbern um den Prix de Rome dieses Jahres, die gerade „en loge" waren und nicht kommen konnten. Der Zug erreichte den Friedhof Père Lachaise. Am Grab sang der Chor der Opéra comique; Jules Barbier und du Locle hielten Reden. Auch Gounod wollte sprechen. Aber er brachte nur die Worte heraus, die ihm Madame Bizet gesagt hatte: in den sechs Jahren dieser Ehe sei keine Stunde gewesen, die sie nicht gern noch einmal erlebt hätte...

Abends spielte das Theater wieder „Carmen". Aber die Vorstellung konnte kaum in Gang erhalten werden. Alles weinte.

Die Apotheose hatte begonnen.

DER NACHLASS

Die Pariser Symphoniekonzerte gedachten des toten Meisters — denn nun war er ein Meister. Colonne führte schon im Oktober ein „Lamento" des Freundes Massenet auf, Bizet gewidmet — die Galli-Marié erschien in Trauerkleidung und sprach Verse von Gallet. Am 10. Juni 1876, ein Jahr nach dem Tode, wurde das Grabdenkmal enthüllt, Sockel von Charles Garnier, dem Architekten der Großen Oper, Büste von Paul Dubois. Die Inschrift sagt, daß das Denkmal von der Familie und Freunden gestiftet wurde.

Ernest Guiraud hat inzwischen die Rezitative für die Wiener „Carmen" komponiert. Er nimmt sich auch anderer Nachlaßwerke an. 1886 erscheint die sorgfältig gearbeitete Biographie von Charles Pigot. Sie erzählt — und wir bringen das mit den Erinnerungen von Gallet in Verbindung — von drei oder gar vier größeren Werken, die Bizet unvollendet hinterlassen haben soll.

Da war „Grisélidis", opéra comique nach Sardou. Die Arie der Micaela ist aus dieser Oper herübergenommen; anderes blieb bei den Papieren, die Guiraud anvertraut wurden. Eine Oper „Clarisse Harlowe", gleichfalls im Genre der opéra comique, Text von Philippe Gille (später einer der Librettisten von Massenets „Manon") soll in der Skizze weit vorwärtsgetrieben worden sein — aber es war eine der unleserlichen Skizzen, von denen die Rede war. Nur angefangen war eine große Oper „Les Templiers", Text von Léon Halévy, dem Bruder des Komponisten Fromental und Onkel von Ludovic Halévy. Das Wenige, was von diesen Opern zugänglich gemacht werden konnte, wurde, nach Pigot, von Guiraud als „Mélodies — second recueil" bei Choudens herausgegeben. Wenn damit die „Seize melodies" dieses Verlags gemeint sind, so läßt sich nicht absehen, was diese Stücke, selbst wenn man ihnen den Text unterlegt hat, mit dem sie erschienen sind, mit den Opern zu tun hatten. (Diese Frage zu klären, hat mich meine Abreise aus Frankreich gehindert.) Auch ein Trauermarsch aus der Musik zu „La Coupe du Roi de Thoulé" soll in der Bearbeitung von Guiraud erschienen sein.

Alles das gibt uns kein Bild von dem, was man von Bizet, zunächst wenigstens, hätte erwarten können — und wie wichtig wäre ein solches Bild! Es ist das alte Übel mit dem Nachlaß auch großer Künstler: Familie und Freunde entscheiden darüber nach den Anschauungen einer noch zu nahen Zeit, statt daß man das Material sammeln und die Verwertung einer späteren überlassen würde. Und das ist noch der günstigere Fall — denn wie oft halten die „Berechtigten" wichtige Werke oder Briefe zurück, sofern man sie nicht geradezu fälscht; in den Fällen Wagner und Nietzsche ist beides behauptet worden.

Das Oratorium „Sainte Geneviève" war wohl durch den Erfolg der „Marie Madeleine" von Massenet angeregt worden, und Pasdeloup hatte den Plan sogleich gutgeheißen. Unmittelbar nach „Carmen" sollte Geneviève komponiert werden. Bizet lud Gallet, den Librettisten, ein, ihn bald zu besuchen, und Gallet fragte in Bougival an, wann der Besuch genehm wäre. Er wunderte sich, daß er keine Antwort bekam. Eines Tages sagte ihm Madame Saint-Saëns, die Mutter des Komponisten: „Bizet wird Ihnen nicht antworten — er ist sehr krank." Und ging weg. Zuhause erklärte ihm seine Frau, daß soeben die Nachricht vom Tode Bizets eingetroffen sei.

Wir wollen hier an die Unzahl der **Klaviertranskriptionen** von Bizet erinnern: 6 über „Mignon", 6 über „Don Juan", 9 (vierhändig) über die Oper „Hamlet" von Thomas. Ferner an die schon erwähnten **Klavierauszüge** von „Oca del Cairo" (Mozart) und „Hamlet" (Thomas). Von „Hamlet" und „Mignon" fertigte Bizet vierhändige Auszüge an, von Gounods „Reine de Saba" und von „La Statue" von Reyer Klavierauszüge mit Text. 150 Klaviertranskriptionen von klassischen Opernwerken sind unter dem Namen „Le Pianiste Chanteur" erschienen — und alles das sind in ihrer Art vortreffliche Arbeiten eines echten Musikers.

Aber eine der nachgelassenen Opern ist nun, wenigstens in den Gesangspartien, bestimmt erhalten, obwohl sämtliche Biographen erklären, daß auch dieses Werk verloren gegangen oder mindestens unleserlich geblieben sei: die Oper „Don Rodrigo", wie der ursprünglich geplante „Cid" genannt wurde, um nicht die Erinnerung an das Drama von Corneille zu beschwören. Die Partitur des „Don Rodrigo" gehört zu den Legaten, die das Pariser Conservatoire aus dem Nachlaß von Geneviève und dann Emile Strauß erhielt. Wir haben schon erwähnt, daß Jean Chantavoine über diesen Nachlaß im Pariser „Ménestrel" von 1933 eine Reihe von Berichten geschrieben hat.

Das Libretto dieser Oper, von Gallet zusammen mit E. Blau verfaßt, geht nicht so sehr auf Corneille wie auf dessen Quelle, den spanischen Autor Guillèn de Castro zurück, der um die Wende zum 17. Jahrhundert lebte. In seinem Stück war es vor allem die Erscheinung des Bettlers, die, nach den Mitteilungen von Gallet, Bizet anzog. Bei der Niederschrift der Partitur scheint hier

Bizet ein anderes System verwendet zu haben als sonst: die Gesangspartien sind vollständig ausgearbeitet, während das Orchester mit Ausnahme einer einzigen Stelle nur angedeutet ist (in einer Bleistiftskizze), wozu meist noch bezifferte Bässe kommen. Von den 23 Nummern der Partitur fehlt nur eine Ballettmusik. Das Manuskript enthält 688 Seiten.

„DON RODRIGO"

Eine feierliche Orchester-Einleitung mit einem sehr schönen Thema, vielleicht dem am meisten ansprechenden der Partitur,

geht schon nach 10 Takten in den ersten Akt über. Saal des königlichen Palastes. Der König schlägt den jungen Don Rodrigo zum Ritter, und der Hof beglückwünscht seinen alten, einst tapferen, aber nun gebrechlichen Vater Don Diego. Der Greis hat nur einen Feind, den Comte d'Orgaz, der über die Ehrung von Vater und Sohn in Wut gerät. Und die Tochter des Comte liebt Rodrigo! Ein Ritter, Don Martin, bittet die Infantin, bei Chimène für ihn zu sprechen. Es geschieht, aber Chimène gibt zu verstehen, daß sie einen andern liebt. Rodrigo erscheint, und die Infantin errät, daß er es ist (Terzett). Nun kommt auch der König wieder von einem Rat zurück und ernennt Don Diego zum Cavalier der Prinzessin. Ausbruch des Comte d'Orgaz, der sich hinreißen läßt, Diego, einen alten, wehrlosen Mann, zu schlagen. Bestürzung des Hofes — wir wundern uns, daß es bei der Bestürzung bleibt —, Aktschluß, langes Zwischenspiel.

Zweiter Akt. In den königlichen Gärten. Diego klagt seinem Sohn, was ihm geschehen ist. Der Sohn wird den Vater rächen, obwohl er damit den Vater seiner geliebten Chimène treffen muß. In Gegenwart Diegos fordert er

Orgaz zum Zweikampf. Klage — Arie der Chimène. Auch die Infantin beschwört Rodrigo, von seiner Rache abzustehen. Chimène bittet sogar Don Martin, den Zweikampf zu verhindern. Sie fällt in Ohnmacht. Inzwischen wird der Kampf ausgefochten, und man bringt die Leiche des Orgaz. Nun schwört wieder Chimène Rache.

Vor dem dritten Akt ein wildbewegtes Zwischenspiel. Chimène bittet Don Martin, ihr beim König Sühne zu schaffen — Rodrigo muß bestraft werden. Martin gesteht Chimène seine Liebe. Gebet der nun vollends verwirrten Chimène. Eine Begegnung mit dem unglücklichen Rodrigo vermehrt die Verzweiflung. Gericht des Königs. Rodrigo bittet nur, zum Heer geschickt zu werden, das Castilien gegen die drohenden Feinde verteidigt.

Vierter Akt, Lagerszene. Die Truppe des Don Rodrigo feiert ein wüstes Fest. Rodrigo verweist seinen Leuten ihr Benehmen — während sie trinken und lärmen, umzingelt sie der Feind. Da bringt man einen alten Bettler, mit dem die Soldaten ihren Spott getrieben haben. Der fromme Ritter Rodrigo nimmt ihn in sein Zelt auf. Es wird Nacht, sie schlafen beide ein. Im Traum erkennt Rodrigo den Bettler — es ist Lazarus. Weil er den Bettler aufgenommen hat, wird Rodrigo siegen. Schon erklingen die Trompeten des Feindes, Rodrigo verkündigt den mutlosen Soldaten den Sieg, große Arie, Sonnenaufgang, immer noch Nähe des „Propheten".

Fünfter und letzter Akt. Hier findet man Bekannte von früher her; aber man hat sie bei Bizet selbst getroffen. Und das ist die einzige mit Tinte geschriebene Stelle der Partitur, die auch die Oberstimme (erste Flöte) enthält. Es ist das heroische Thema von Bizets Ouvertüre „Patrie". Ein Orchester auf der Bühne, das Sopran-, Baß- und Kontrabaß-Saxophone verwendet, spielt den Marsch aus „Ivan le Terrible".

Der Chor übernimmt den Marsch. Drei besiegte Maurenkönige unterwerfen sich und erbitten für Rodrigo den Titel Cid. Aber der Sieger ficht gerade einen Zweikampf mit Don Martin aus, und man bringt die Nachricht, daß er getötet worden ist. In ihrer Verzweiflung bekennt Chimène, daß sie ihn geliebt hat. Aber der Cid ist nicht tot, der Zweikampf hat nicht stattgefunden, alles war nur eine List der Infantin, die Chimène zu einer Erklärung bringen wollte. Versöhnung der Liebenden und triumphaler Abschluß mit dem Chor aus „Ivan".

Das wäre nun ohne Zweifel ein höchst merkwürdiges und auch wirksames Werk geworden, und es ist wohl auch die Krönung der Funde im Nachlaß. Gibt es uns aber einen Fingerzeig, wohin Bizet gleichzeitig mit „Carmen" oder gar nachher in der Großen Oper hinaus wollte? Man wird die Frage schwerlich bejahen können. Allerdings ist eine richtige Antwort auch kaum möglich, denn die Partitur bleibt Fragment. Der geniale Melodiker und Harmoniker Bizet tritt abermals zutage, aber solcher Opern von Bizet kann man sich mehrere vorstellen — und „Carmen" kommt nur einmal vor.

DIE NACHWELT

Was ist in den sieben Jahrzehnten seit Bizets Tod alles auf die Kunst, auf die Welt überhaupt eingestürzt! Und einem Meister von solcher Größe und dabei Popularität, wie es Bizet ist, in einer Epoche fast unaufhörlicher Revolutionen noch posthum alles widerfuhr.

Wir wissen, daß sein Tod sofort eine jähe Wendung brachte. Wenn bei der Premiere der „Arlésienne" nur zwei Musikkritiker anwesend waren, während sich sonst die allgemeine Aufmerksamkeit nur dem Schauspiel zuwendete; wenn nach „Carmen" einer schrieb, Bizet werde viel lernen müssen, um ein Opernkomponist zu werden, so wollte bald niemand mehr einer von diesen Propheten gewesen sein. Einige Zeit nach den Ereignissen war bei der Prinzessin Mathilde die Rede von den Schicksalen gerade der Oper „Carmen". Ein Kritiker der Premiere erklärte entrüstet: „Völlig unwahr, daß ‚Carmen' abgelehnt wurde — ich habe damals gleich gesagt —."
„Ich weiß, was Sie gesagt haben", unterbrach ihn einer der alten Freunde Bizets: „Ich habe zufällig gestern

Ihren Artikel von damals wiedergelesen." Der Kritiker
suchte ein anderes Gesprächsthema.

Andererseits fiel einem Autor und Theatermann wie
Pierre Berton noch bei Lebzeiten Bizets auf, mit welcher
Verehrung die Musiker von diesem noch jungen Komponisten sprachen. Jung oder alt, Lehrer und Schüler,
sie zitierten seine Urteile, sie suchten seinen Rat.

Wieso kam es dann aber, fragt Berton, daß es bei
der Premiere von „Carmen" eine solche Gleichgültigkeit
(„froid mortel") gab? Er kommt zu dem sehr merkwürdigen Schluß — und vielleicht ist das mehr als Theaterklatsch —, das Publikum sei damals in Paris nicht eben
sehr musikverständig gewesen, weit weniger als später.
Berton zitiert auch eine Stelle bei Maupassant, die sich
mit der „psychologie des foules" beschäftigt: Die Masse
ist nicht die Summe so und so vieler Individuen.
Die Masse hat ihre eigenen Stimmungen und Verstimmungen — bei der Generalprobe zum Beispiel
empfindet die Masse anders als bei der Premiere,
und bei dieser anders als bei der dritten Aufführung.
Und Maupassant — das scheint uns symptomatisch
— nennt ausdrücklich „Carmen" als besonderen Fall
einer solchen vorgefaßten, aus einer allgemeinen und
zufälligen Mißstimmung erklärbaren Ablehnung bei
der Premiere, während spätere Aufführungen zu
einem Erfolg geführt hätten. Zu diesem Später ist
es hier sehr bald gekommen. Berton konnte erst die
dritte oder vierte Aufführung besuchen — und er tat es
zögernd, weil er einen verlorenen Abend befürchtete.
Wer beschreibt seine Verwunderung, als er das Publikum
in freundlicher Stimmung fand — es nahm jede Gelegenheit wahr, den lebhaftesten Beifall zu spenden...
Aber Berton war es auch, dem Bizet die resignierten
Worte gesagt haben soll: „ils ont peut-être raison —"
die ablehnenden Kritiker nämlich.

Ein neuerer Philosoph hat behauptet, nach dem Tode
werde aus dem Künstler, den im Leben so viele gekannt
hätten, für die Nachwelt mit einem Male eine ganz
andere Gestalt. Bei Bizet traf das gewiß zu. Der ex-

plosive Triumph der Oper „Carmen" machte ihn zu einem Gegenstand allgemeiner Neugierde, Aufmerksamkeit, Verehrung: mit einemmal war er ein Vorkämpfer der französischen Musik, Avantgardist, Märtyrer. Er ist das alles gewesen — aber diese unmittelbare Nachwelt verlor, zum Teil, um dem Toten genug zu tun und sich ein Alibi zu verschaffen, wie das manchmal vorkommt, die Maße. Von Nietzsche haben wir schon berichtet und auch gleich die Vermutung ausgesprochen, daß er die Hymnen auf Bizet zum Teil einem Anti-Wagner zugedacht habe. Wir finden denn auch einen Brief aus späterer Zeit, in dem Nietzsche schreibt, man müsse, was im „Fall Wagner" und sonst über Bizet gesagt sei, nicht ganz wörtlich nehmen: ein Name gegen Wagner sei damals nötig gewesen — und hätte er eine Schrift gegen Wagner vielleicht mit einem Lob des „Fidelio" beginnen sollen? Es bleibt trotzdem bestehen, daß Nietzsche geahnt hat, was Bizet seiner Gegenwart und sogar einer fernen Zukunft zu bedeuten hatte.

Und die übrigen Großen der Zeit? Man hat behauptet, Wagner selbst habe in Wien 1875 „Carmen" gehört und gesagt: „Gott sei Dank, endlich einer, dem etwas einfällt." Nachher aber, angesichts des allgemeinen Carmen-Taumels, soll er Minnie Hauk ausgezankt haben, weil sie diese Partie sang — und das klingt wahrscheinlicher; denn Wagner hatte für erfolgreiche Musik seiner Zeit wenig übrig. John W. Klein erzählt André de Ternant die Geschichte nach, daß Debussy 1887 Brahms in Wien besucht habe, und da soll ihn Brahms, der sonst sehr unzugänglich war, zu einem Diner eingeladen und nachher in eine Aufführung von „Carmen" geführt haben. In den Pausen habe Brahms seine Bewunderung für dieses Werk ausgesprochen und begründet und auch gesagt, das sei nun die 21. Aufführung der Oper, die er höre, und er habe noch nicht genug davon; Bismarck aber hatte sie gar schon 27 mal gehört. Die Geschichte ist sehr schön — aber man darf bezweifeln, ob Debussy damals überhaupt in Wien gewesen ist. Wohl aber gibt es andere Zeugnisse dafür, daß Brahms ebenso wie sein Antipode

Hugo Wolf Bizet höchlich bewundert hat, Wolf allerdings eher „Djamileh" und „Arlésienne" als „Carmen". Hans von Bülow wollte wieder nur „Carmen" und „Arlésienne" gelten lassen, während er sich über anderes, so besonders die Symphonie „Roma", abfällig äußerte.

Inzwischen war die „Bizet-Renaissance" der Achtzigerjahre in Frankreich aufgekommen, vergleichbar der Berlioz-Renaissance zehn Jahre vorher. Gerade die französische Oper geriet aber in den letzten zwei Jahrzehnten des neunzehnten Jahrhunderts fast völlig in den Bann Wagners. Es bedurfte eines anderen Ereignisses von ähnlicher historischer Bedeutung wie die Carmen-Premiere, diesen Bann langsam zu lösen: das war die erste Aufführung von „Pelléas et Mélisande". Mit Recht hat Romain Rolland „Carmen" und „Pelléas" als die zwei Pole der neueren französischen Oper bezeichnet — südliche clarté gegenüber der nordisch-mystischen Versunkenheit.

Nun hatten die Massen und ihre selbsternannten „Führer" in der Presse einen neuen Götzen, dem alles andere geopfert werden mußte: Debussy (dabei hatte man auch ihm das Leben schwer genug gemacht). Nun, Debussy selbst hörte, gleichviel ob mit Brahms oder ohne ihn, niemals auf, für Bizet zu schwärmen. Er bedauerte, daß Bizet seine späteren Triumphe nicht erlebt und daß er der Nachwelt nicht mehr Meisterwerke geschenkt habe. Seine Jünger und Zeitgenossen aber hatten, mindestens bis zum ersten Weltkrieg, wenig für Bizet übrig. Die Biographie von Gauthier-Villars behandelt ihren Helden sehr kritisch und bemüht sich insbesondere nachzuweisen, daß er nichts weniger als ein Märtyrer war, weil er immer wieder Theater gefunden habe, die ihm Aufträge gaben. Die ausgezeichnete Biographie von Pigot, fast schon am Tag nach der Carmen-Premiere begonnen, 1886 verlegt und dann 25 Jahre lang vergessen, konnte erst 1912 in einer ergänzten Ausgabe wieder erscheinen. Mit großer Bewunderung und viel Feingefühl sprach in Deutschland Adolf Weissmann in seinem kleinen Buch über Bizet (1904) — erschienen in der von Richard Strauss redigierten Sammlung „Die Musik". Die englischen Biographien von D. C. Parker (1926) und Martin Cooper (1938) wahren sich eine gewisse Überlegenheit über Bizet. Eine sehr bescheidene italienische von Mastrigli (1888) zeugt von der Verehrung, deren sich Bizet sehr früh in Italien erfreute — um so merkwürdiger, daß ihn die Briefe eines Verdi nicht erwähnen. Ein neues französisches Buch von Landormy, das letzte aus der Heimat des Komponisten, läßt deutlich merken, daß man dort, nach dem ersten Weltkrieg, Bizet ganz anders einschätzte als in der mitunter recht haltlosen Zeit vorher, die sogar für die Briefe Bizets nur Mitleid aufgebracht hatte. Briefe an Bizet von Gounod, nicht sehr aufschlußreich, geben Kunde von der Freundschaft eines gleichsam älteren Bruders. Man darf sagen, daß erst die Zentenarfeier von 1938 mit ihren Fest-Aufführungen, Bizet-Ausstellungen und Gedenk-Artikeln (die wertvollsten in der „Revue de Musicologie") den Meister daheim in sein volles Recht eingesetzt hat.

In England waren auch Delius und Ernest Newman, Galsworthy und Joseph Conrad besondere Verehrer von Bizet; der Komponist Sir Charles Stanford hat ihn den größten französischen Musiker des 19. Jahrhunderts genannt.

So erschien denn allmählich der Nachwelt die Gestalt des so jung verstorbenen Genius. Man suchte nach dem Menschen und man rief die Freunde zu Zeugen auf. Sie stimmten alle überein. Saint-Saëns hat dafür die Worte gefunden: „La bonne humeur faite homme". Er hatte keine Genie-Posen. Aber er muß eine erfreuliche Erscheinung gewesen sein — nicht nur, was die Franzosen bon garçon nennen, ehrlich, gutmütig, liebenswürdig, verläßlich, sondern auch eine arglose Seele, das Gegenteil eines Diplomaten seiner Begabung oder gar eines Intriganten, wie er im Betrieb eines Theaters so oft vorkommt. Auch das Gegenteil jener skurrilen Naturen wie Berlioz eine war, von dem Saint-Saëns nun wieder gesagt hat: „Le paradoxe fait homme". Darum war aber Bizet kein Spießer. Und es mangelte ihm auch nicht an Temperament. Wir haben manche Ausbrüche seiner Jugend verzeichnet. Daß er einen verkalkten Kritiker der berühmten Tannhäuser-Aufführung von 1861 einen Kretin nannte und forderte, ist eine Legende, aber ein Jahr später hat er in Baden-Baden tatsächlich einen Pariser Snob provoziert, der sich über „La reine de Saba" von Gounod „witzig" geäußert hatte —, und Gounod selbst mußte intervenieren, um die Affaire beizulegen. Später, namentlich seit der Heirat, wurde er ruhiger.

Was man an ihm am meisten bewunderte, war die Geschlossenheit und Vollendung seines Wesens, wie sie auch in seiner Kunst zum Ausdruck kam. Bei allen Wagnissen wollte er niemals Grenzen und Formen sprengen: Ohne Form kein Stil, sagte er. Dagegen erklärte er ausdrücklich, er wolle das genre der opéra comique umbilden — und er hätte später gewiß noch manches andere umgebildet. Vielleicht sind nicht das die Revolutionäre, die große Programme und Gesten machen, vielleicht weit eher die, die gegebene Formen und Inhalte allmählich mit Neuem durchsetzen, wie es Bizet getan hat.

Seine harmonischen und instrumentalen Wagnisse, seine Umbildungen der Form scheinen uns die Kompromisse aufzuwiegen, zu denen er sich in seiner Jugend und Theaterbesessenheit verpflichtet glaubte. Andere, die Kompromisse nicht so offen bekannten wie er, haben sich dafür zu weit ausgiebigeren verstanden — und Bizets Freunde bezeugen ausdrücklich, wie zuwider ihm derlei war — er fand nur nicht mehr die Zeit, alles Fremde abzuschütteln. Dabei fiel es ihm leicht, Fremdes seiner Art anzupassen. Wir bewundern seine Leichtigkeit, auch scheinbar alltägliche Melodien pikant zu harmonisieren, zu variieren, ja zu parodieren — und ähnlich hat er es auch gehalten, wo er Folklore übernahm. Man sagte ihm nach, daß er in guter Gesellschaft diese Fähigkeiten zu ungemein witzigen Darbietungen am Klavier verwendete — er parodierte Offenbach, dann wieder in einer Aufführung in Offenbachs Haus die italienische Oper, wobei er und Offenbach auch als Sänger auftraten. Seine meistbegehrte „Nummer" aber war „L'enterrement de Clapisson". Clapisson war ein großer Mann der Zeit, Akademiker, Sammler von Musikinstrumenten und höchst erfolgreicher Komponist komischer Opern. Wenn man Bizet lange genug gebeten hatte, setzte er sich ans Klavier und parodierte Clapisson, erfand jedesmal eine andere Szene, wie Clapisson in den Himmel aufsteigt und dort Beethoven mit seinen Melodien zum Schweigen bringt — wobei Bizet tatsächlich Themen von Beethoven durch Musik von Clapisson massakrierte. Aber dann starb Clapisson, und Bizet war nicht mehr zu bewegen, das Stück zum Besten zu geben...

Freunde beschreiben ihn: feines schmales Gesicht mit hoher Stirn, lange, gerade Nase, blaue Augen, meist verdeckt durch einen Zwicker, buschiges blondes Haar, und, nach der Sitte der Zeit, eine Mähne von Bart, blonder als die Haare. Und immer wieder wird gesagt: Welch ein lieber Kerl! Aber die englische Komponistin Ethel Smyth hat ein anderes Wort gefunden: „He spoke tragedy with a smile on his lips".

Und was ist heute sonst für eine Spur von Bizet übrig? Noch immer ist das Musikland Frankreich eher ein Land der Oper. Von der Opernmusik aus der Zeit Bizets ist noch allerhand lebendig: von Gounod, Massenet, Saint-Saëns, Délibes, Lalo — von ihnen allen auch solche Werke, wie „Henry VIII." von Saint-Saëns oder der „Roi d'Ys" von Lalo, außerhalb Frankreichs kaum je gehört. Im heiteren Genre gibt es noch Offenbach — aber „Hoffmanns Erzählungen" haben das Genre der Comique nicht minder gründlich umgebildet als „Carmen" —, Lecocq, Hervé, etwas Massé und Maillart. Dagegen haben wir bald danach d'Indy, Duparc und Chausson auf anderen Gebieten der Musik zu suchen. Chabrier ist ein großer Name der französischen Oper, aber eher ein Name — obwohl Strawinsky ihn neben Bizet als den ihm liebsten französischen Komponisten bezeichnet hat. D'Indy, Schüler eines César Franck, dessen ganzes Wesen ein Abseits vom Theater bedeutet, gründet nicht nur mit Saint-Saëns die „Société Nationale de Musique", sondern auch (mit Guilant und Bordes) die „Schola Cantorum", die in der Praxis auf Symphonie, Kammermusik, Oratorium und Musik früherer Zeit abzielt, also gleichfalls von der Oper wegführt. Erst zwei spätere Opernwerke gewinnen wieder ein Publikum und bleiben auf dem Repertoire: „Ariane et Barbe-Bleue" von Ducas, und vor allem „Louise" von Charpentier, nicht nur die offizielle Weltausstellungsoper von 1900, sondern darüber hinaus die Apotheose der Midinette und eines vorstädtisch-romantischen Paris. Und dann „Pélléas"... Französische Musik, das ist zuletzt Fauré, der Lehrer einer ganzen Generation, dessen Werke von dem schönen „Requiem" bis zur Kammermusik und Liedern in Frankreich höchste Verehrung genießen, während man sie im Ausland wenig kennt; Debussy, Ravel; Milhaud und Honegger; die Jeune France, vor allem also Messiaen. Damit sind wir schon in der Gegenwart.

Da gibt es eine Musik, die sich selbst „neu" nennt, wie das seit den Zeiten der Nuove Musiche nicht mehr der Fall war. Eine Musik der Nuancen, einer gesteigerten Sensibilität, einer anderen Harmonik, einer gelösten Form. Wenn auch die meisten französischen Komponisten die offene „Atonalität" nur gestreift haben — häufig genug hat sich die vielerörterte Kluft zwischen ihnen und ihrer Hörerschaft doch aufgetan. Dabei ist die französische Musik von heute eine stolze und große Kunst und — wenn eine — berufen, über die Abgründe hinwegzuschreiten, die allenthalben klaffen. Milhaud und Honegger mit ihrer großen Popularität sind dafür jetzt schon ein Beweis.

Eines verlangen wir aber von der Musik gerade unserer Zeit: Klarheit in der Größe Anmut auch in der Revolution. Und dazu: eine Verbindung mit unseren Herzen, einen menschlichen Wert. Es ist nicht von ungefähr, daß Mozart heute so besondere Verehrung genießt und daß unser Wissen um ihn größer und reiner ist als um die Jahrhundertwende. Er ist uns niemandes „Vorläufer" mehr — auch nicht der eines Beethoven. Ja, Beethoven hat, nach einem schönen Wort von Hofmannsthal, den Menschen in der Musik entdeckt. Aber in der Musik Mozarts lebte schon der Mensch, nicht nur der seines Zeitalters — sondern der trostbedürftige Mensch aller Zeiten, der das Licht, den Süden sucht.

In diese Welt Mozarts ist auch Bizet eingetreten, und er hat uns geholfen, den Weg wieder zu finden, der zerstört schien. Wir dürfen annehmen, daß der früh erloschene Genius, der mehr war, als der Komponist einer weltbekannten Oper, hier eine Aufgabe sah. Ob er die Größe dazu hatte und die vielberufene Tiefe, ob vielleicht andere eher — kommt es darauf an?

BIZETS WERKE

Vollendete dramatische Werke:
Don Procopio
Vasco de Gama („Ode-Symphonie")
Les pêcheurs de perles
La jolie fille de Perth
L'Arlésienne (Musik zu einem Schauspiel)
Carmen

Fast vollendet, Manuskripte festgestellt:
Ivan Le Terrible
Don Rodrigue

Fragmente, Begonnenes (zum Teil nach Pigot und anderen Biographien):
Le docteur Miracle (Operette)
La Guzla de l'Emir
Sol-Si-Re-Pif-Pan (Operette)
Malborough s'en va-t-en guerre (Operette, 1. Akt)
La coupe du roi de Thoulè (2 Akte?)
Le Florentin (Skizzen?)
Calendal, Griselidis, Clarisse Harlow, Les Templiers (Skizzen und Fragmente)

Oratorium:
Saint Geneviève (Skizzen?)

Werke für Orchester:
Symphonie von 1855
Scherzo
Marche funebre (?) (angeblich aus der Musik „La coupe du roi de Thoulè)
L'Arlésienne, 2 Suiten (davon die zweite von Guiraud zusammengestellt)
Symphonie Roma (auch als 3. Suite bezeichnet)
Jeux d'enfants (Petite Suite)
Patrie, Ouvertüre

Für Gesang:
2 Hefte Lieder (20 Melodies und 16 Melodies) — danach verschiedene Arrangements, zum Teil mit geistlichen Texten

Für Klavier zu zwei Händen:

    Les chants du Rhin (6 Stücke)
    Venise — Nocturne — Marine
    La chasse fantastique
    Variations chromatiques

Klavier zu vier Händen:

    Jeux d'enfants (Originalfassung)

Arrangements, Klavierauszüge usw.:

    Noë, Oper von Halévy, beendet von Bizet
    Auszüge der Opern: Don Juan, L'Oca di Cairo (Mozart), Mignon und Hamlet (A. Thomas)
    6 Chöre aus Opern; 6 Transkriptionen aus Mignon, 6 aus Don Juan
    Le pianiste chanteur — 6 Serien, 150 Nummern
        Serie 1—2 französische Musik
        Serie 3—4 italienische Musik
        Serie 5—6 deutsche Musik

Vierhändige Transkriptionen:

    Auszüge von Faust, Mignon, Hamlet, 1. Symphonie von Gounod, Ouvertüren von Don Juan, Patrie
    12 Konzert-Transkriptionen
    9 Etüden von Schumann, vierhändig arrangiert

BIBLIOGRAPHIE

I. Georges Bizet, Lettres (Impressions de Rome 1857—1860, La Commune 1871—1907)
— Lettres à un ami, 1865—1872, Introd. Galabert, 1909
— Lettres à Lacombe et à Guiraud, in: Hugues Imbert, Portraits et Etudes, 1894
Lettres à Georges Bizet éditées par Charles Gounod, Revue de Paris, 1899

II. Memoiren:

Pierre Berton, Souvenirs de la vie de théâtre, 1914
Louis Gallet, Notes d'un librettiste, 1891
Henri Maréchal, Souvenirs d'un musicien, 1907
F. Marmontel, Symphonistes et Virtuoses, 1881

III. Biographien:

Charles Pigot, 1886, nouvelle édition, 1912
L. Matrigli Mastrigli, 1888
P. Landormy, 1923
D. C. Parker, 1926
A. Weissmann, 1907
P. Voss (Reclam)
H. Gauthier-Villars, 1912
Edgar Istel, Bizet und Carmen, 1927
Marc Delmas, 1930
Martin Cooper, 1938, London, Oxford University Press, 1938
Revue de Musicologie, 1938, Numero Special Bizet

IV. Bizet und Spanien:

Borrow, The Zincali, 1841
— The Bible in Spain, 1843
G. Chase, The Music of Spain, 1942
M. Chop, Carmen
H. Ellis, The Soul of Spain
Gaudier, Carmen, 1922
P. Landormy, Un inédit de Bizet, Revue Musicale, 1923
R. Laparra, Bizet et l'Espagne, 1935
R. Mitjana, La musique en Espagne (Encyclopedie Lavignac)
A. Salazar, La musica contemporanea en Espana, 1930
J. Tiersot, Bizet and Spanisch Music (Menestrel, 1925 Musical Quarterly, 1927)
J. B. Trend, Manuel de Falla and Spanish Music, 1929
— A Picture of Modern Spain, 1921
C. van Vechten, The Music of Spain

V. Carmen:
E. Calvé, My Life, 1922
P. Laserre, Les idées de Nietzsche sur la musique, 1929
F. Nietzsche, Randglossen zu Carmen, Hugo Daffner, 1938
— Werke und Briefe
C. Lipskeroff, Carmencita and the Soldier, 1925
Cora Laparcerie-Richepin, La vraie Carmen, 1935

VI. Zeitschriften-Beiträge (eine Auswahl):

Gazette Musicale de Paris, 1838—1876
J. Chantavoine, Quelques inédits de Bizet, Le Mestrel Menestrel, 1933
— Le centenaire de Bizet, Le Mestrel Menestrel, 1938
J. G. Prodhomme, Bizet critique musical, Mercure de France, 1938
J. W. Klein, Bizet's Roma Symphony, Mus. Times, 1935
D. C. Parker, Bizet's Widow, Mus. Standard, 1927
C. Bellaigue, Bizet, Revue de Deux Mondes, 1889
Ch. Vimenal, M. Bizet et Carmen, L'Art, 1875 (mit einem Portrait von Bizet und Kostümzeichnungen von Renouard)

J. W. Klein, Nietzsche and Bizet, Mus. Quart., 1925
— Bizet opportunist or innovator? (Music and Letters, 1924)
— The Future of Bizet, Mus. Times, 1926
— Bizet's Admirors and Detractors, Music and Letters, 1938
D. C. Parker, The Ghost Legend of Carmen, Mus. America, 1929
— The tragedy of Carmen, Chesterian, 1933
A. Pougin, La légende de la chute de Carmen, Menestrel, 1903
I. Schwerké, Carmen steps out of the past, Mus. Courier, 1930

www.ingramcontent.com/pod-product-compliance
Lightning Source LLC
Chambersburg PA
CBHW030437300426
44112CB00009B/1043